KB160910

대한제국과 한일 관계

대한제국과 한일 관계

한일문화교류기금
동북아역사재단 편

景仁文化社

발 간 사

　지금부터 100년 전, 20세기의 한일관계는 대한제국이 일본에게 강제
로 병합되면서 비극적으로 시작되었다. 강제병합에 의해 자주적인 발전
이 좌절되고 근대적인 국민국가를 수립하는데 실패하였고, 이후 일제에
의한 36년간의 굴욕적인 식민통치를 받게 되었다. 1945년 독립과 해방을
쟁취했지만, 남북이 분단되어, 한국현대사는 또 다른 불행이 시작되었다.
해방 70년이 되었는데도 남북관계는 물론 한일관계의 미래도 계속 불투
명하기만 하다.

　혹자는 오늘날의 한반도를 둘러싼 상황이 개항이후 대한제국의 모습
과 흡사하다고들 한다. 서구열강과 일본의 틈바구니에서 근대적 개혁과
자주, 독립을 추구하던 대한제국은 우리에게 많은 역사적인 메시지를 전
해준다.

　대한제국은 어떤 나라였을까? 대한제국은 무엇을 추구했으며, 왜 제
국이 되려고 했을까? 대한제국의 진정한 모습은 어떠했을까? 이 책은 이
러한 질문에 답하기 위해 특별히 기획된 국제학술심포지엄 "대한제국과
한일 관계"의 성과를 단행본으로 엮은 것이다.

　특히 이번 심포지엄은 대한제국 시기 한일관계의 역사적 실체와 대한
제국의 다양한 근대적 성격을 재조명함으로써 대한제국에 대한 兩分된
歷史認識을 바로 잡는데 목적을 두었다.

　이러한 문제의식에서 총론으로 이태진 국사편찬위원장의 「대한제국
을 어떻게 볼 것인가」를 통해 기존연구에 대한 분석과 대한제국을 바라
보는 새로운 시각에 대한 검토를 했다. 그리고 각론에 들어가 제1세션

대한제국의 근대화 노력에서 연세대 김도형 교수가 「대한제국의 체제개혁」, 동북아역사재단 김영수 박사가 「대한제국과 국제환경」을 안중근의사와 이범진의 외교활동을 통해 살펴보았다.

제2세션 한일양국의 상호인식과 정책에서 동국대학교 한철호 교수가 「대한제국의 일본인식과 정책」을 다루었고, 일본 도지샤대학 오가와라 히로유기 박사가 「일본의 대한제국 인식과 그 정책」을 통해 상호 비교하였다.

제3세션 대한제국의 근대적 성격과 모습에서는 서울대학교 목수현 박사가 「제국이 되기 위하여」에서 대한제국의 기념물 건립과 국가 상징의 제정과 활용을, 문화재청 김연수 박사가 「제국의 시간, 양력이 시작되다」에서 근대적 시간체제로의 전환에 대해 살펴보았으며, 사진아카이브연구소 이경민 박사가 「제국의 기록, 사진이 말하다」에서 당시의 사진을 통해 대한제국의 여러 모습을 상세히 소개하였다.

끝으로 강원대 손승철 교수의 사회로 현광호, 김현숙, 이규수, 수가와 히데노리, 김인덕, 이와가타 히사히코, 김영민 교수 등이 참가하여 종합토론을 전개하여 대헌제국이 갖고 있는 다양한 실상을 재조명하는 기회를 갖었다.

이 글들이 100년 전 대한제국의 실상을 밝히고, 한일관계 및 미래를 열어가는 밑거름이 될 것을 기대한다.

끝으로 이번 학술심포지엄을 위해 수고해 주신 한일문화교류기금의 김수웅 국장, 동북아역사재단의 연민수 연구위원, 그리고 번역문을 정리해 준 이규수 박사, 토론문을 정리한 황은영, 정지연님께 감사의 말씀을 드린다.

2014년 3월
한일문화교류기금 운영위원 손승철

개 회 사

저희 한일문화교류기금은 지난 30년간 한국인과 일본인들간의 상호 이해를 높이는 일을 해왔습니다. 나라와 나라의 관계는 국민들간의 관계를 바탕으로 형성된다는 믿음을 가지고 한국과 일본 양측관계의 갈등과 긴장을 국민들간의 관계 개선으로 풀어보자는 뜻에서 민간간의 교류와 협력의 마당을 만들어보고자 노력해왔습니다.

한일간의 갈등은 주로 역사인식의 충돌에서 비롯되었습니다. 지나온 역사적 사실에 대하여 서로 다른 인식을 가지고 있어 상호불신을 깊게 해왔습니다. 그래서 역사적 사실에 대한 객관적 실체를 양국의 전문학자들이 함께 밝혀내기 위한 한일역사공동연구를 30년간 지속해왔습니다. 오늘 이 자리에서 가지는 학술토론회는 이러한 연구의 하나입니다.

그동안 한일문화교류기금은 멀리 선사시대부터 최근세사까지 시대를 따라 주제를 선정하여 공동연구 발표회를 가져왔습니다. 그 회의에서 발표된 논문들을 모아 몇 권의 책으로 출간하였습니다. 한일간의 '역사 바로잡기'에 기여했다고 생각합니다.

3년전부터는 통시적 연구과정에서 미진했던 영역을 골라 보충하는 연구를 해오고 있습니다. 발해시대의 한일 관계, 임진왜란, 왜관을 통한 교역 등의 특수 주제들을 가지고 회의를 했었습니다.

오늘 회의의 주제는 "대한제국과 한일 관계"입니다. 한국의 근대화 노력과 일본의 대륙진출 계획이 부딪히던 시대가 대한제국 시대였습니다. 이 시대의 한일 관계를 집중적으로 다루어 보기 위해서입니다.

오늘 회의는 한국국사편찬위원회 위원장이신 이태진 교수님의 기조

연설을 들으면서 시작합니다. 일본의 한국강제병탄이 있기 직전의 14년 간 존속했던 대한제국의 실체를 짚어보는 강연입니다.

회의는 세 개의 소회의로 나누어 진행합니다. 첫 회의에서는 대한제국의 국제 환경 인식과 근대화 노력을 다룹니다. 김도형 교수와 김영수 박사가 주제 발표를 하십니다.

두 번째 회의에서는 대한제국과 일본의 상호인식을 다룹니다. 한철호 교수와 오가와라 교수가 한국과 일본의 인식을 각각 정리하여 발표하십니다. 그리고 세 번째 회의에서는 대한제국의 여러 영역에서의 근대화를 다룹니다. 목수현, 김연수, 이경민 박사가 주제 발표를 하십니다.

이 토론회는 동북아역사재단의 김현철 박사의 사회로 진행합니다. 마무리가 될 종합 토론은 강원대 교수이시며 저희 한일문화교류기금의 운영위원이신 손승철 교수가 주재하십니다.

비록 짧은 일정의 회의이지만 많은 성과가 있기를 기대합니다. 그리고 일본에서 오신 스가와 교수님, 이와가타 교수님께 감사의 뜻을 전합니다. 끝으로 오늘의 이 모임의 뜻을 이해하시고 기꺼이 공동주최를 맡아주신 동북아역사재단의 김학준 이사장님께 깊은 감사를 드립니다. 고맙습니다.

2013년 9월 13일
(재)한일문화교류기금
이사장 이 상 우

목 차

▸ **기조강연**

대한제국을 어떻게 볼 것인가?   ‖ 이태진
   - 심층적 연구 진행을 위한 제언 -

▸ **주제발표**

대한제국의 체제 개혁   ‖ 김도형

기조강연

대한제국을 어떻게 볼 것인가?

- 심층적 연구 진행을 위한 제언 -

이 태 진*

1. 머리말

대한제국은 '국제적으로' 1897년 10월에서 1910년 8월까지 13년 간 존속하였다. 조선왕조 26대 왕 고종(재위 1863-1907)이 왕조의 쇄신을 꾀하여 「제국」으로 체제를 바꾸었지만 1904년 2월 일본이 러일전쟁을 일으켜 전시 군사력으로 대한제국의 국권을 빼앗아 역사의 무대에서 퇴장하였다. 이 대한제국의 역사를 보는 시선은 두 가지가 있어 왔다.

첫째는 멸망의 책임을 황제와 그 정부의 무능에 돌린 근대화 능력 주재론이다. 이 시선은 1907년 무렵 일본 통감부가 고종황제를 강제 퇴위시키고 시혜론(施惠論)으로 보호와 병합의 정당성을 만들어가는 가운데 형성되었다. 이 같은 부정적 시선은 오늘 날에도 한국학계에 「식민지 근대화론」이란 형태로 잔존하고 있다. 일제 치하서부터 오랜 기간 존속해온 부정적 시선은 알게 모르게 강한 대중적 영향력을 누려 한국인들에게 고종 시대는 '버리고 싶은 역사'로 인식하게 만들고, 국제적 위기 상황이

---

* 국사편찬위원회 위원장

생기면 '백 년 전을 보라'는 식의 화두를 자주 등장시켰다. 대한제국이 자력으로 근대국가, 근대사회를 만들 능력이 없었다면 이는 비단 당해 시기뿐만 아니라 한국사 전체가 부정의 수렁에 빠지고 말 위험성을 잠복 시키고 있기도 하다.

다른 하나의 시선은 전문가들 사이에 내재적 발전론이라고 불리는 시 각이다. 1970년대에 '광무개혁론'으로 출범하여[1] 1990년대 이후로는 대 한제국 자력 근대화론으로 발전한 긍정적 시선이다.[2] 대한제국은 나름 대로 근대화를 지향하였지만 일본이 러일전쟁을 일으켜 그 국권을 단계 적으로 빼앗아 자력 근대화의 기회가 피탈되었다는 주장이다.

대한제국에 대한 객관적 평가를 위해서는 동아시아의 「근대」에 대한 담론부터 점검해 볼 필요가 있다. 이에 관한 담론으로는 일본의 「탈아 입구론(脫亞入毆論)」이 독점적 지위를 누렸다. 명치유신(明治維新)의 '성 공'에 근거하여 일본의 막부체제를 유럽 중세의 봉건제와 같은 것으로 간주하여, 이러한 역사의 유사성이 근대화, 서양화의 성공 토대가 되었 다는 인식으로, 아시아에서의 일본의 예외성을 강조하는 단어로 「탈아 입구」가 회자되었다. 이 담론에 따르면, 일본과 달리 중앙집권 관료제로 이어온 한국이나 중국의 역사는 자력 근대화가 불가능한 자격 미달의 것 이 된다.

「탈아 입구론」은 동서양의 전 근대 정치체제의 단순 비교에 근거한 것으로 많은 맹점을 안고 있었지만 현실적으로는 오히려 강한 대중적 흡 인력을 가지고 장기 존속하였다. 한국 역사학계의 내재적 발전론은 「탈 아 입구론」에 대한 비판의식을 가지고 있었지만 역비판으로서의 대중적 설득력은 그렇게 높게 발휘되지 않았다. 지금까지 일본의 정치지도자나

---

1) 김용섭, 『한국근대농업사연구-농업개혁론, 농업정책-』, 일조각, 1975이 상징성을 가진 연구이다.
2) 이태진, 『고종시대의 재조명』, 태학사, 2000을 비롯해 여러 연구가 있다.

다수의 지식인들이 제국 일본이 한국, 중국에 대해 저지른 가해행위에 대해 사죄를 거부하거나 반성하는 기미를 보이지 않는 것은 「탈아 입구론」에 근거한 일본사에 대한 우월 의식에서 비롯하는 것이다. 일본 제국의 팽창은 어디까지나 역사적 역량의 결과로서 반성의 대상이 아니라는 인식이 사죄의 필요성을 느끼지 않게 하고 있다.

대한제국 부정론에 대한 비판은 결국 「탈아 입구론」과 같은 기존의 동아시아 근대 담론을 어떻게 극복할지를 먼저 과제로 삼지 않을 수 없다. 즉, 「탈아 입구론」의 출발점이 되어 있는, 유교적 중앙집권관료제 역사에 대한 부정적 평가를 어떻게 비판하느냐가 관건이다. 한국사학계에서는 조선시대 유교의 순기능의 역사에 관한 연구가 1970년대 이래 식민주의 사관 극복 차원에서 꾸준히 진행되었다. 이 동향이 이보다 앞서 시작된 조선 후기 경제, 사상 분야의 내재적 발전에 관한 연구와 연결되어 서로 힘을 실어주었다. 그러나 이런 연구 동향이 '근대'와 관련하여 「탈아 입구론」에 대한 적극적 비판으로 발전하는 데까지 나아가지는 못했다.

이런 상황에서 주목되는 것은 최근 일본 역사학계가 자성적 차원에서 진행하고 있는 「동아시아 근세」에 관한 토론이다. 이 논의는 참가자 간에 온도차이가 있지만 지금까지 일본 역사학계를 지배한 「탈아 입구론」을 본격적으로 비판, 반성하는 기조에 서 있다.[3] 동아시아를 한, 중, 일 3국으로 한정할 때, 3국은 '근세'에서 성리학을 기본 이데올로기로 삼은 공통점이 확인되며, 일본은 성리학의 수용과 발달에서 무사사회(武士社

---

3) 岸本美緒, 「中國史 における'近世'の槪念」 『歷史學硏究』 821, 2006 ; 國立歷史民俗博物館編, 「東アジア史の'パラダイム' 轉換をめぐって」 『'韓國倂合'100年を問う』, 岩波書店, 2011 ; 深谷克己, 『東アジア法文明圈の中の日本史』, 岩波書店, 2012 ; 宮嶋博史, 「東アジア世界における日本の'近世化'」 『歷史學硏究』 821, 2006 ; 「方法としての東アジア再考」 『歷史評論』 29, 2011 ; 「日本史の認識轉換のパラダイム-'韓國倂合' 100年-」 『思想』 1029, 2010.

會) 특유의 조건으로 이 사상의 평화공존 의식을 제대로 수용하지 못하는 한계가 있었고, 그것이 곧 근대화 과정에서 다른 두 나라에 대한 가해 행위로 침략전쟁을 일으키는 '일탈'을 범하였다는 것이다. 「탈아 입구론」은 그 일탈행위를 정당화 하는 논리일 뿐이며, 평화 공존 실현이란 현대사의 과제로 본다면 이에 집착하여 더 머물러 있는 것은 역사인식의 오류일뿐 만 아니라 현대사를 오도할 위험성이 많다는 것이다.

'동아시아사 패러다임의 전환'을 모색하는 일본 역사학계의 '근세'에 관한 논의는 한국 역사학계가 오랜 기간 진행해온 유교의 역사적 순기능에 관한 연구 및 내재적 발전론이 동아시아사 차원에서 새롭게 기능할 수 있는 기회로 보여 지기도 한다. 이런 상황에서 유교 전통을 딛고 '구본신참(舊本新參)'이란 슬로건 아래 진행된 대한제국의 자력 근대화 노력에 관한 연구는 더 심층적으로 진행될 필요가 있다.[4]

---

4) 고종시대사에 관한 내재적 발전론, 식민지 근대화론 두 시각은 2004년 여름부터 겨울까지『교수신문』을 통해 근 20명의 연구자가 참여하여 서로의 견해를 피력하는 논쟁을 벌인 적이 있다. 그 결과는 이듬해 교수신문 기획 엮음, 이태진 김재호 외 9인의 이름으로『고종황제역사 청문회』(푸른역사)로 정리 출간되었다. 뒤이어 2005년 5월에 연세-UCLA 공동학술대회(제364회 국학연구발표회)로 연세대학교에서『대한제국기의 근대화와 개혁사업』에 국내외 연구자 8명이 대한제국기 근대화의 기반과 근대적 변화(제1부), 대한제국기의 신문물의 도입과 전통의 변화(제2부)에 관해 발표하였다.(발표자: 황경문, 정용화, 조재곤, John Duncan, Leighanne Yuh, Susie Kim, Minsuh Son, Sonja Kim) 2006년 한림대학교 한국학 연구소의 심포지엄의 성과로서『대한제국은 근대국가인가』(한영우 외 5인 지음, 한림대학교 한국학 총서 2, 푸른역사)가 출간되었는데, 이에서도 내재적 발전론에 입각한 견해가 다수 개진되었다.(발표자: 서영희, 이윤상, 강상규, 임현수, 전봉희)

2. 기본사료로서의 『고종황제실록』 『순종황제실록』의 문제점

1) 『고종태황제실록』 『순종황제실록』 편찬과 『朝鮮史』 편수사업

조선시대사 연구에서 실록은 기본 사료 구실을 한다. 연구자가 어떤 주제를 잡으면 먼저 실록에서 관련 자료들을 뽑아 전말을 파악하면서 승정원일기, 비변사등록, 법전, 문집 등을 이용하게 된다. 실록은 많은 관서(官署) 자료들을 모아 편찬한 것이기 때문에 당 시대의 편찬자들의 눈으로 기록의 경중을 헤아려 정리한 것이므로 사료로서의 활용 편의성이 높은 장점이 있다.

고종은 1907년 7월에 헤이그 특사 파견이 빌미가 되어 일본에 의해 강제로 퇴위 당하여 '태황제'로 있다가 1910년 8월 강제병합으로 '이태왕(李太王)'으로 불리다가 1919년 1월에 훙거하였다. 황제의 갑작스런 훙거가 총독부에 의한 독살이란 소문이 파다한 가운데 이를 규탄하는 집회로서 예고된 '국민대회'가[5] 대규모 3·1만세운동이 되었다. 이로 인한 혼돈 탓인지 조선 총독부는 실록 편찬에 관한 동향을 전혀 보이지 않았다. 그러다가 1926년에 순종황제('이왕')가 훙거한 뒤 1927년 4월부터 두 황제의 실록을 함께 편찬하는 사업이 시작되어 꼭 8년이 걸려 1935년 3월에 완성되었다.[6]

두 실록은 조선총독부의 지휘아래 '이왕직'의 사업으로 이 기관에 직임을 가지고 있던 일본인 교수들이 주관하는 형태로 진행되었다. 편찬된

---

5) 이현희, 「고종독살과 손병희 선생의 국민대회 소집-새 자료 '告國民大會'의 사적 의미-」 『新人間』 387, 1981. 5.
6) 신명호, 「일제하 高宗純宗實錄, 高宗純宗國朝寶鑑의 편찬과 장서각 자료 : 實錄編纂參考書目錄과 國朝寶鑑編纂關係書類를 중심으로」 『精神文化硏究』 통권79호, 한국정신문화연구원, 2000.

실록은 각각 『고종태황제실록』『순종황제실록』이라고 하여 황제의 호칭을 썼다.[7] 따지고 보면 '이태왕' '이왕'이란 호칭은 1910년 8월 강제병합 후의 것으로 그 이전 시기의 실록인 만큼 황제란 호칭을 쓰는 것이 당연하다. 강제병합 후의 '이태왕' '이왕'에 관한 기록은 『순종황제실록』의 「부록」으로 처리되었다.

조선총독부가 두 황제의 실록 편찬을 결정한 사연은 특별히 알려진 것이 없다.[8] 순종황제의 흥거 후에도 6·10 만세시위가 일어났으므로 문화정치를 표방한 조선총독부의 유화정책의 산물일 것이란 해석도 가능하다. 그러나 이보다는 조선총독부가 당시 진행 중이던 『조선사』 편수사업과 연관된 측면에 대한 고찰도 필요하다. 잘 알려져 있듯이 일본 제국은 통감부시기에 이미 한국의 '구관(舊慣)' 조사를 수행하고 1910년 8월 강제 병합 후에는 중추원(中樞院)을 존속시켜 일본 관리와 친일 조선지식인들이 함께 고문헌을 정리하는 사업을 하도록 하였다. 이 활동은 3·1 만세 시위가 일어나 식민지 정책을 전면 재검토하면서 1922년 조선사편수회(당초 조선사편찬회)의 발족을 가져와 『조선사』 편수 사업이 시작되었다. 고대에서 현대까지 한국사를 망라하는 사료 편찬사업을 벌여 1938년까지 『조선사(朝鮮史)』35책을 간행하였다. 고종, 순종 실록 편찬사업이 진행된 1927년부터 1935년까지의 8년은 이 사업의 진행 기관과 3분의 2정도가 겹친다.

이왕직 주관 사업인 두 실록 편찬의 핵심 인물은 시노다 지사쿠(篠田治策, 편찬위원장, 이왕직 장관), 오다 세이고(小田省晤, 감수위원) 등으로[9] 이들은 1924년부터 조선사편수회위원으로 참가하였지만 편수회의

---

7) 임민혁, 「高·純宗의 號稱에 관한 異論과 왕권의 정통성-廟號·尊號·諡號를 중심으로-」 『史學硏究』78, 韓國史學會, 2005.
8) 위 신명호의 논문에서도 편찬의 동기, 배경을 말해주는 자료는 현재 찾기 어렵다고 밝혔다.
9) 편찬위원장 篠田治策, 감수위원 小田省晤가 주관자였는데 篠田은 이왕직 차관

위원은 직접 편찬활동에는 종사하지는 않은 것으로 밝혀졌다.[10) 고종,
순종실록 편찬과『조선사』편수 사업 사이에는 인력 활용에서 중복이 없
는 별개의 사업이었다. 그런데 편수회가 1938년에 끝낸 최종편『조선사』
6-4는 고종시대를 다루되 고종 31년 6월 청일전쟁 발발 이전을 하한으로
하였다. 다시 말하면 조선사편수회는 고종시대를 당대사로 취급하면서도
그 반에 해당하는 시기밖에 다루지 못하였다. 이에 반해『고종태황제실
록』『순종황제실록』은 고종 즉위에서 1910년 8월의 병합은 물론 그 이
후의 역사도『순종황제실록』의 부록으로 모두 취급하였다. 두 실록은 결
국 조선사편수회 측에서 진행하던『조선사』편찬의 현대편 편찬이 되었
는데 이런 관계가 양측에 의해 의도가 된 것인지 여부는 앞으로 더 천착
될 필요가 있다.[11) 양측은『승정원일기』『일성록』등 주요 사료 활용에

으로 위원장이 되었다가 곧 장관을 승진하여 李恒九가 후임이 되었지만 편찬에
관한 모든 업무는 이왕직 장관의 결재로 이루어졌다. 小田省晤는 총독부 관리로
서 경성제국대학 설립의 실무 주역이었다가 이 대학 교수가 되어 실록 편찬의
내용 감수를 독점하다시시 하였다,『高宗純宗實錄』국사편찬위원회 간행(1970)
해제 (최영희) 및 위 심명호 논문 참조,

10) 정상우,「조선총독부의『朝鮮史』편찬에 대하여」, 서울대학교 국사학과 박사학위
논문, 2012. 110쪽의 표 참조.

11)『朝鮮史』의 하한이 1894년 6월에서 그친 것은 일본 식민통치사가 빠진 형태이
다. 비록 그 부분이 고종, 순종실록으로 채워졌다고 하더라도 조선사편수회 측으
로서는 미진한 느낌을 가졌을 것이다. 조선사 편수회 활동에 관한 정상우의 연구
에 따르면 편수회 활동은 처음 예상과는 달리 엄청난 사료들에 직면하여 인력,
예산, 시간적으로 많은 애로를 겪었다. 1938년 현재로, 청일전쟁 후 본격적인 일
본의 영향기 및 통치 시기의 사료들을 계속 수집하여 정리하기는 어려웠을 것으
로 판단된다. 그러나 관계자들의 후속을 위한 노력은 중단되지 않았던 것 같다.
고종 시대를 담당했던 田保橋潔(경성제대 교수 및 편수요원), 田川孝三(편수회
촉탁) 등이 1938년 이후에 청일전쟁 이후시기에 관한 자료 수집에 나서고 있었
던 관계 자료가 확인된다. 그러나 이 활동은 1943년 田保橋潔의 사망으로 중단
되었다. 그가 이왕직 측에서 낸『고종황제실록』에 대해 어떤 소감을 가지고 있었
는지는 궁금하다. 다보하시 사후에 조선사편수회는 그가 사망 직전에 서울에 온
만주국 대동학원연구소 연구생들을 대상으로 한 강연 속기록을 정리하여『朝鮮

서는 공유된 부분이 확인되므로 전혀 협의가 이루어지지 않은 별개의 사업으로 보기 어려운 점이 있다. 조선 총독부에 의한 조선사 왜곡의 실체 파악을 위해 이 관계에 대한 구명은 반드시 이루어져야 할 것이다.

2) 근대사 사료로서의 한계 - '근대' 추적의 근원적 차단

『고종태황제실록』『순종황제실록』은 일본제국이 남긴 현대사(당대사) 편찬물이다. 국사편찬위원회는 1970년에 두 실록의 영인본을 출간하면서 「해제」를 통해 그 사료적 가치를 다음과 같이 지적하였다.

> (1) "현 시점에서 고, 순종시대를 연구하는 데 있어 양 실록은 관찬기록을 종합한 연표적 기록으로 더 없이 편리한 것이다. 고종·순종실록을 다루어 본 분이면 누구나 짐작할 수 있듯이 원 사료를 현저하게 왜곡기술한 점을 찾아보기 어렵고 또한 적어도 일성록이나 승정원일기에 있는 중요한 기사가 이 사료에 누락되어 있는 것 같지 않다." (5면)

> (2) "사실 승정원일기나 일성록, 특히 승정원일기의 기사는 개항 이후부터 점차로 소루하여지고 있는 데에 반하여 고종·순종실록은 각국과의 諸 條約, 관제의 변경 신설, 관직의 差除, 각영 각사의 회계부, 弊瘼 변통, 재변, 災滅, 賑貸 등의 기사를 모두 수록하고 또 갑오경장 이후의 조서, 칙령, 법률, 閣令, 詔令 등을 거의 망라하고 있어서 오늘날 한국 근대사를 연구하는 데 중요한 사서라 할 수 있다."(6면)

위 평가는 대체로 합당성이 인정된다. (1)은 당시 두 실록에 대한 일반적 인식이 혹심하여 사료 활동도가 너무 떨어질 것을 우려하여 특별히

統治史論』(1944)을 간행하였다. 이 책은 한국병합에서 齋藤 총독 취임시기까지를 다루는 다섯 개의 주제 [한국병합, 조선총독부의 기구/헌병경찰정치, 데라우찌(寺內) 총독의 시정, 총독정치의 검토, 총독정치의 전환기/사이토(齋藤) 총독의 취임]로 되어 있다. 이는 그가 현대사로서 '조선통치사' 편수에 대해 계속 관심을 가지고 있었다는 한 증거이다.

가해진 안내용 평가이다. 실제로 국왕의 왕정 수행에 관한 기록들은 근면성과 성실성을 느끼게 할 정도로 충실하다. 이 측면에서는 실록을 이용한 고종 시대 연구는 과거의 군주 무능설을 바로 잡는 데 기여할 수도 있다. (2)의 논평도 나름대로 기록으로서의 중요성을 환기시키는 의미가 인정된다. 그러나 일본 교수(小田省吾)의 '감수' 아래 진행된 편찬사업이었던 만큼 조선, 대한제국의 근대화 사업에 관한 기록이 체계적으로 충실하게 반영되기는 어려웠다. 논평대로 이 실록들도 실제로 있었던 여러 시책에 관한 기록을 싣고 있지만 기록 자체를 최대한 짧게 잡아 주요 사업의 전말을 알기에는 어려운 것이 태반이다. 다시 말하면 두 실록을 통해서는 조선, 대한제국의 자력 근대화의 노력과 성과를 잡아내기 어렵다. 두 실록을 사료로서 활용하되 이런 한계를 알고 이용해야 잘못된 해석을 막을 수 있다.

전기 시설은 1883년에 미국 에디슨 전기회사와 계약하여 1887년에 경복궁 내 왕과 왕비의 거처 및 집무실이 있던 건청궁(乾淸宮)에 백열등이 처음 켜졌다. 일본에서 1885년에 도쿄 일본교 근처의 인쇄국에 첫 점등이 된 지 2년 뒤였다. 왕궁의 전기시설은 안으로는 왕이 서구문물 수용에 앞 장 선다는 메시지인 동시에 서구세계에 대한 우호의 표시가 될 수 있었다. 이 시설의 경위는 실록을 통해서는 추적할 수 없다. 전기에 관한 기록은 유별나게 실록에서 찾아보기 어렵다. 고종 36년(1899) 5월 27일(양력)조의 전차 관련 기록이 유일한 것이다 시피 한데, 그 내용은 또 충돌 사고에 관한 것이다.[12] 전차 시설의 경위는 사고 기사의 세주로

---

12) 내용은 다음과 같다.「조령(詔令)을 내리기를, "방금 들으니, 전차(電車)를 운행할 때 백성들 중 사상자가 많다고 하니, 매우 놀랍고 참혹하다. 내부(內部)에서 낱낱이 찾아내어 구휼금을 넉넉히 지급함으로써 조정에서 근심하고 측은하게 여기는 뜻을 보여 주도록 하라. 의정부(議政府)에서는 농상공부(農商工部), 경무청(警務廳), 한성부(漢城府)에 특별히 신칙하여, 법을 만들어 보호하고 거듭 효유하여 전차를 운전할 때는 반드시 사람들이 철길에 들어오지 않았는지 살펴서, 다시

간단하게 처리되었다. 즉, 「이달 17일 한성 전기 회사(漢城電氣會社)에서 전차 개통식을 시작하였다」고 한 것이 전부이다. 편찬 주체가 대한제국의 자력 근대화를 얼마나 왜소화 시키려 했는지를 보여주는 대표적 사례이다. 서울의 전차 개통은 일본 동경보다 오히려 3년 정도가 앞섰다. 개통 첫날 발생한 사고를 부각시킨 것은 운영의 미숙을 드러내려는 의도로 읽어지기도 한다.[13]

전신, 전화의 경우는 전기에 비해서는 비교적 자료가 많이 실린 편이지만 자초지종을 알기에는 어려움이 많다. 세계적으로 전신기와 전신선이 보급되기 시작하는 것은 모오스 식 전신기가 개발되면서부터였다. 1861년 미국 대륙횡단 전신선이 시설되고, 1869년에 대서양 횡단 해저 전신선이 깔리면서부터 세계 여러 곳에 시설되었다. 조선은 1885년에 서로 전신선(인천-서울-의주), 1887년에 남로전신선(서울-부산), 1891년에 북로전신선(서울-원산)을 각각 가설하였다. 이렇게 조기 시설된 데는 청나라가 양무운동과 연결 지워 차관을 제공하고, 일본이 또한 대한해협의 해저 케이블 시설을 의식하면서 남로 전신선 시설에 대해 마찬가지로 차관 제공을 제의해 오는 등 이웃 나라와의 연계 관계가 촉진 요인이 되기도 했지만, 기본적으로 조선 군주와 조정의 개화의지의 성과였다.

조선반도의 전신선은 청일전쟁 때 일본군이 이를 불법 선점하여 전세

는 차에 치어 다치는 폐단이 없도록 하라."하였다.」

13) 이에 더해 1907년 통감부가 내정 감독권을 쥔 단계에서 한성전기회사의 소유권을 둘러싼 분쟁이 한성전기회사의 활동에 관한 기록을 약화시켰을 소지도 없지 않다. 1907년 이후 통감부가 고종황제를 강제로 퇴위시키고 내정 간섭권을 획득한 단계에서 내장원 관할의 황실 재산을 단계적으로 탈취할 때, 제2대 통감 소네 아라스케(曾禰荒助)의 아들 曾禰寬治가 東京瓦斯株式會社의 간부로 이를 강제 인수하여 日韓瓦斯株式會社로 둔갑시키는 과정에서 소유권 분쟁이 발생하였다. 이태진, 「개화기 전기·전차 시설에 대한 바른 인식의 촉구」 『전기의 세계』 2006년 10월호 54쪽. 광산 등 다른 산업 분야에서도 비슷한 형태의 탈취 과정이 있기는 마찬가지였다.

를 유리하게 이끌고 전쟁이 끝난 뒤에는 이를 군용시설로 장기 관리하고
자 하였지만, 조선 군주가 이를 불허하는 태도를 강경하게 견지하자 친
일정권의 수립을 목표로 비상사태를 만들기 위해 군부에 의한 왕비 살해
의 참극이 발생하였다.[14) 이로써 전신선 관리 문제는 혼란 속에 빠졌지
만, 1896년 2월 아관파천 후 같은 해 7월에 전보사(電報司) 관제를 반포
하여 정돈의 가닥을 잡았다.[15) 전보사는 1900년에 우체 업무를 흡수하여
통신원(通信院)으로 바뀌고[16) 1899-1902년 간의 전화 시설 업무도 이에
통합하였다. 이런 경위에 대해 실록을 통해 얻을 수 있는 정보는 앞의
「해제」가 지적하였듯이 연표 수준을 벗어나지 않는 것으로 심층적 이해
에는 부족함이 많다.

　　이 밖에도 광산 개발, 의료, 철도 등에 관한 기록도 산재하지만 마찬가
지로 연표 수준을 넘지 못하거나 인사 발령에 관한 것이 태반이다. 국권
이 유지된 상태에서 이루어진 실록 편찬이었다면 결코 소홀히 다루어질
수 없는 사안들이지만 국권이 빼앗긴 상태에서 피할 수 없는 '부실'이다.

3. 고종황제의 개화 의지와 근대화 세력에 관한 이해

　　고종은 1876년 2월 일본과의 수호조규 체결 후, 서양 열강 중 미국을
신문물 수용의 우선 상대국으로 선택하여 1882년 4월에 조미수호통상조
약을 체결하였다. 이 조약이 체결된 뒤 보빙사(報聘使) 일행이 미국을 다
녀 온 것은 잘 알려진 사실이다. 이때 전권 부대신 홍영식이, 유럽으로
간 전권대신 민영익에 앞서 귀국하여, 1883년 12월 21일(음력 11월 22

---

14) 金文子, 『朝鮮王妃殺害와 日本人』, 高文研, 2009 ; 김승일 옮김, 『명성황후 시
　　해와 일본인』, 태학사, 2011.
15) 고종실록 34권, 33년(1896 建陽 1년) 7월 23일(양력)
16) 고종실록 40권, 37년(1900 光武 4년) 3월 23일(양력)

일) 군주를 알현하고 질문에 답하는 복명(復命)의 기회를 가졌다. 이 자리에서 군주는 60가지에 달하는 질문을 던져 미국에 대한 높은 관심을 보였다.[17] 이 가운데 15가지만 제시하면 아래와 같다.(번호는 원 자료의 순서. 답변은 생략함)

> · 보빙 전권 부대신 홍영식에 대한 고종의 질문 (선별)
> 5. 요코하마로부터 샌프란시스코(舊金山)까지 몇 리나 되는가.
> 11. 그 나라가 부강하다면 그 나라의 兵制는 어떠하던가.
> 13. 해군은 모든 육군에 비해서 어떠하던가.
> 15. 대통령의 交任하는 기간은 얼마나 되나.
> 17. 신구의 정권교체 시 큰 폐단이 없지 않은가.
> 19. 민주제도는 등위 차별이 심하지 않아서 우리나라처럼 이른바 양반과
>   평민 간에 그다지 계급차별이 심하지 않다는 말이 되겠구나. 그런데
>   부통령은 매양 대통령으로 승진하는가.
> 26. 대통령 궁실의 제도는 어떠하던가.
> 28. 모든 백성은 범사에 자유로운 생활을 누리고 있던가.
> 29. 무릇 사업[興作]에 있어서는 민간기업[民辦]이 많던가.
> 30. 기계가 정예하기로는 과연 천하제일이라 말할 수 있던가.
> 50. 워싱턴은 미국의 서울인데, 응당 주둔 육군의 수가 적지 않겠다.
> 51. 미국은 이미 병력을 민병에 의존하고 있으므로 군대수가 적어도 걱
>   정이 없겠다.
> 53. 미국 땅에서 배를 타고 며칠이면 일본에 도달하는가. (25일)
> 57. 대서양에는 왕래하는 선척이 많다고 하는데 태평양에는 어찌 희소하
>   단 말인가.
> 60. 대통령의 나이는 얼마인가.

군주의 관심은 아주 다양하다. 왕래한 노정에 대한 지리적 관심, 미국의 정치제도, 군사제도, 기업, 기술, 평민 생활 등 다방면에 걸친다. 미국의 '민주' 곧 민주주의에 관해서까지 질문을 던지고 있는 점은 특별히 주목된다. 질문들에 표출된 고종의 관심은 나중에 실제로 왕정을 통해

---

17) 김원모, 『韓美修交史』, 철학과 현실사, 1999, 421-445쪽.

실현하고자 노력한 것들이 다수이다. 대통령의 궁실과 워싱턴 도시에 대한 관심은 아관파천 후에 경운궁(慶運宮, 현 덕수궁) 창건을 중심으로 한 서울도시개조사업을 가져왔다. 이런 정황은 고종을 개명군주(開明君主)로 규정하는 데 주저할 이유가 없게 한다.

고종 시대의 개화에 대해서는 조선 후기 실학(實學)의 한 발전 형태로 보는 견해가 일찍이 제시되었다.[18] 최근에는 이와는 달리 군주 고종 자신의 개화 의지가 실학 연원이란 견해가 필자를 포함해 몇 연구자들에 의해 표명되었다.[19] 그리고 갑오개혁을 기점으로 군주가 근대화 사업에 서얼, 군인, 상인, 이서 출신을 다수 등용하는 변화를 강조하는 연구 성과도 나왔다.[20] 필자는 앞의 견해 제시에서, 갑오개혁 이후의 신세력 등용에 대한 견해를 수용하여 고종의 개화, 근대화 시책을 두 단계로 나누어 볼 것을 제안하였다. 즉 1873년 친정에 나선 후 1880년대의 개화 시책과 갑오개혁 이후 대한제국의 근대화 정책 시기를 나누어 볼 것을 제안하였다. 전자에서는 고종 스스로 연암 박지원의 『열하일기』의 개방·선진 문명수용 사상으로부터 큰 영향을 받아 개명 사대부들을 등용하여 이들과 함께 개화정책을 펴려고 하였던 것으로 파악하였다.[21] 그러나 이런 방향 설정이 임오군란, 갑신정변으로 크게 흔들리고, 갑오경장을 거쳐

---

18) 김영호, 「실학과 개화사상의 연관문제 」『한국사연구』8, 1972
19) 이태진, 「'海外'를 바라보는 北學』『한국사시민강좌』48, 일조각, 2011, 92쪽. 같은 책에 실린 김태영, 「실학연구의 어제와 오늘」 ; 김명호, 「실학과 개화사상」 도 고종의 실학에 대한 관심을 지적하였다. (4-5쪽, 150-151쪽)
20) 서영희, 『대한제국 정치사 연구』, 서울대 출판부, 2003 ; 「국가론적 측면에서 본 대한제국」, 앞『대한제국은 근대국가인가』수록.
21) 군주의 서재 겸 집무실 구실을 한 「집옥재(集玉齋)」의 중심 건물 현판이 이 계열에서 특별히 높이 평가한 남송의 미불(米芾)의 글씨로 되어 있고, 측면 건물 「협길당(協吉堂)」은 미불을 숭상한 명나라 동기창(董其昌)의 글씨로 된 점을 주목하고, 나아가 연암이 내세운 '복고창신(復古創新)' '법고창신(法古創新)'이 이 시기 개화의 기치에 영향을 끼친 것으로 파악하였다. 米芾(元章)은 '集古創新'을 표방하여 새로운 서체 필법을 개발하여 후학으로부터 존경을 받았다.

아관파천 이후 비(非) 양반층 출신의 인재들을 최대로 기용하여 궁내부(宮內府)를 중심으로 근대화 시책을 추구하는 방향 수정이 가해진 것으로 보았다. 대한제국으로의 국체 변환은 이러한 새로운 변화의 가장 적극적인 표현으로, 개화 슬로건도 이 때 '구본신참(舊本新參)'으로 바뀌었다.

『코리안 레퍼지터리』 11책(1896년 10월 간행)에 「한국의 국왕폐하(His Majesty, The King of Korea)」란 기사가 실려 있다. 이 잡지의 기자들은 국왕이 아직 연전에 피살된 왕비를 위해 상복을 입고 있는 중인데도 인터뷰를 요청하여 허락을 받고 이 기사를 실었다. 군주 고종의 일상의 모습이 잘 담긴 기사로 소개할 만한 가치가 있다.

먼저 고종의 교육 수준에 대해 폐하는 한문과 언문에 숙달하여 있고, 그의 방(suite)에서는 책을 함께 읽고 의논하는 학자들과 사관 등을 두는 제도가 지켜지고, 국왕 자신이 자기 나라의 역사, 근대와 고대의 역사에 대해 나라 안의 어느 누구보다도 더 많이 알고 있으며, 관리들로부터 듣기로는 대신들 사이에 옛 관습과 역사에 대해 알지 못하는 것이 생겼을 때, 폐하에게 물어보면 어떤 역사적인 사건이 일어난 시기와 특별한 점을 정확하게 지적해 준다고 하였다. 또 국왕의 직무에 대해서는 다음과 같이 언급하였다.

많은 시간을 공무 수행에 쏟으며, 정부의 모든 부서들을 감독, 감찰하면서 아주 부지런하게 일하며, 어떤 때는 너무 세세한 것까지 주의를 기울이며, 모든 일을 살펴 누구보다도 더 많은 것을 해낸다는 비평을 받는다고 하였다. 널리 알려져 있는 야행성 습관에 대해서도 대부분의 공무를 밤에 수행하여, 대신들과 고문들, 또는 다른 해당 관리들과의 회의는 종종 새벽까지 또는 그 뒤까지 계속된다고 하였다. 그리고 폐하는 진보적이어서, 서양인과 서양 제도와 관습에 대해 적대적이지 않으며, 교육적인 일에 아주 관심이 많으며, 최근 수년 안에 진보적 방향에서 여러 사업들이 이루어졌다고 언급하였다. 마지막으로 종교 문제에 대해서는,

편견이나 간섭 의식이 없을뿐더러 선교사들을 신문명을 가르쳐 주는 '선생님들'로 생각하여 감리교 닌드(Ninde) 주교가 알현하였을 때는 선교사들의 업적을 칭찬하면서 "선생님들을 더 보내 달라"고 말한 사실을 옮겼다.[22] 서울에 상주하면서 한국의 정치 동향을 숙지한 서양인들(호머 헐버트, 아펜젤러 등)이 내린 고종에 대한 평가로서 그 객관성은 부정할 필요가 없다. 대한제국의 황제 고종에 대한 바른 인식은 대한제국의 성격 파악에 가장 기본이 되는 한 요소이다.

4. 근대국가, 산업 근대화의 성과에 대한 성찰(省察)

1) 근대국가 기반 구축에 대한 이해

고종시대의 근대화 사업에 대해서는 여러 부면의 연구가 적지 않게 이루어졌다. 여기서 정치제도에 대해서는 두 가지만 언급하고 나머지는 산업근대화를 중심으로 소견을 정리해 보기로 한다.

대한제국을 근대국가로 간주하지 않으려는 견해의 주요한 이유의 하나는 황제 전제(專制)를 지향하는 국가였다는 점이다. 1897년 10월에 출범한 대한제국은 1899년 6월 23일에 헌법 전문(前文)에 해당하는 「대한국국제(大韓國制)」를 반포하였다. 제2조에 "대한 제국(大韓帝國)의 정치는 과거 500년간 전래 되었고, 앞으로 만세토록 불변할 전제 정치(專制政治)이다"라고 하였고. 제3조에는 다시 "대한국 대황제(大皇帝)는 무한한 군권(君權)을 지니고 있다. 이는 공법에서 말하는 정체(政體)를 스스로 세우는 것이다."라고 하였다. 이어서 제4조에서 "또 대한국 신민이 대황제가 지니고 있는 군권을 침손하는 행위가 있으면 이미 행했건 행하지

22) 이태진, 『고종시대의 재조명』, 태학사, 2000, 99-102쪽.

않았건 막론하고 신민의 도리를 잃은 자로 인정한다.”고 하였다.[23] 그러나 이런 전제 권한 표방이 전근대적인 것이라고 보는 것은 납득하기 어렵다. 유럽사에서도 근대국가 수립 단계에서 전제 군주권 표방은 흔히 볼 수 있는 것이며, 일본 제국 헌법도 마찬가지로 “만세일계의 천황의 통치”(제1조), “천황의 신성은 침해될 수 없다.”(제3조), “천황은 국가원수로서 통치권을 총람하며 헌법의 조항에 따라 행한다.”(제4조)고 하였다.

「대한국국제」에서 정작 주목해야 할 것은 제1조의 “대한국(大韓國)은 세계만국에 공인된 자주 독립(自主獨立)한 제국(帝國)이다.”라고 한 규정이다. 세계만방에 대한 자주 독립 국가의 선언이야 말로 근대국가의 필수조건으로 이를 외면하고 전제 표방으로만 전근대성을 강조하는 것은 공정하지 못하다. 더구나 「국제」는 만국 공통의 법률을 본받아 “국내의 법률을 개정하고 대사(大赦), 특사(特赦), 감형(減刑), 복권(復權)을 한다.”고 하였다.(제6조) 여기서 말하는 만국 통용의 공법이란 스위스 국법(國法) 학자 불룬츠리(Johannes C. Bluntschli)의 『공법회통』(Das Monderne Völkerrecht der Civilisiern Staten als Rechtsbuch Dargestellt, 漢譯本)을 가리킨다.[24] 조선왕조는 『경국대전』에서 『대전회통』에 이르기까지 시대 변환에 따라 법을 개정하면서 법치를 추구해 왔다. 그런 전통 위에 새로운 ‘공법’을 도입하여 ‘국내의 법률을 개정’한다고 한 표현은 곧 ‘구본신참’의 근대적 법치 국가 만들기 의지를 그대로 보여주는 것으로 주목해야 할 것이다.

1894년 7월 말 일본은 청일전쟁을 일으킨 가운데 대원군을 앞세워 군국기무처(軍國機務處)를 발족시켜 ‘내정개혁’을 추진케 하였다. 이때 일본이 가장 역점을 둔 것은 궁중(宮中)과 부중(府中)의 분리를 개혁의 기본 목표로 내세워 정부의 결의를 군주가 아니라 내각의 총리대신이 주재

---

23) 고종실록 39권, 36년(1899 光武 3) 8월 17일(양력)
24) 이태진 외, 『한국병합의 불법성 연구』, 서울대 출판부, 2003, 17-18쪽.

하는 체제를 확립하기를 요구하였다. '궁중, 부중의 분리'는 일본이 1884
년에 내각제도를 창설하면서 내세운 논법으로[25] 10년 뒤 전시 상황에서
조선에 이를 요구한 것은 일본 각의가 이미 결정한 대로 친일 내각을 구
성하여 조선을 보호국으로 만들려는 공작이었다. 일본 제국의 이런 폭력
적 내정 개입에 대한 군주의 저항은 왕비 피살의 대가를 치른 다음, 일본
군과 일본 공사관이 장악한 경복궁(건청궁)을 나와 러시아 공사관으로
이주(移駐)하는 것이 성공함으로써 극복된다. 이런 역경 끝에 나온 것이
황제의 '무한한 군권'만이 국권을 지킬 수 있는 길이란 것이 설득력을
가지게 되었던 것이다.

　대한제국의 황제는 국권 지키기로 강력한 황제권을 표방하는 한편으
로 사회대표를 국정에 참여시키는 초기 의회 제도에 해당하는 것을 허용
하였다. 일본의 강압으로 출발한 군국기무처에서 발의된 사안이지만 500
년 간의 간쟁 비판의 기능을 수행해 온 사헌부와 사간원을 통합하여 중
추원(中樞院)을 만들고, 의관(議官) 50인을 황제와 사회단체가 각각 반으
로 추천하여 구성하도록 하였다.[26] 1900년 전후 국무회의에 해당하는
'의정대신회의'에서 의결된　사항은 황제에게 상주하는 한편 중추원에
보내 승인을 받게 하였다. 이런 제도적 개선은 입헌군주제의 지향으로
면밀히 검토할 만한 대상이다.

2) 산업 근대화의 구상과 성과에 대한 이해

　1970년대 이래의 광무개혁에 관한 연구는 주로 근대적 토지소유제도,
농업정책 등을 중심으로 이루어졌다.[27] 농업에 대한 연구 성과가 토대가

---

25) 坂本一登, 『伊藤博文と明治國家形成 - 「宮中」の制度化と立憲制の導入 - 』, 吉
　　川弘文館, 1991, 6-7쪽.
26) 고종실록 37권, 35년(1898 光武 2) 4월 16일(양력) 신기선의 중추원 의관 녹봉에
　　관한 건의.

되어 1990년대 이후로는 상공업, 금융 등의 분야에서도 새로운 긍정적 시각의 연구 성과가 많이 나왔다. 은행 발달 가운데 대한천일은행(大韓天一銀行)은 국고 은행에 해당하는 것으로 지세(地稅)의 은행납제를 목표로 한 사실이 밝혀졌다.[28] 대한제국은 1900년에 접어들어 지폐발행을 위한 중앙은행 설립을 꾀한 점도 이미 지적되었다. 이를 위해 벨기에와 수호통상조약을 새로 체결하고 실제로 400만 원(圓)의 자본을 출자하겠다는 벨기에 자본가들이 코리아 신디케이트(The Korea Syndicate)를 설립한 사실도 밝혀지고 있다.[29] 중앙은행 설립이 계획대로 이루어졌다면 대한제국의 경제는 한 단계 나아가는 발전을 이루는 큰 계기가 되었을 것이다.

1898년 농상공부는 전국에 시설될 철도 노선 조사에 대한 보고서를 황제에게 올렸다. 기존의 경인선, 청일전쟁 중에 일본이 부설권을 차지한 경부선 외에 경성-의주 (서북철도), 경성-목포 (호남선), 경성-원산-경흥, 원산-진남포, 경흥-의주 간의 노선들이 부설할 대상으로 조사 보고되었다. 이 보고는 남북 종단 선로 외에 원산-진남포, 경흥-의주 간의 동서 횡단 노선을 계획한 점이 주목된다. 동서 횡단 노선은 어느 모로나 광물 매장이 많은 북한지역의 개발을 목적으로 한 것으로 밖에 볼 수 없다. 이는 대한제국 정부가 북한지역개발을 중심으로 한 국토개발 마스터플랜 같은 것을 만들고 있지 않았나 하는 느낌을 강하게 준다. 이보다 앞서 1896년 9월 말에 서울 도시개조사업이 착수되고 있었던 사실이 이런 이해를 더 뒷받침 한다.[30]

---

27) 앞 김용섭의 저서가 대표적인 연구이며, 『대한제국의 토지제도와 근대』(한국역사연구회, 혜안, 2010)는 이를 더 발전시킨 최근의 연구 성과이다.
28) 이승렬, 『제국과 상인』, 역사비평사, 2010이 대표적인 연구이다.
29) 전정혜, 「광무년간의 상업화 정책과 프랑스 자본과 인력의 활용」, 『국사관논총』 84, 2003. 이 차관 유치는 일본공사관의 집요한 저지활동으로 무산되어 버리고 만다. 1900년대 들어서 뒤늦게 이루어지는 벨기에, 덴마크와의 수교는 이런 차관 기술 유치 관점에서 더 연구될 필요가 있다.

　서울 도시개조사업은 미국 워싱턴디씨를 모델로 하여 서양 현대도시
의 장점을 500년 도읍지인 한성부에 도입하여 현대화를 꾀한 것이다. 워
싱턴디씨의 도시적 특징은 대통령궁(현 백악관)을 중심으로 방사상 도로
체계(Radial Road system)를 도입하여 교통을 원활하게 한 점, 시민 휴식
공간으로 공원을 여러 곳에 둔 점, 동상 등의 기념시설물들을 거리에 많
이 세운 점 등이다. 초대 주미공사 박정양과 공사관 직원이었던 이채연,
이상재 등이 이 시기에 각각 총리대신 겸 내부대신, 한성부윤, 내부 토목
국장의 지위에서 이 사업을 주도하였다. 황제의 신궁으로 경운궁(慶運宮:
현 덕수궁)을 도심에 새로 짓고 이 왕궁 동편에 방사상 도로체계를 도입
하고(현 서울광장), 종로와 남대문로 등의 간선도로를 침범한 가가들을
철거하여 도로를 넓히고 철도 궤도를 시설하여 전차를 달리게 하였다.
전차는 동대문-서대문, 종각-남대문-서대문의 시내 선로에 이어 동대문-
청량리, 남대문-양화진 간의 성밖 선로도 시설되었다. 남대문-양화진 선
로는 화물 수송 기능이 주였는데 통과지점인 용산 일대에는 전환국, 인
쇄국, 평식원, 도량형제작소, 양잠소, 한성전기회사 발전소, 궁내부 정미
소, 군부총기제작소, 연와제조소, 초자제조소 등이 들어서 관영 공장지대
를 형성하였다. 남대문 근처 선혜청 창고 주위의 난전들은 창내장(倉內
場)으로 불리는 상설시장으로 탈바꿈하여 궁내부 내장원에서 상세를 거
두어 각종 신사업의 자금으로 썼다. 시민공원으로 탑골공원과 독립문 공
원이 조성되기도 하였다.
　서울 시가를 달리는 전차는 모두 서대문 밖의 경성철도정거장에 연결
되어 전국 각지로 향하게 한 점은 서울 도시개조사업이 국토개발의 시발
사업으로 설정된 느낌을 준다. 1902년 대한제국 정부는 평양을 서경(西

---

30) 서울 도시개조 사업에 대해서는 이태진, 「18-19세기 서울의 근대적 도시발달 양
　　상」「대한제국의 서울 황성 만들기 – 최초의 근대적 도시개조 사업」『고종시대
　　의 재조명』, 태학사, 2000 참조.

京)으로 승격하고 행궁 건설을 이유로 도시개조사업을 논의하였다. 이는 북한지역의 개발이 예정대로 이루어 질 때 평양을 구심점으로 삼고자 한 것으로 이해된다.[31] 평양은 현재 추진 중인 경성-의주 간 종단 선로(서북 철도)가 준공되고 이에 더해 원산-진남포 간의 동서 횡단 노선이 부설되면 교통과 산업의 새로운 중심지가 될 것을 예상한 조치로 느껴진다.

1902년 무렵 주한일본공사 하야시 겐조(林權助)는 본국 정부에 대해 대한제국에는 현재 서구 열강의 큰 규모의 투자가 이루어져 그 경제가 새로워지고 있는 상황인 만큼, 면화 제품의 판매와 쌀 매입을 골간으로 하는 일본의 대한(對韓) 무역 구조는 시급히 개선되어야 한다는 건의서를 올렸다. 그러나 일본 정부는 이 무렵 외무대신의 이름을 따서 고무라 노선(小村路線)이라고 하여 대한정책의 기조를 정치 경제 군사 등 모든 측면에서 경의선(京義線) 부설권 탈취에 집중한다고 하였다.[32] 북한지역 광산 개발과 서북철도 건설, 평양의 신도시화 계획 등으로 대표되는 대한제국의 산업 근대화를 좌절시키는 데 목표를 둔 대한정책이었다. 실제로 일본은 러시아에 대한 개전과 동시에 한국주차군 병력을 서울에 상주시킨 상태에서 재정고문을 투입한 상태에서 경제권을 빼앗고 외교와 내정권을 차례로 빼앗는 조약을 강제하였다. 이런 과정을 유의하면 대한제국은 자력 근대화의 능력이 없어서 망한 것이 아니라 자력 근대화의 기회를 박탈당하고 있었던 것이다.

대한제국의 이러한 다방면에 걸친 산업근대화는 차관과 기술 교섭의 대상국으로부터 관련 자료를 수집하여 심층적 연구가 시급히 이루어져야 할 대상이다. 일본제국은 대한제국의 자력 근대화의 성과들을 통감부의 '시정개선(施政改善)'의 성과로 둔갑시키기까지 하였다.

---

31) 고종실록 42권, 고종 39년(1902. 광무 6) 5월 6일, 10일, 14일, 15일. 6월 3일, 10일, 23일 조 등 참조.
32) 森山茂德, 『日韓併合』, 吉川弘文館, 1992, 7-76쪽.

5. 일본제국의 '동양사' 연구와 한국(근대)사 왜곡

일본의 명치유신은 서양 기계문명의 수용이란 점에서 근대화에 성공하였다고 볼 수 있다. 그러나 대외관과 대외정책은 전근대적 침략성을 강하게 지니고 있어 근대국가로 규정하기를 주저하게 한다. 명치유신은 잘 알려져 있듯이 도쿠가와 막부로부터 도자마(外樣) 번으로 분류되어 푸대접 받던 조슈(長州) 사쓰마(薩摩) 도사(土佐) 등의 3(藩)들의 하급 무사들이 막부 타도에 나서 이루어 졌던 것이다. 셋 중에서도 조슈가 명치정부에서 가장 중심적인 역할을 한 것은 잘 알려져 있다. 관계(官界)와 육군을 이들이 장악하였다.

죠수 세력의 정치 성향은 스승 요시다 쇼인(吉田松陰)의 천황주의로부터 큰 영향을 받은 것이었다.[33] 요시다 쇼인은 서양세력 앞에 일본이 사는 길은 막부를 타도하고 천황을 받들어 중앙집권국가를 만드는 길 밖에 없다고 하였다. 이 선택은 시의성을 가지는 것이라고 할 수 있다. 그러나 그의 주장은 천황을 영광스럽게 하기 위해 천황에게 조공을 바칠 나라들을 확보해야 한다는 데 이르고 있었다. 구체적으로 대만, 조선, 만주, 몽골, 나아가 중국 등이 그 대상이었다. 조슈 세력이 주도한 명치정부는 실제로 청일전쟁, 러일전쟁을 일으켜 대만과 조선을 식민지로 만들고 만주, 몽골로 나아갔다.

요시다 쇼인의 천황주의는 그 제자들이 정권을 쥔 가운데 여러 가지 형태로 구현 수단이 강구되었다. 1880년대 후반에 동양사(東洋史), 동양학(東洋學)이 등장한 것이 가장 중요하고 대표적인 것이다. 명치유신 초기에 일본 지식인들은 '서양' '서양문명'의 우수성에 경도되어 문명개화

33) 요시다 쇼인의 영향에 대해서는 이태진, 「근대 일본 초슈(長州) 번벌의 한국 침략 ─법과 윤리의 실종─」 2010년 8월 동북아역사재단 주최, "「한국병합」 100년 국제학술회의" 발표문. 世川紀勝 감수, 변영호/도시환 편저, 『國際共同硏究, 韓國强制倂合100年, 歷史と課題』, 明石書店, 2013, 8, 收錄.

운동 붐이 일어났다. 이 사조를 대표하는 것이 곧 후쿠자와 유끼치(福澤
裕吉)의 「문명개화론(文明開化論)」이다. 그런데 명치유신 후 근 20년의
시간이 흐른 시점에서 서양에 대한 '동양(東洋)'이 의식되기 시작하는 새
로운 사조가 등장하였다. 후쿠자와를 직접 사사한 나가 미찌요(那珂通世,
1851-1908)가 이 무렵 새로운 학문 영역으로 동양사를 구상하고 이를 교
육과정에 반영해 갔다. 즉, 1894년 동경의 고등사범학교의 교수 과목에
관한 연구 조사 모임에서 역사과의 외국역사를 '서양역사'와 '동양역사'
로 구분할 것을 제안하였다. 청일전쟁이 일어난 시점에 있었던 이 제안
이 곧 일본에서의 '동양사' 성립 시원이었다.34) 일본에서의 역사 교육과
연구는 이로써 본방사(本邦史), 동양사(東洋史), 서양사(西洋史)란 구분을
가지게 되었다.35) 동경제대는 학제와 교수 요원 충원 관계로 1904년에
지나 사학과가 생기고, 1910년에 이를 동양사학과로 바꾸었다. 제국대학
에서의 이러한 지각 현상은 어디까지나 관계 교수 요원 확보 문제의 제
약에 따른 것이었다.36)

    첫 제안자인 나가 미찌요는 후쿠자와 유끼치를 사사하여 신학문을 배
웠지만 본래는 한학(漢學) 출신이었다. 서양을 배우는 개화 지식인 가운
데 점차 일본이 속한 '동양'을 의식하여 일본이 곧 그 동양을 발달시키는

---

34) 田中正美, 「那珂通世」, 江上波夫, 『東洋學の系譜』, 大修館書店, 1992, 2쪽.
35) 中嶋敏, 「市村瓚次郎」, 앞 책, 30쪽.
36) 동경제대의 동양사를 이끈 주역은 이찌무라 간지로(市村瓚次郎, 1864-1947)와
    시라토리 구라기찌(白鳥庫吉, 1865-1942) 두 사람이었다. 이찌무라 간지로 또한
    한학 출신으로 1897년 7월에 동경제대 문과대학 조교수로 부임하고, 시라토리
    구라기찌(白鳥庫吉, 1865-1942)는 나가 미찌요의 중, 고등학교 제자였다. 시라
    토리는 1901년부터 3년간 유럽 유학 생활을 거쳐 1904년 귀국 후 學習院 교수
    로서 동경제국대학 사학과 교수를 겸임하였다. 바로 이 1904년에 문과대학의 학
    제가 개혁되어 철학, 문학, 사학의 3학과 체제가 성립하면서 사학과에 국사학,
    지나사학, 서양사학의 구분이 생겼다. 이런 과정을 거쳐 1910년에 동양사학과가
    생겼던 것이다. 동경제대의 동양사의 중심역할을 하는 시라토리는 1911년에 본
    직으로 동경제국대학 교수가 되어 학습원 교수를 겸임하였다. 앞 책, 41-42쪽

주체가 되어 동양이 서양에 흡수되지 말아야 한다는 자각이 생긴 것이
다. 나가 미찌요의 동양사 창도는 스승 후쿠자와로부터도 지지를 받았다
고 한다. 일본의 동양학, 동양사가 한학에서 발흥한 것은 주목할 만 현상
이다.[37] 1880년대 후반, 일본은 제국헌법과 이에 근거한 내각제의 입안
이 이루어져 그간에 있었던 유신파(維新派)와 막부파(幕府派) 간의 갈등
이 거의 해소되었다. 바로 이 시점에서 한학 기반 위에 서양에 대한 '동
양'을 자각하는 사조가 등장한 것이다.

　더 주목되는 것은 문명개화의 열풍 속에서 일어났던 민권운동의 슬로
건이 '동양'에 대한 자각과 함께 사라지고 있는 사실이다. 1894년 청일전
쟁의 발발은 대륙에 대한 관심을 크게 불러일으켜 후쿠자와 유끼치를 포
함하여, 국민신문(國民新聞)을 창간한 도쿠토미 소호(德富蘇峰), 『일본개
화소사(日本開化小史)』로 대중적인 역사가로 명성이 높던 다구찌 우기찌
(田口卯吉) 등이 하나같이 민권의 기치를 내리고 제국 일본의 국위 선양,
국수적 대외 팽창주의 쪽으로　급선회하였다. 뒷날 경도제대(京都帝大)
교수로 동양사 대가의 명성을 떨치는 나이토 코난(內藤湖南)도 대만, 조
선, 만주 연구에서 열렬한 식민주의자의 면모를 보이는데 그는 요시다
쇼인을 숭배한 나머지 요시다의 본명인 '寅次郞'을 본 따 '虎次郞'이라
는 이름을 가졌다.[38]

　요컨대 1880년대 후반 이후 일본의 지식계는 요시다 쇼인의 천황주
의에 빠져들고 있었다. 죠슈 계열이 주도하는 일본제국은 앞으로 대만,

---

37) 동경제대의 동양사를 이끈 주역 이찌무라 간지로와 시라토리 구라기찌 가운데
　이찌무라 간지로는 전통 한학을 먼저 배우고 1883년에 설치된 동경제대의 고전
　과(古典科) 한서과(漢書課)를 나와 지나사(支那史) 연구에 업적을 내어 1897년
　7월에 이 대학의 조교수가 되었다. 시라토리는 중학교와 고등학교 과정(千葉中
　學校, 大學豫備門＝ 나중의 第一高等學校)에서 동양사를 창도한 나가 미찌요로
　부터 직접 가르침을 받고 1887년에 동경제대 사학과 제1회생으로 입학하였다.
　앞 책, 10, 41쪽.
38) 溝上暎,「內藤湖南」앞,『東洋學の系譜』,

조선, 만주, 나아가 중국까지를 아우르는 동양의 대제국이 될 것이란 계획아래 지식인들은 '동양'의 역사와 문화 연구를 선도하여 대제국 건설에 기여해야 한다는 신념을 가지게 된 것이다. 청일전쟁의 개전으로 이런 홍분은 현실 속에 투영되고 있었다. 지식계의 이런 동향은 물론 정치적 인물과 밀접한 연관을 가지고 있었다. 청일전쟁 때, 제국박물관 측은 「전시청국보물수집방법(戰時淸國寶物蒐集方法)」을 육해군 수뇌부에 보내 조선, 청국의 문화재를 '연구용'으로 본국으로 가져오도록 요청하였다.[39]

한국 역사학계는 그동안 일제 식민주의 역사 왜곡에 대한 연구를 '한국사'만을 중심으로 진행시켰다. 일본에서의 '동양사' 등장의 위와 같은 경위로 보면 일본 역사학의 한국사 왜곡은 '동양사'란 큰 틀 속의 한 부분으로 보는 것으로 관점을 수정할 필요가 있다. 통감부에 의한 '구관조사', 강제병합 후의 중추원, 그리고 1920년대부터의 조선사편수회 등은 동경, 경도를 중심으로 진행되는 동양사 연구의 다른 한 거점에 해당하는 것으로 간주된다. 그들의 연구는 결코 한국 하나를 식민지로 보전하는 데 목표를 둔 것은 아니었다. 이런 거시적 시각에서 그들의 한국사 왜곡을 다시 검토한다면 지금까지 알려진 것과는 다른 사실과 모습이 드러날 것으로 보인다. 일본의 동양사 연구는 어디까지나 전(全) 동양을 지배하는 대일본 제국을 꿈꾸는 것이었기 때문에 역사 연구에서도 조선과 중국은 처음부터 긍정의 대상이 될 수 없었다. '동양사'는 어디까지나 연구와 지배에서 일본제국이 중심이 되어야만 하는 것이었다. 이런 의식에서 가해진 당대의 한국사 곧 고종 시대는 처음부터 끝까지 부정의 대상이었다. 조선, 대한제국의 '문명화' 곧 근대화는 결코 용납될 수 없는 것이었다.

---

39) 荒井信一, 『コロニアリズムと文化財』, 岩波新書 1376, 2012, 18쪽.

6. 맺음말

일본의 한국사 왜곡은 근원적 부정에서 출발한 것이다. 당대사인 고종시대사에 대한 부정은 사료 편찬에서부터 가해진 것이기 때문에 근본적인 대책이 필요하다. 국사편찬위원회는 고종시대의 연구를 위해『고종시대사』6책을 1967년에서 1972년까지 5년에 걸쳐 사료 정리를 통해 간행하였다. 그러나 이 자료집은 조선사편수회의『조선사』6-4의 고종 시대편 작업 자료(稿本)를 활용하면서 1970년에 발간한『고종태황제실록』『순종황제실록』을 이용하여 낸 것이다. 연구 자료로서 큰 기여를 했지만, 앞에서 보았듯이 두 실록 자체가 1920년대에 조선총독부의 기본 노선에 따라 편찬되어 사료를 취사선택하여 낸 것이므로 그 근본적 한계를『고종시대사』도 벗어날 수 없는 것이었다. 비록 승정원일기, 일성록, 관보 등을 활용하였지만, 이것도 일제 침략기에는 이미 일본 측의 개입이 있어 사료로서의 충실도가 떨어지고 있었다. 관보나 외교 사료가 활용되기는 하였지만 반영의 정도는 극히 떨어진다. 바른 한국 근대 역사상의 회복을 위해서는 이 시기 사료 편찬사업이 새로이 이루어져야 할 필요성이 절실하다.[40)]

고종시대의 근대화가 반드시 성공적이었다고 할 수는 없다. 일본의 침략정책과는 별개로 내적인 한계도 많이 있었던 것은 사실이다. 대한제국에 들어와 벌열 사대부 출신 관료들이 왕조시대의 누습에 매여 신식 행정에 잘 적응하지 못하여 새로운 중앙집권체제 운영에 오히려 장애요인이 된다거나, 그런 가운데 자주 일본 측의 매수 대상에 오른다던가 하는 현상들이 보인다. 그러나 다른 한편으로 비 양반 신분 출신의 '신 관료'의 활발한 움직임이 있는 것도 사실인 만큼, 이런 대조적 모습은 이

---

40) 국사편찬위원회는 이런 필요성아래 2012년도에 '신편 고종시대사' 편찬위원회를 구성하여 10년 정도의 장기 사업을 기획하여 착수하였다.

시대의 진정한 역사상 포착을 위한 연구과제로 삼아야 할 것이지 버리기의 이유가 될 수는 없다.

이 발표문은 조선정부와 동학농민군의 관계를 언급할 기회를 가지지 못했다. 고종 시대 성격 규정에서 이 주제가 차지하는 비중은 대단히 크다. 이 주제에 관한 지금까지의 연구는 대부분 계급 갈등의 관점 접근이 많았다. 그러나 동학농민군의 포고문에 나타나는 '보국안민(輔國安民)' 의식에는 '국본(國本)' 의식이 강하게 표현되어 있다. 농민 대중이 '국가의 주체'로서 내우외환을 좌시할 수 없어 나라(왕조)를 구하는 데 나선다는 것이 대요이다. 이런 의식은 숙종, 영조, 정조 등 탕평군주 시대에 형성된 소민보호주의의 '민국(民國)' 이념, 곧 나라는 민과 왕(國의)의 것이란 새로운 정치이념에 상통하는 것이다. 정조가 삼강행실과 이륜행실을 합쳐 『오륜행실도』를 만들어 보급한 것은 유교를 사대부만의 것이 아니라 서민 대중의 것으로 삼고자 하는 뜻이었다.[41] 동학교도, 농민군의 '국본' 의식은 그 발전 형태로 간주된다. 동학농민군 봉기로 일본군이 서울로 진입하여 농민군 봉기에 대한 근본대책으로 '내정개혁'을 요구하였을 때, 고종 정부는 그 문제는 우리가 농민군과 협상할 문제로 협상 타결의 여지가 얼마든지 있는 것으로 외국이 개입할 문제가 아니라고 답하면서 반대로 철군을 요구하였다.[42] 청군 출병이 조선정부의 요청이 아니라 원세개(袁世凱))의 책략이었다는 것이 이미 밝혀져 있는 만큼 동학농민군 봉기와 그 경위에 관한 문제도 앞으로 새롭게 깊이 천착될 문제일 것이다.

대한제국에 대한 부정적 시선의 다른 하나, 대한제국은 나라가 망하는 순간에도 황제와 대신들이 서로 작위를 나누어 가지고 있었다는 지적

---

41) 이태진, 「조선시대 민본의식의 변천과 18세기 '民國' 이념의 대두」 『국가이념과 대외인식 - 17-19세기』, 고려대 아연출판부, 2002.
42) 이태진, 「1894년 6월 청군 출병 과정의 진상 - 자진 請兵說 비판 - 」 『고종시대의 재조명』, 태학사, 2000.

이 있다. 1904년 2월 러일전쟁이 일어나서부터 일본은 무력을 배경으로
고문의 투입을 통해 대한제국 황제권을 크게 제약하였다. 이런 현상은
통감부가 내정권을 장악한 뒤에는 훈장, 작위류의 수수는 이미 그들의
소관이 되어 황제의 뜻이 아니었다. 황제의 이름이 철저히 이용 당하는
장면이지 역사의 진실을 전하는 것은 결코 아니다.

　서양 문물 수용에서 앞서가던 제국 일본의 팽창주의는 한국 근대사를
제약하는 가장 큰 요소였다. 한국 근대사 연구는 그 팽창주의의 실체에
대한 연구에서부터 시작해야 한다고 말해도 좋을 정도로 그 비중은 큰
것으로 보인다. 그러나 지금까지의 한국 근대사 연구에서 명치 일본의
정치, 군사, 경제 동향에 대한 진지한 관심의 흔적은 찾아보기 어렵다.
이 부면은 '제국주의'란 범주로 단순화 시켜 버리면서 생긴 취약점인 듯
하다. 명치 일본을 처음부터 제국주의로 간주하는 것은 결코 동의할 수
없는 큰 오류이다. 한국 근대사 연구는 늦어지만 지금부터라도 동아시아
근대사에 대한 각국 연구 성과를 실시간대로 모니터링 하면서 사안(史
眼)을 새롭게 하여, 관련 사료를 폭넓게 발굴하면서 입체적으로 수행할
필요가 있다. 근대 일본 역사학이 어용적으로 구축해놓은 왜곡의 기반이
넓고 깊기 때문이다. 이런 성찰이 부족했기 때문에 우리의 한국 근대사
연구는 이미 스테레오 타입 현상에 빠져 들고 있는 느낌을 가질 때가 많
다. 우리의 연구 기반이 얼마나 빈약한지를 반성하면서 특단의 방법으로
이를 개선하면서 새로운 출발점을 모색하는 것이 절실히 필요한 상황이
라고 하지 않을 수 없다.

　우리의 연구 '부진'이 본의 아니게 일본 정치인들의 '과거사' 반성을
회피하는 데 도움을 주고 있지 않은지도 성찰할 필요가 있다. 올바른 한
국 근대 역사상의 추구는 왜곡된 한국 근대 역사상을 바로 잡는 데 그치
는 것이 아니다. 그것은 일본 천황의 영광을 위한 '대동아' 제국 실현을
위해 설정된 '동양사'의 전초(前哨)로서 발진된 영역이기 때문에 궁극적

으로 동아시아 3국의 평화 공존 모색을 위해서는 왜곡의 외피가 서둘러 철저하게 벗겨져야 할 대상이다. 이런 미래 지향적 과제를 인식하면 우리의 그간의 "메아리 없는 함성"에 대한 구조분석의 필요성이 절감되기도 한다.

주제발표

대한제국의 체제 개혁

김 도 형[*]

1. 머리말

1876년의 문호개방으로 조선은 제국주의가 지배하는 국제질서 속에 편입되었다. 이에 조선은 제국주의 침략 앞에서 나라의 자주독립을 유지하여야 하였고, 이를 위해서는 역으로 어떤 형태로든지 서양 문명을 인정하고 이를 받아들여야 하였다.

자주독립 유지와 서양문명 수용을 통한 문명화 방안은 논자의 사회경제적 배경, 사상적 연원, 그리고 시대의 변화에 따라 다양하게 제기되었다. 같은 '개화'라는 말을 사용하는 경우에도 국제질서에 대한 인식, 서양 문명에 대한 이해, 유교 처리 방안 등에 따라 달랐다.[1] 본고에서 검토하는 대한제국의 수립도 고종과 집권세력이 정부 차원에서 택한 근대개혁운동의 하나였다.

조선 정부가 추진한 근대개혁사업은 1880년대에 들면서 시작되었다. 조선 후기 북학론의 전통 위에서 유교의 '문명(文明)'은 유지하고, 서양

---

* 연세대학교 사학과 교수
1) 이런 점에 대해서는 김도형, 「開港 이후 世界觀의 변화와 民族問題」『한국독립운동사연구』 15, 2000 참조.

의 기술은 이용후생(利用厚生) 차원에서 받아들이는 방향이었다.[2] 이렇게 시작된 정부의 개혁사업은 갑오개혁과 청일전쟁 이후에 크게 변하였다. 갑오개혁을 통해 정부 스스로 서양 문명 수용을 통한 '개화', '개명'을 인정하였으며, 또 청일전쟁의 결과에 의해 확정된 '조선 독립'을 명실상부하게 유지하여야 하였다. '제국'으로의 개편은 문명화와 자주독립이라는 과제를 가장 효과적으로 추진할 수 있는 '체제'였다.

대한제국의 '제국'으로서의 체제 개혁은 「대한국 국제(大韓國 國制)」로 정비되었다(1899). 본고는 대한제국 수립과 체제 정비, '제국 체제'의 추진 이념과 통치 이념, 신민(臣民)의 형성, 그리고 체제 안정화 방안으로서의 국내 개혁 사업 등 몇 가지 사항을 검토하고자 한다.[3]

2. '제국' 체제의 완성 : 「대한국 국제」

1) 대한제국의 수립

대한제국은 청일전쟁 후의 새로운 국제질서 속에서 고종과 집권세력이 문명화와 자주독립을 위해 택한 체제였다. 종래의 국왕체제를 서양의 여타 강대국처럼 황제가 지배하는 '제국'으로 만들고, 황제가 중심이 되어 개명, 문명화를 추진하였던 것이다.

---

2) 많은 연구자들은 김옥균, 박영효 등 개화파의 사상이 북학론을 계승하였다고 한다. 그러나 북학론의 논리구조, 문명관과 개화파의 그것은 다르다. 북학론에서는 유교 문명을 '문명'으로 보고, 서양의 종교와 기술을 분리하여 대응하였다면, 개화파는 서양 문명을 '문명'으로 보았다. 북학론의 논리구조는 김윤식 등에 의해 양무개혁론으로 발전한 반면, 개화파의 논리는 북학론에서 출발하였으나 서양 문명관을 받아들이면서 그 대열에서 이탈하였다.

3) 제국 체제의 대외적 외교 활동 또한 체제 개혁, 정비에 해당되지만, 이 책의 다른 연구와 중복을 피하기 위해 여기서는 다루지 않는다.

청일전쟁에서의 일본 승리는 조선 정부나 식자층에게 큰 충격을 주었다. 일본이 서양 문명을 적극적으로 받아들여 강국이 되어 수구적인 '노대국' 청을 이긴 것으로 보면서, 조선도 우수한 서양 문명을 적극적으로 받아들여야 한다는 여론이 확산되었다. 종래 기계 문명에 한정한 것을 서양의 정교(政敎)도 배워야 한다는 것이었다. 또 이런 변화 속에서 조선 정부도 개혁 사업의 방향을 조정하였고, 많은 유자층의 사상도 변하였다. 그들은 유교적 변통과 '변법(變法)'의 차원에서 서양의 정치론이나 법체계까지 받아들여 국권과 민권 문제를 해결하고자 하였다.[4]

한편 청일전쟁은 전근대 동아시아 국제 질서를 와해시켰다. 중국 중심의 '전근대적' 종속 관계, 조공 질서가 붕괴되고, 만국공법에 의한 '근대적' 국제질서가 형성되었다. '근대적' 국제질서는 곧 제국주의 지배 질서였다. 이에 조선(대한제국)정부는 나라의 자주독립을 유지하기 위해, 자주적 국권의 상징으로서의 황권, 그리고 제국 수립을 추진하였다.

고종의 황제 즉위에 관한 논의는 갑오개혁 시기부터 제기되었다. 당시 청일전쟁을 일으킨 일본이 청국으로부터 조선을 완전하게 떼어내기 위한 계책으로 제기된 것이었다. 그러나 고종의 권한은 갑오개혁의 내각제 시행으로 오히려 제약되었고, 이런 사정 하에서 황제 즉위는 성사될 수 없었다. 황제 즉위 여론은 아관파천 후에 다시 제기되었다.

아관파천 후, 고종은 먼저 갑오개혁 때 실시했던 내각제를 폐지하고 의정부 제도로 '복귀'하였다. 건양·광무 연간의 개혁사업은 대부분 갑오개혁에서 시작한 것을 그대로 계속하였지만, 다만 내각제도는 "역란의 무리가 국권을 조롱하고 조정(朝政)을 변경"하여 실시한 것으로 규정하고, 이로 인해 무너진 전헌(典憲)을 새로 세우기 위해 구장(舊章)과 신규(新規)를 참작하여 의정부로 환원하였다. 칙령 1호로 「의정부 관제」를

---

4) 김도형, 「大韓帝國 초기 文明開化論의 발전」, 『韓國史研究』 121, 2003 ; 「張志淵의 變法論과 그 변화」, 『韓國史研究』 109, 2000.

반포하여 그 전문에 "대군주폐하께서 만기(萬機)를 통령(統領)하사 의정부(議政府)를 설치"한다고 명확하게 규정하였다. 의정부의 회의에는 "대군주가 친림(親臨)하든가 왕세자가 대림(代臨)"하도록 하였으며, 이미 가결된 의안이라도 군주의 마음에 마땅하지 않으면 다시 의논하게 하거나, 성지(聖旨)에 따라 다수의 의견에 반하는 것도 재가할 수 있도록 하였다.[5]

황제 즉위 여론은 고종이 경운궁으로 환어한 후에 강하게 대두되었다. 1897년 5월 이후 여러 차례 황제 즉위를 요청하는 상소가 제기되었다.[6] 그 가운데 농상공부 협판 권재형(權在衡)은

> 황(皇)·제(帝)·왕(王)이라고 하는 것은 비록 글자는 다르지만 한 나라가 자주하고 독립하여 의지하지 않으며, 백성들을 표준으로 삼은 것은 마찬가지입니다. (…) 오늘날 임금들의 가장 높은 존호(尊號)는 오직 황제(皇帝)뿐입니다. (…) 더구나 오늘날에 폐하(陛下)의 신민(臣民)으로서 누군들 춤추며 기뻐하면서 우리 폐하에게 빛나는 극존(極尊)의 칭호를 올리려 하지 않겠습니까? 폐하가 사양하여 즉시 받아들이지 않지만 신은 이 문제를 조금도 늦출 수 없다고 여깁니다. 만약 '왕을 황제로 올리는 것이 공법(公法)상 어렵다'고 하신다면, 신은 만국공법(萬國公法)에 근거하여 조목별로 명백히 밝히려고 합니다.[7]

라고 하여, 황제 즉위가 나라의 자주와 독립을 나타내는 것이라고 하였다. 그리고 황제 즉위는 서양의 만국공법에도 어긋나지 않으며, 또한 동

---

5) 『日省錄』건양 원년 9월 24일. 군주의 권한이 강화된 것은 사실이지만, 한편으로는 내각제도와 같이 의정부의 권한도 확보되었던 점에서 "국중에 제일 소중한 일들을 의정부에서 맡아서 의론하고 결정"하면서 "각부 대신과 찬정들이 자기의 의사대로 회중에서 연설하고 투표"할 수 있다는 점에 의미를 두기도 하였다(『독립신문』건양 원년 10월 6일 논설). 즉 의정부의 '복설'이 내각제도 이전의 의정부제도로 돌아간 것은 아니었다.

6) 李玟源, 「稱帝論議 展開와 大韓帝國의 成立」『淸溪史學』5, 1988.

7) 『高宗實錄』34년(1897) 9월 25일.

양의 역사로 보아도 합당하다고 하였다.

황제 즉위에 대한 여론이 빗발치자 고종은 먼저 독자적인 '광무(光武)'라는 연호를 정하였다. 갑오개혁 당시 청국의 종속관계를 청산한다는 의미에서 '개국기원(開國紀元)', '건양(建陽)'이라는 연호를 사용하였지만, 이때는 '자주독립'의 의미를 더 명확하게 확인하였던 것이다. 그리고는 아홉 번의 사양 끝에 마침내 황제 칭호도 재가하였다. 즉시 환구단(圜丘壇)을 조성하여 황제에 즉위하고, 나라 이름은 대한제국으로 정하였다(1897. 10. 12)

대한제국 수립 후에 가장 중요한 사업은 물론 황권을 강화하여 명실상부한 '제국'이 되는 일이었다. 아관파천 이후 줄곧 추진된 이 사업은 1899년에 본격화되었다. 그리하여 황제가 모든 권한을 가진다는 「대한국 국제」가 제정되었다.

> 제1조, 대한국은 세계 만국에 공인된 바 자주독립한 제국(帝國)이다.
> 제2조, 대한제국의 정치는 이전 오백년 간 전래하고 이후 만세(萬歲)
>   에 불변할 전제(專制) 정치이다.
> 제3조, 대한국 대황제는 무한한 군권(君權)을 향유하시니, 공법(公法)
>   에서 말하는 자립 정체이다.
> 제4조, 대한국 신민(臣民)이 대황제가 향유하는 군권을 침손하는 행위
>   가 있으면, 그 행위의 사전, 사후를 막론하고 신민의 도리를 잃
>   어버린 자로 인정한다.
> 제5조, 대한국 대황제는 국내 육해군을 통솔하시어 편제(編制)를 정하
>   고 계엄(戒嚴)·해엄(解嚴)을 명령한다.
> 제6조, 대한국 대황제는 법률을 제정하여 그 반포와 집행을 명령하고,
>   만국의 공공(公共)한 법률을 본받아 국내 법률로 개정하고, 대
>   사(大赦)·특사(特赦)·감형(減刑)·복권(復權)을 명(命)하니, 공법
>   에서 말하는 자정률례(自定律例)이다.
> 제7조, 대한국 대황제는 행정 각 부부(府部)의 관제와 문무관의 봉급
>   을 제정 혹은 개정하고 행정상 필요한 칙령을 발하니, 공법에
>   서 말하는 자행치리(自行治理)이다.

제8조, 대한국 대황제는 문무관의 출척(黜陟)·임면(任免)을 행하고, 작
위·훈장 및 기타 영전(榮典)을 수여 혹은 체탈(遞奪)하니, 공법
에서 말하는 자선신공(自選臣工)이다.
제9조, 대한국 대황제는 각국에 사신을 파송 주찰(駐紮)케 하고, 선전
(宣戰)·강화(講和) 및 제반 약조를 체결하니, 공법에서 말하는
자견사신(自遣使臣)이다.[8]

대한제국은 세계 만국이 공인하는 자주독립의 제국이라는 점, 그 정
치는 황제의 무한한 군권에 의한 전제정치라는 점, 그리고 황제는 군사
통수권, 입법권과 사면권, 관제권과 행정명령권, 영전수여권, 외교권 등
을 가진다고 명시하였으며, 그리고 이런 권한은 '공법'에 의해 보증된다
는 점도 명시하였다.

「대한국 국제」는 대한제국의 국체와 정체를 명시한 사실상의 '헌법'
이었다. 조선 건국 이래 내려오던 국왕의 '전제(專制)'를 새로운 서양의
'공법'에 의거하여 다시 근대적으로 확립한 정치체제였던 것이다. 곧 근
대적인 개혁을 추진하는 '계몽군주'에 의해, 그리고 근대법률에 의해 보
장, 유지되던 '전제군주제'였던 것이다.[9]

대한제국에서는 「국제」의 후속 작업으로 황권 강화 사업을 적극적으
로 추진하였다. 선왕(4대조) 추존사업, 어기(御旗)·예기(睿旗:황태자기)·
친왕기(親王旗) 제정, 황제의 군사통수권 확립(「원수부 규칙」 등), 국가
제정 등이 계속되었다.[10]

---

8) 『高宗實錄』 36년(1899) 8월 17일.
9) 대한제국의 성격에 대해서는 많은 논란이 있다. 교수신문사 편, 『고종황제 역사
청문회』, 푸른역사, 2005 ; 한영우 외, 『대한제국은 근대국가인가』, 푸른역사,
2006 ; 도면회 외, 「대한제국기 권력기구의 성격과 운영」 『역사와 현실』 19,
1996 ; 서영희 외, 「대한제국의 역사적 성격」 『역사와 현실』 26, 1997 ; 이태진·
구대열·김도형·주진오 좌담, 「고종과 대한제국을 둘러싼 최근 논쟁」 『역사비평』
37, 1997 등 참조.
10) 이태진, 『고종시대의 재조명』, 태학사, 2000 ; 이윤상, 「대한제국기 국가와 국왕
의 위상제고사업」 『震檀學報』 95, 2002

황제의 정치를 위해 대한제국에서는 서양이나 일본의 황제정에 관심을 기울였다. 특히 '제국' 러시아에 관심을 가졌다. 아관파천 직후 고종은 민영환을 특명전권공사로 러시아 니콜라이 2세의 대관식에 파견하였으며, 귀국 후 알현(謁見) 때에 러시아의 황제 중심의 정치 운영에 대해서 많은 관심을 보였다. 민영환은 대한제국 군대의 근대화, 원수부 설치, 어기(御旗) 제작 등의 황권 강화와 근대개혁사업에 주도적으로 관여하였다.[11]

3. 체제 개혁의 이념 : 신구절충(新舊折衷)과 유교

1) 체제 개혁의 이론 : 신구학의 절충

급진적, 외세의존적 갑오개혁에 대해서는 많은 집단이 불만을 가졌다. 권력을 제한 당한 고종과, 실세에서 밀려난 민씨 세력, 그리고 서양식 문명화·근대화를 꿈꾸던 세력 등이 그러하였고, 심지어 과거제도 폐지와 단발령으로 위기감이 고조된 보수적 유생층도 마찬가지였다. 고종과 민씨 세력은 일본의 감시와 억압에서 벗어나고자 러시아와 미국을 가까이 하였다. 특히 명성왕후 시해 이후 신변을 위협받고 있던 고종은 마침내 러시아 공사관으로 파천하여 갑오개혁 정권을 무너뜨렸다.

러시아 공사관에 있으면서, 고종이 제일 먼저 착수한 사업은 갑오개혁 사업을 '구본신참(舊本新參)', '신구절충(新舊折衷)'의 차원에서 조정하는 일이었다. 고종도 '경장(更張)'의 필요성을 절감하고 있었다. 갑오개혁 당시에도 고종은 시세의 변화와 신구를 참작하여 변혁하자는 '유신(維新)'의 취지를 천명한 바 있었다. 아관파천 직후 고종은 "개국

11) 金度亨, 「閔泳煥의 정치활동과 개혁론」『나라사랑』 102, 2001

503(1894)년 6월 이후로는 국가가 문명 진보하는 이름만 있고 실제로는 아직까지 아무 것도 없어서 백성들이 의심하는 마음이 없지 않다"고 하여,[12] 갑오개혁이 실질적인 효과 없이 전개되었던 점을 지적하였다.

이런 인식 위에서 고종은 문명화와 진보를 위한 새로운 개혁, 이른바 '광무개혁'을 추진하게 되었고, 우선 광무개혁에서는 '구본신참'의 원리 아래 급진적 갑오개혁의 속도를 조정하였다. 즉 옛 것을 근본으로 하고, 새로운 것(신학문, 서구문명)을 참작하자는 것이었다. "(갑오) 경장 후 구규(舊規)와 신식(新式)이 서로 저오(抵捂)되어 어려움이 많았다. 구규를 본을 삼고 신식을 상고한다면 이와 같은 폐단은 아마도 적어질 것이다"라고 한 바였다.[13]

'구본신참'의 원칙은 곧 '시의(時宜)'에 따라서 신구를 취사해야 한다는 것이었고, 이를 판단하는 기준은 이용후생(利用厚生)이었다. 정부는 이런 원칙 아래 신구 학문을 손익, 절충하고자 하였고, 그 안에는 서양의 법률까지 포함하였다.

> 우리나라의 제도는 양법(良法), 미규(美規) 아닌 것이 없지만 법이 오래되면 폐단이 생기므로, 다만 고쳐야할 따름입니다. 다른 나라의 법에서 좋은 것은 취하고, 선하지 않은 것은 취하지 말아야 하며, 오직 이용후생(利用厚生)할 수 있는 것은 취할 수 있는 바가 있을 것입니다.[14]

라고 하였다. 곧 아무리 좋은 법률도 시간이 지나면 폐단이 생기므로 이를 고치기 위해서는 서양의 법률 가운데서 좋은 것은 받아들여야 한다는 것이었다. 오직 그 기준은 '조종(祖宗) 성헌(成憲)'이 아니라 '이용후생'이었다. 대한제국 시기의 구본신참, 신구절충의 원리는 종래 1880년대

---

12)『日省錄』建陽 원년(1896) 2월 13일(양).
13)『承政院日記』開國 505년(1896) 12월 18일(음).
14) 위와 같음.

정부에서 취했던 '동도서기론(東道西器論)'의 개혁론과는 차이가 있었다. 『황성신문(皇城新聞)』에서는 이런 과정을 '변법(變法)'이라고 하였다.[15]

대한제국을 수립하는 논리도 '신구절충'이었다. 황제 즉위를 건의한 앞서 본 김재현(金在顯) 등 716명의 연명 상소에서는, 황제 칭호와 제국 수립이 당시의 국제질서 속에서 자주독립국으로 서기 위해서는 당연한 것으로 보면서, 그 근거를 동서양의 역사와 국제 관례 속에서 찾았다. 동서의 모든 나라 역사에서 보더라도 자주의 나라는 모두 황, 제, 황제의 명칭을 사용하였는데, 역사적으로 우리나라는 자주의 나라이면서 묘호만 쓰고 왕으로 칭한 것은 모두 중국의 견제 때문이라고 보았다. 동시에 국제 사회에 통용되는 '공법'에도 의거하더라도 "러시아의 임금이 칭호를 고쳐 황제로 하였는데 각 나라들에서 좋아하지 않다가 20년을 지나서야 인정하였다"라고 하면서, "우리가 우리나라의 일을 행하고, 우리가 우리나라의 예를 쓰는 것은 우리 스스로 행할 수 있는 것"이므로 국제적인 공인에 대해서는 별로 염려할 필요가 없다고 하였다. 황제에 오르는 것은 "옛 것을 인용하여 오늘을 증명하고, 여정(輿情)을 참작하고 형세를 헤아려 보아도 실로 시행하지 않을 수 없습니다"라고 하여, 역사적으로나, 이념적으로나, 또한 당시 현실의 국제 질서 상으로도 당연하다고 하였다.[16]

2) 제국의 통치 이념 : 유교

대한제국을 수립하고, 개혁을 추진한 구본신참, 신구절충 원리의 바탕은 유교였다. 유교는 대한제국의 통치이념으로 다시 강화되었다. 이런 점은 황권을 적극적으로 강화하던 1899년에 고종이 유교를 장려하라고 교시한 점에서 잘 드러났다.

---

15) 이에 대해서는 김도형, 앞의 글, 2000 참조.
16) 『高宗實錄』 34년(1897) 9월 29일(양).

고종은 먼저, 당시 국정교학의 지위를 누렸던 유교가 타락하고 있다고 먼저 지적하였다. 그는 모든 나라가 종교를 숭상하여 인심을 깨끗하게 하고 정사를 잘하는 방도를 구하는데, "우리나라는 어찌하여 종교를 존중되지 않고 실속이 없는가"라고 지적하면서, 을미사변과 같이 정치가 혼란해 진 것이 모두 유교의 예법이 무너지고, 윤리가 쇠락했기 때문에 야기된 것으로 보았다.[17]

그리하여 고종은 조선 유교의 연원으로 기자(箕子), 여말선초의 주자학을 거론하고, 유교 확립을 강조하였다.

> 앞으로 짐과 동궁이 장차 한 나라의 유교의 종주(宗主)가 되어 기자와 공자의 도를 천양하고 성조의 뜻을 계승할 것이다. 너희 신료(臣僚)들과 여러 집사(執事)들은 각각 마음을 다해 내 뜻을 받들어 펴서, 성현을 존중함으로써 도로 향하고 몸소 행함으로써 아랫사람을 이끌 것이며, 예의를 숭상하여 풍속을 돈독히 하고 명절(名節)에 진력하여 실용(實用)에 힘쓰도록 하라.[18]

라고 하였다. 관료들에게 유교의 도를 존중하고 실천할 것을 당부하면서 또한 고종 자신도 유교의 종주가 되어 이를 이끌겠다는 것이었다. 그 일환으로 고종은 숨어 있는 선비를 찾아 맞이하기 위해 성균관 안에 초현당(招賢堂)을 설치하라고 하고, 「성균관관제」를 개정하라고 하였다.[19]

"유교의 종주"로 자처한 고종은 유교 정치의 당위성과 역사성을 정조정치에서 구하였다. 즉 "우리 정묘(正廟)에 이르러서는 하늘이 낸 성왕(聖王)의 자질로 날마다 새로워지는 공부에 힘쓰시어, 사문(斯文)을 드러

내어 떨치게 하고 유학을 숭상하고 권장해서 한 세대를 고무시켜 문명의
지경으로 오르게 하셨다"라고 하면서, 정조가 "진실로 주자의 학통을 이
었음이 분명한 사실"이라고 강조하였다. 그리고 자신이 유교를 장려하는
것은 바로 이런 조종(祖宗)의 위업을 계승하는 것이라고 하였다.[20]

이와 같이 고종은 황권 강화의 방법으로 유교 이념을 강조하고, 정조
의 학문을 계승하여 자신이 유교의 종주이며, 군사(君師)의 지위에 있음
을 강조하였다. 특히 고종은 정조가 천명한 바 있던 '민국(民國)' 이념을
여러 차례 강조하였다.[21] 곧 황권의 전제 정치 아래에서의 '유교적 민본
정치'를 그 통치이념으로 하였던 것이다.[22] 고종은 이러한 통치이념 유
교를 근대적인 교육을 통하여 재생산하였다.

4. '제국 신민(臣民)'의 양성

1) '신민(臣民)'의 양성과 교육

「대한국 국제」에는 황제의 권한을 침해해서는 안되는 '신민(臣民)'을
언급하였다(제4조). 대한제국은 이런 제국의 신민을 만드는 일에 소홀할
수 없었다. 이에 필요한 것이 바로 교육이었다.

물론 정부에서 교육을 강조한 것은 근대화, 문명화를 달성하기 위한

---

20) 위와 같음.
21) 이러한 군민일체(君民一體)의 정치이념은 국가와 황실을 상징하는 깃발의 제작
   에 표현되었다고 한다. 이에 대해서는 이태진, 「고종의 국기 제정과 군민일체의
   정치이념」, 앞의 책, 2000 참조.
22) 유교가 대한제국의 통치이념이었던 점에 대해서는 이견도 있다. 도면회는 대한제
   국을 전제군주제로 규정하고, 유교는 통치 이념으로 존재한 것이 아니라, '황실
   신성화'와 '제국의 상징화 작업'을 위한 '형식적 장치'로 사용되었다고 보았다(도
   면회, 『한국근대형사재판제도사』, 푸른역사, 2014, 275~278쪽).

점에도 있었다. 갑오개혁에서 정비되기 시작한 근대교육은 광무개혁에서
도 적극적으로 추진되었다. 갑오개혁 당시 고종은 이른바 「교육입국조서」
(1895. 2. 2)에서 "우주의 형세를 환고(環顧)하건대 극부(克富)하며 극강
(克强)하여 독립(獨立) 웅시(雄視)하는 제국(諸國)은 모두 인민의 지식이
개명하고, 지식이 개명함은 교육의 선미(善美)함으로 이루어진 것인 즉
교육이 실로 국가 보존의 근본이라"고 하였고,[23] 9월의 학부 고시에서도
"교육은 개화의 본이라. 애국의 심(心)과 부강의 술(術)이 모두 학문으로
부터 생기니, 오직 나라의 문명은 학교의 성쇠에 계(係)"한다고 하였
다.[24] 이런 필요성에서 '국민교육'이 제시되고 관립소학교가 세워졌다.

그런데 당시의 교육은 문명화를 위한 도구이면서 동시에 국가에서 필
요로 하는 '국민', '인민', 곧 '신민'을 만들기 위한 것이었다. 즉 정부(대
한제국)의 인민 교육은 철저하게 황제의 '신민'을 양성하기 위한 것이었
다. 교육을 통해 양성되는 인민은 결국 왕에 대한 충성과 애국을 다하는,
'충군 애국'의 이념에 투철한 '신민'이었다. 「교육입국조서」에서도 "너희
들 신민은 충군하고 애국하는 심성으로 네 덕과 네 몸과 네 지식을 길러
라. 왕실의 안전은 우리 신민의 교육에 있고, 국가의 부강도 우리 신민의
교육에 있다"고 하면서, 국가를 유지하고 이를 운영하는 것이 모두 신민
(臣民)의 직분이라고 하였다. 소학교에서는 수신(修身) 과목을 통하여 특
별히 "힘써 존왕애국(尊王愛國)하는 사기(士氣)를 기르고, 신민으로서 국
가에 대하는 책무의 대요를 지시"하게 하였다.[25]

충군, 애국하는 신민을 양성하기 위한 방안으로는 유교 이념을 전국
민적으로 교육하는 것보다 좋은 것이 없었다. 이에 교육에서 유교의 덕
양(德養) 교육이 강조되었다. 덕양은 바로 "오륜의 행실을 닦아 속강(俗

---

23) 『承政院日記』 開國 504년(1895) 2월 2일.
24) 『官報』 開國 504년(1895) 9월 30일, 「學部告示」 4호 (開國 504년 9월 28일).
25) 『承政院日記』 開國 504년(1895) 2월 2일 ; 『官報』 開國 504년 8월 15일, 「小
　　學校教則大綱」 學部令 제3호(開國 504년 8월 12일).

綱)을 문란시키지 말며 풍교(風敎)를 부식하여 인세(人世)의 질서를 유
지하고 사회의 행복을 증진"하기 위한 것이었고, 그 핵심은 충효(忠孝)
였다.

　갑오개혁에서 수립된 유교적 교육의 원칙은 대한제국에서도 유지되
었다. 대한제국 초기의 교육정책을 담당했던 신기선의 입장이 또한 그러
하였다. 그는 대한제국 초기에 유교와 구제도를 옹호하면서 무분별한 문
명개화를 반대하였다.

> 이른바 개화라는 것은 공도(公道)를 넓히고 사견(私見)을 제거하는 것
> 에 힘쓰며 관리들은 자리나 지키게 하지 않게 하고, 백성들은 놀고먹지
> 않게 하며, 이용후생의 근본을 열고, 부국강병의 방법을 다하는 것일 따
> 름입니다. 어찌 의관 제도를 훼손하여 오랑캐의 풍속을 따르는 것을 '개
> 화'라고 하겠습니까.[26]

　요컨대, 신기선은 무분별하게 서양을 따르는 것을 '개화'라고 하지 않
고, 유교적 원칙, 특히 문물, 의관 등을 보존하면서 우리에게 필요한 이
용후생과 부국강병을 추구하는 것이 '개화'라고 강조하였다. 신기선은
아관파천 직후인 1896년 3월과 1899년 1월에 학부대신이 되었는데, 그
는 특히 교육에서 유교를 강조하였다. 신기선은 유교를 교육의 근간으로
삼으면서 서양의 문물제도를 참작해야 한다고[27] 하였다. 이런 점에서
신기선은 『독립신문』을 비롯한 문명개화론자들로부터 많은 비판을 받았
다.[28]

---

26) 『高宗實錄』 31년(1894) 10월 3일 ; 신기선, 『陽園遺集』 권4, 「辭軍部大臣四疏」.
27) 『高宗實錄』 36년(1899) 4월 4일. "규정과 법률은 새 것과 옛날 것을 참작하여
　　일체 교정할 것을 승인"하였는데, 이는 전학부대신 신기선의 건의한 것에 따른
　　것이었다.
28) 독립신문에서는 신기선이 俄語학교, 法語학교에서 대학, 맹자, 논어를 강의하라
　　고 한 것을 "병신 구실을 하여서 세상 사람들을 웃게 하려고" 한다고 비꼬기도
　　하였다(『독립신문』 1896년 6월 18일 잡보). 또 "신기선은 청나라의 신하가 되어

대한제국의 교육진흥 사업은 국권 상실의 위기 속에서 다시 강조되었
다. 「한일의정서」 체결(1904. 2)로 국권 상실의 위기를 맞고 있던 1904년
5월, 고종은 다시 교육의 필요성과 학교 설립을 촉구하였다.

> 짐이 생각하건대, (…) 이제 정부에 명하여 학교를 증설하고 인재를 양
> 성하여 쇠퇴한 운세를 만회하고 중흥의 업적을 이룩하려고 하니, 신민(臣
> 民)들은 짐의 이 뜻을 깊이 체득하고 태만하거나 소홀히 하지마라. 지금
> 세계의 각국들은 백성들의 지식이 개명으로 나아가고 부강하여 독립하여
> 웅시하고 있거늘 짐은 군사(君師)의 자리에 있으면서 교육의 성취를 보지
> 못하니 마음이 적막하여 밤중에도 방황하고 있다. 너희 신민들은 지금부
> 터 더욱더 면려하여 자제들로 하여금 학업에 전심하여 겉치레와 허위를
> 제거하고 계속 분발하여 나라의 위엄과 영광을 선양하라.[29]

앞서 고종이 줄곧 거론했던 '임금이 곧 스승[君師]'이라는 점을 다시
강조하면서 신민들에게 교육을 통해 개명으로 나아가서 부강과 독립을
추구하라고 하였다.

유교 교육을 기반으로 신학문을 수용한다는 고종의 교육진흥 정책은
1905년 국권상실 이후에도 계속되었다.[30] 이는 계몽운동에서도 추구하
던 바였다. 국왕의 조직을 계기로 황실 측근 세력, 고급 관료층을 중심으
로 다수의 사립학교가 설립되었고, 또한 지방에서도 지방관을 중심으로
학교가 설립되었다.[31]

야 한다"고 하였고(『독립신문』 1896년 6월 4일), 신기선이 "국문을 사용하면 사
람이 금수가 된다"고 한 것에 항의하여 사범학교 학생들이 동맹퇴학을 기도하기
도 하였다(『독립신문』 1896년 6월 1일).
29) 『高宗實錄』 41년(1904) 5월 23일.
30) 『承政院日記』 광무 10년(1906) 3월 2일(음).
31) 柳漢喆, 「1906년 光武皇帝의 私學設立 詔勅과 文明學校 設立 事例」 『韓國民
族運動史研究』, 趙東杰教授停年紀念論叢(Ⅱ), 나남, 1997 ; 金度亨, 「한말 경
북지역의 近代敎育과 儒教」 『啓明史學』 10, 1999.

2) 황권 강화와 독립협회운동

대한제국의 개혁사업은 독립협회운동과 깊은 연관이 있었다. 대한제국과 독립협회는 계급적, 이념적 동질성도 있었지만, 동시에 주체세력과 그 근대화 구상에서는 차이가 존재하였다. 대한제국 정부와 독립협회운동은 서로 대립적인 측면이 있으면서도 동시에 보완적인 측면이 공존하고 있었다.[32]

초창기의 독립협회는 대한제국 정부의 적극적인 후원 하에 설립되고 활동하였다. 독립협회는 독립문과 독립공원을 건립하기 위해 조직되었는데, 이 사업은 대한제국 정부나 당시의 모든 집권세력이 원하던 바였다. 시모노세키 조약에서 조선의 '독립'이 국제적으로 확인되자 정부와 지배세력은 독립협회를 만들어 영은문(迎恩門) 자리에 '독립'을 표시할 상징물로 독립문을 세우고, 독립공원을 건설하였다.

독립협회 주도 세력은 아관파천에 협조한 정동구락부, 친미세력이었다. 독립협회운동은 신지식층과 대한제국의 중하급 관료들이 주도하였지만, 박정양, 민영환과 같은 고급관료들도 협회의 활동에 협조적이었다. 대한제국이 서구 문명을 절충적으로 수용하는 방향에서 추진되면서, 독립협회에서도 문명화, 개화의 여론을 적극적으로 개진하였다. 곧 대한제국의 개혁사업은 독립협회와의 협조 아래에서 추진되고 있었던 것이다.[33]

---

32) 이런 점에 대해서는 주진오, 「대한제국의 수립과 정치변동」, 『새로운 한국사 길잡이(下)』, 한국사연구회 편, 지식산업사, 2008.
33) 독립협회의 주도세력과 대한제국 사이에는 서양 문명의 인식과 수용 정도에 따른 개혁론의 차이가 존재하고 있었다. 전자가 서구문명의 적극적인 수용을 꾀한 文明開化論이었다면(물론 독립협회 안에도 문명개화론과 변법개혁론이 혼재하였다), 대한제국은 변법론, 혹은 신구학 절충론이었다. 요컨대 대한제국과 독립협회 사이에는 정치 주체와 운영 방식, 구축하려는 사회경제구조와 자본의 성격 등에서 차이가 있었다.

독립협회는 처음부터 대한제국을 지지하고 황권을 강화하는 데 동참하였다. 그들은 대내적으로 황권을 강화하는 것이 대외적으로 국권을 세우고 자주독립을 유지하는 것이라고 여기면서 '충군애국'을 강조하였다. 『독립신문』도 그러하였다. 단적으로 관민공동회에서 결의되어 국왕에게 바친 '헌의(獻議) 육조(六條)'의 제1조는 "외국인에게 의부(依附)하지 않고 관민이 동심합력(同心合力)하여 전제황권(專制皇權)을 견고케 할 것"이었다. 황권을 손상하지 않는 범위 안에서 독립협회의 활동은 정부에 의해서 허가되고 인정되었다.

독립협회의 의회개설운동도 같은 차원에서 이해할 수 있다. 독립협회의 의회개설은 기본적으로 민중층의 참여를 배제하고 구상된 것이었다. 독립협회 일부 세력은 의회를 장악하고 황제권을 제약하려는 의도도 있었지만, 이를 허가한 고종의 입장은 달랐다. 고종은 중추원을 통해 의정부의 권한을 견제하는 것이 황제권을 유지 강화하는데 도움이 된다고 판단하였다.

대한제국의 자주독립과 황권 강화에서 서로 보완적 관계를 유지하던 대한제국과 독립협회가 대립적인 국면에 들어가는 것은 1897년 말경이었다. 이때 독립협회는 반러시아를 전면에 내걸면서 정치활동을 전개하였다. 독립협회를 주도하던 친미적 인사들을 중심으로, 러시아의 재정고문 파견, 한로은행의 설립, 절영도 석탄기지 설치 요구 등의 이권침탈에 대해 반대하였다. 이들은 민중층을 동원하고 관민공동회를 통하여 정부를 압박하여 정부의 재조직, 중추원 개편 등을 요구하며 정권에 참여하려고 하였다.[34]

1898년 10월 30일, 고종은 관민공동회의 의견을 받아들여 중추원 개편(의회 설립)을 추진하였고, 독립협회에서도 중추원 의관을 선출하기로 하였다. 그러나 만민공동회에서 군주제를 폐지하고 공화정을 수립하려

---

34) 愼鏞廈, 『獨立協會硏究』, Ⅴ 「獨立協會의 自主民權自强運動」, 일조각, 1976.

했다는 내용의 익명서가 나붙고, 조병식 등의 보수 세력은 독립협회에서 박정양을 대통령, 윤치호를 부통령으로 하려 한다고 고종에게 보고하였다. 이에 고종은 독립협회를 해산하고 주모자 20명을 잡아들이게 하였다. 고종은 "독립협회가 지려(智慮)를 발달하고 개명(開明)에 진보(進步)하여 개도의 뜻으로 나왔거늘 이제는 무리를 모아 방자하게도 조정을 꾸짖고 대신을 핍박"하였다고 힐책하면서 관민공동회를 열어 민중을 동원하고 대관을 위협하여 참석시켰던 점도 지적하였다.[35]

정부의 독립협회 혁파 조치는 이를 반대하는 독립협회의 청년회원과 일반 시민들의 만민공동회 운동의 저항으로 일단 철회되었다. 정부는 구속했던 17명을 태(笞) 40에 처하여 석방하고, 혁파했던 독립협회도 복설(復設)하게 하였다. 이때 독립협회와 민회를 대상으로 고종이 강조한 것은 민회 백성들의 행위가 500년간 전제정치의 나라에서는 있을 수 없는 일이라는 점, 권한의 범위와 명분을 침범하는 일이 없도록 할 것, 또한 독립의 기초를 약하게 하거나 전제정치에 손상을 주는 것은 충군애국에 어긋난다는 점, 그리고 이를 어기면 용서하지 않겠다는 것 등이었다.[36]

하지만 고종과 정부의 입장에서 볼 때, 공화제라는 불씨는 여전히 남아 있었다. 그리고 그 과정에서 독립협회 소장세력이 이끄는 민회와 봉건적 특권세력과 결합된 황국협회(皇國協會), 보부상(褓負商) 사이의 대립이 심화되었다. 이때 새롭게 구성된 중추원에서 정부 대신으로 합당한 사람을 투표로 공천하였는데, 그 명단 중에 박영효가 선출되었다. 박영효는 공식적으로는 역모죄인이었고, 공화제의 대명사였다. 마침내 고종은 12월 23일에 군대를 동원하여 민회를 해산시키고, 마음대로 '만민공동'이라는 이름을 내건 잘못을 조칙을 통하여 지적하였다.[37]

---

35) 『高宗實錄』 35년(1898) 11월 4일.
36) 『高宗實錄』 35년(1898) 11월 26일
37) 『承政院日記』 광무 2년(1898) 12월 25일(양)

민회가 해산된 후, 당시의 신문에서도 민회의 잘못을 대대적으로 비판하였다.[38] 고종은 황권을 제한하려던 반대세력을 떨쳐내고 황권을 더욱 공고히 하는 일련의 조치를 취하였다. 바로 이즈음에 앞서 본 「대한국국제」를 만들고 원수부를 설치하였으며, 궁내부를 강화하여 황제 중심의 개혁사업을 본격적으로 추진하였다.

5. '제국'체제의 안정화 : 양전사업과 식산흥업정책

대한제국은 많은 근대화 사업을 추진하였다. 양전지계사업, 호구조사규칙의 실시, 정부재정과 왕실 재정의 분리 및 예산제도의 시행, 은행 설립, 공업 진흥 및 공장 설립, 상공업계 학교 설립과 기술교육, 그리고 철도, 전기, 전차, 의료 등의 근대적 기술과 시설 수용 등이 그러하였다. 이를 통해 대한제국의 재정 문제와 경제체제를 안정시키고자 하였고, 무엇보다도 체제를 위협하는 농민층이나 소상인층의 불만, 항쟁을 해결하고자 하였다. 곧 대한제국의 근대화 개혁은 문명화를 추진하는 길이면서 동시에 체제 내의 불안 요소를 해결하는 길이기도 하였다.

---

38) 일반적으로 정부에서 보부상을 동원하여 독립협회를 해산하였다고 하나(愼鏞廈, 앞의 책, 1976 등), 이때 정부에서 해산시킨 것은 民會, 곧 만민공동회였고, 독립협회가 아니었다. 고종을 비롯한 정부에서 가장 민감했던 부분이 박영효와 共和制였는데, 정부에서는 民會에 박영효, 안경수의 무리가 섞여 있다고 파악하였던 것이다(『독립신문』 1898년 12월 27일 「내부훈칙」). 그리하여 민회가 해산되자 만민공동회의 지도자가 독립협회 지도자였던 점에서 자연스럽게 독립협회의 기능이 마비되었다. 독립협회는 이듬해에도 몇 차례 모임을 시도하였고, 또 황태자의 千秋慶節을 경축하기 위해서 모임을 가졌으나, 병정과 순검의 방해로 성사되지 못하였다(『독립신문』 1898년 12월 29일 ; 1899년 3월 18일 ; 1899년 3월 22일 등).

1) 양전지계(量田地契)사업과 농민층 동향

대한제국의 개혁사업 가운데 가장 중요한 것이 양전지계사업이었다. 이 사업은 1898년부터 1904년까지 시행되었는데, 서양의 측량기술까지 동원하여 양전(量田)을 하고, 지계(地契)를 발행하였다. 이 사업으로 조세 부담자를 확보하여 국가재정을 충실하게 하고, 개혁사업을 위한 재정적 기반을 확보하기 위한 사업이었다.

이 사업의 핵심은 봉건적 토지소유관계를 근대적 법제로 보장하는 것이었다. 지주층의 권한이 그대로 이어져 지주경영이 계속되면서, 국가, 왕실의 민전(民田) 침탈, 지방수령, 토호(土豪)의 늑매(勒買) 협취(脅取), 제국주의 열강의 토지 잠매(潛買) 등의 문제가 발생하였다.[39]

또한 정부는 양전 사업을 기초로 조세정책도 정비하였다. 이미 갑오개혁에서 전결(田結)에 부과되던 전세(田稅), 삼수미(三手米), 대동미(大同米) 등을 지세(地稅)로 통합하고 금납화하였다. 이와 더불어 재정기구도 탁지부로 일원화하였고, 예산·회계제도를 제정하여 국가예산표에 의한 세입, 지출을 집행하였다. 그런데 국가재정이 빈약하였으므로 지세 징수를 강화할 수밖에 없었다. 1900년에 2/3 정도 인상하여 1결에 최고 50냥까지 부과하였고, 다시 1902년 3/5 정도 인상하여 최고 80냥까지 징수하였다. 이런 구조 하에서 전국적으로 고율의 결세(結稅) 부과, 독봉(督捧) 등의 문제도 일어났다. 그리고 이런 조세 수취 문제는 당시 지방제도의 운영과도 관련되면서 지방관의 치부 수단으로도 악용되었다.

양전지계사업이 구래의 소유권을 보다 근대적인 형태로 전환, 보장하는 것이었지만, 조세의 금납화와 지세의 증가로 농민층의 몰락은 계속되었다. 게다가 정부를 비롯한 지주층의 지주경영이 강화, 정비되면서 농

---

39) 金容燮, 「光武年間의 量田地契事業」(1968) 『韓國近代農業史研究(Ⅱ)』, 신정 증보판, 지식산업사, 2004.

민층의 토지 이탈을 더욱 심화되었다. 이런 구조에서 농민적 토지소유를 주장하던 활빈당(活貧黨) 투쟁을 비롯하여 각지의 농민층의 항쟁은 끊임없이 일어났다.[40] 대한제국의 개혁사업은 철저하게 지주적인 입장에서 추진되었고, 이에 몰락농민층의 불만은 쌓여 갔다.

2) 내장원(內藏院)의 식산흥업정책

대한제국은 산업 진흥을 위한 많은 정책을 추진하였고, 또한 은행, 회사 설립도 장려하였다. 양전지계사업이 주로 정부 차원에서 추진되었다면, 식산흥업정책은 대부분 궁내부, 내장원에서 관장하였고, 이를 주도하던 사람이 이용익이었다.[41]

식산흥업정책은 궁내부 아래 설치된 통신사, 철도원, 서북철도국, 광학국, 박문원 등이 주관하였다. 철도, 운수, 광산 등의 분야에서 이권을 지키면서 근대화를 추진하였고, 기업을 육성하였다. 또한 중앙은행의 설립과 근대적 화폐금융제도를 실시하고자 하였다. 근대적인 형태의 도시로 정비하고, 서울의 전차·전기사업을 추진하였다. 1899년에는 보부상을 통합하여 상무사를 세워 외국 상인들의 침투에 대항하여 상권을 보호하고자 하였다. 이런 정부 차원의 정책 속에서 고급 관료 출신, 지주층에 의해 은행이 출현하고 각종 회사와 공장이 세워졌다.

내장원은 황실재정의 확충에 힘을 기울였다. 이 시기에 잡세(雜稅)가 대개 내장원으로 이관되었다. 잡세 혁파에 관한 조칙이 있었지만 실현되지 못했다. 내장원에서는 광세(鑛稅)와 홍삼증조사업을 독점하고(1897), 1899년 연강세(沿江稅), 1901년 어세(漁稅)와 염세(鹽稅)를 이속시켰다.

---

40) 金度亨, 「大韓帝國의 改革事業과 農民層 動向」『韓國史硏究』 41, 1983
41) 내장원이 주도하면서 1900년 이후 농상공부의 예산은 크게 줄어들었다. 이용익은 1897년 전환국장, 1898년 철도사감독, 궁내부소관각조각광감독, 1899 內藏司長, 내장사가 내장원으로 개편된 후에는 내장원경을 지냈다.

정세 외는 모두 내장원에서 관할하고, 각도에 봉세관을 파견하여 조사 및 수세(收稅)하였다.

또한 황실의 재정 확충과 관련하여 역둔토조사사업도 추진되었다. 농상공부의 을미사판(乙未査辦), 내장원에 의한 광무사검(光武査檢) 등으로 계속되었다. 이 사업은 전국에 흩어져 있는 역토, 둔토, 관장토를 단일 기관의 통제 하로 정리하는 사업이었다. 이 사업은 크게 ①소유권을 확인하는 작업과 ②도지(賭地)의 징수기구를 일원화하고, 그 액수를 확정하는 작업으로 진행되었다.[42]

소유권 확인 사업에서는 각종 지목의 토지를 점검하여, 될 수 있는 한 국가왕실소유지를 확대하고, 그 토지에서의 도지 징수에 차질이 없게 하려 하였다. 조사과정에서는 소유권이 국유, 관유(官有), 왕실유지(王室有地)로 된 토지만이 대상이 된 것이 아니었다. 혹 무토(無土) 민결(民結)이 편입되기도 하였고, 민전투탁지(民田投托地)나 각종의 공유사계답(共有私契畓)이 역둔토 관리 하에 들어가기도 하였다. 이런 토지를 둘러싸고는 정부, 왕실과 농민 사이에 소유권 분쟁이 발생하였다. 이 중에서 증빙이 확실한 일부 토지는 민유로 인정되기도 하였지만, 내장원이 관리한 이후 공토로 편입된 것은 일체 환급하지 않는다는 원칙 하에 이를 처리하였다. 소유권 분쟁이 농민항쟁으로 발전한 경우도 있었다. 주로 무토(無土) 둔전(屯田)이 역둔토로 편입된 경우였고, 농민전쟁에서 쟁점으로 제기되었던 균전수도(均田收賭) 문제도 소유권 분쟁의 하나였고, 1899년 영학당(英學黨) 운동에서도 주요 원인이 되었다.

도지(賭地)의 징수기구를 일원화하고 그 액수를 확정하는 사업은 왕실 재정 강화라는 방향으로 이루어졌다. 구래의 지방재정이 중앙재정에

---

42) 金容燮, 「韓末에 있어서의 中畓主와 驛屯土地主制」 『東方學志』 20, 1978 ; 裵英淳, 「韓末 驛屯土調査에 있어서의 所有權紛爭」 『韓國史研究』 25, 1979 ; 朴贊勝, 「한말 驛土·屯土에서의 地主 經營의 强化와 抗租」 『韓國史論』 9, 1982.

흡수됨에 따라 중앙의 역둔토 관리 기구에서 도지를 징수하는 지주 경영 방식으로 바뀌었고, 그 관리는 왕실 재정 강화라는 명목으로 1900년 이후 내장원으로 단일화 시켰다. 둔토는 갑오개혁에서 일단 탁지부로 이속되었다가, 1895년에 궁내부와 탁지부로 나뉘어졌으며, 다시 1899년에 궁내부로 이관되었다. 역토는 1894년에 공무아문(工務衙門)에, 1895년에는 공무아문이 농상공부에 병합됨에 따라 농상공부 관할이 되었으며, 1897년에는 군부, 1898년에는 탁지부를 거쳐 1900년 9월에 궁내부 내장원의 관리 하에 이관되었다. 곧 역둔토는 1900년 이후 내장원에서 관리되면서 지주경영은 강화되었다. 내장원경 이용익의 주도로 사검위원(査檢委員)을 파견하여 역둔토의 지주경영을 강화하였다. 왕실에 의한 지주경영 강화는 필연적으로 농민층의 항쟁을 야기시켰다.[43]

또한 내장원에서 주도했던 식산흥업 정책은 소상인, 소생산자 중심의 산업발전과는 방향이 달랐다. 곧 대한제국은 지주 자본의 산업자본으로의 전환을 축으로 상공업발전(위로부터의 자본주의화)을 추구하였고, 특권적 봉건세력과 특권 상업체제(상업자본)의 보호, 육성 등을 추진하였다.[44]

6. 맺음말

대한제국은 청일전쟁 후의 정세 변화 속에서 자주독립, 개화(문명과 부강)를 지향하며 수립되었다. 이런 과제를 수행할 수 있는 가장 효과적인 체제가 '제국', 곧 대한제국이었다. 전근대 동아시아 질서에 의해서

---

43) 朴贊勝, 위의 글, 1982 ; 金度亨, 앞의 글, 1983.
44) 姜萬吉, 「大韓帝國 時期의 商工業問題」『亞細亞硏究』50, 1973 ; 조재곤, 『한국 근대사회와 보부상』, 혜안, 2001.

규정된 '국왕'의 격을 높여 '황제'가 되는 것이었다. 황제와 제국이 되면서 대외적으로 다른 여러 제국들과 어깨를 나란히 할 수 있었고, 이것이 바로 '자주독립'의 징표가 되었다. 또한 내적으로는 서양의 문명을 선택적으로 취사, 수용하여 문명화, 개화를 달성하고자 하였고, 그 추진의 주체는 바로 황제 자신이었다. 대한제국은 자주독립의 방안으로 '전제군주제'를 택했고, 그 군주는 근대화 사업을 주도하는 '계몽 군주'의 역할을 담당하였다.

대한제국을 수립하면서 고종과 집권세력은 '제국'을 서양의 원리로만 만들지 않았다. 겉은 서양의 제국과 같은 모습이지만, 전통적인 원리인 유교 이념을 바탕으로 하고, 여기에 서양의 공법 원리를 결합하였다. 요컨대 통치와 내정 개혁의 원리는 전적으로 유교 원리에 근거하고, 서양의 정법, 기술은 이용후생의 차원에서 수용하였고, 황제의 권한도 전제정치의 전통과 공법에서 거론하는 여러 권한을 결합한 것이었다.

제국으로서의 체제 개편의 핵심은 황제의 권한을 강화하는 일이었다. 황제의 권한과 황실의 권위를 세우는 여러 법령, 제도를 만들었다. 교육을 통해 문명화를 위한 세계정세와 지식을 배우면서도 동시에 황제의 신민을 양성하고자 하였고, 이를 위해서는 유교와 덕양 교육을 강조하였다. 독립협회, 만민공동회운동도 황제의 권한을 침해하지 않는 범위 안에서만 허용되었다. 중추원의 의회적 기능까지 보장하기도 하였지만, 그 활동이 황권을 침해하는 단계에서는 가차 없이 무력으로 탄압하였다.

'제국'으로서의 모습과 체제 안정을 위한 다양한 국내의 개혁사업도 추진하였다. 이 개혁사업은 두 축으로 추진되었다. 하나는 정부를 통한 개혁, 특히 농민층의 불만 제거와 재정 확보를 위한 양전지계사업이었고, 다른 하나는 황실의 내장원을 중심으로 추진한 식산흥업정책과 황실재정 강화 사업이었다.

대한제국의 출범과 '제국'으로의 체제 개혁은 제국주의 국제 질서 아래에서 나라의 자주 독립과 문명화를 이루기 위한 고종의 마지막 선택이었다. 따라서 황제의 권한을 강화하고 체제를 안정시키는 것이 광무개혁의 가장 중요한 과제가 되었다. 고종과 지배세력은 국가 체제의 동력이 되는 민중층의 요구를 전면적으로 받아들일 수 없었다. 지배 권력의 한계 안에서 농민층, 소상인층의 불만을 해결하고자 하였고, 황권을 침해하지 않는 범위에서 신민(臣民)으로서의 국민을 양성하고 민권을 거론하였다. 대한제국의 체제 개혁이 가지는 성격은 여기에 있다고 할 것이다.

토론문

현 광 호*

고종은 1882년 임오군란을 계기로 청의 외압을 받아 왕권의 추락을 경험했고, 1894년 청일전쟁을 전후한 시기 일본의 외압으로 또 한번 왕권의 추락을 체험했습니다. 고종은 1896년 아관파천으로 일본의 간섭을 탈피하고자 했지만 러시아의 외압을 면치 못했습니다. 그러므로 고종은 왕권 확립을 최우선의 과제로 여겼고, 1897년 마침내 칭제와 대한제국 수립을 단행했습니다. 고종은 대한제국 수립 직후 황제권을 확립하고 독자적 개혁을 추구했습니다. 그러므로 고종이 어떤 논리를 가지고 황제권을 강화하려 했고, 어떤 방식으로 황제권을 강화했는지, 강화된 황제권을 가지고 어떠한 개혁을 추구했는지는 매우 중요한 연구 과제라 할 수 있습니다. 김도형 교수님의 「대한제국의 체제 개혁」 논문은 바로 그러한 주제를 심층적으로 분석하고 있습니다.

먼저 간략히 본 논문의 주요 내용을 소개하고자 합니다. 본 논문은 대한제국이 주권을 유지했던 때인 1898년부터 1904년까지의 시기를 집중적으로 분석하고 있습니다. 본 논문에 의하면 고종은 칭제와 제국 수립을 통해 세계 제국과 어깨를 나란히 하고, 자주독립의 징표로 삼았습니다. 또 고종은 서구 문명을 선별적으로 수용하여 개화의 완성을 추구했습니다. 그리고 고종은 신구절충론에 의거하여 유교의 원리를 바탕으로 서구의 공법원리를 결합시켰습니다. 고종은 황제권 강화와 전제정치를 확립하고자 대한국국제를 제정했고, 대한국국제는 제국 체제로의 개

* 고려대학교

혁을 정리한 것입니다. 또 고종은 유교를 통치와 내정개혁의 원리로 활용했고, 서구의 정법 및 기술을 이용후생의 수단으로 활용했습니다. 대한제국의 황제권 강화 조치로는 각종 법제의 제정, 독립협회의 강제 해산, 신민에 대한 교육 등을 들 수 있습니다. 또 대한제국의 개혁사업으로는 정부 중심의 양전지계사업과 내장원 중심의 식산흥업사업 등을 예거할 수 있습니다.

　김도형 교수님은 『대한제국기의 정치사상연구』라는 역작을 통해 후학들에게 대한제국의 정치사상에 대해 많은 가르침을 주신 바 있습니다. 토론자는 본 논문을 읽고 몇 가지 느낀 소감을 서술하고자 합니다.

1. 유교와 개혁문제

　본 논문은 고종은 유교를 황제권 강화, 신민 육성, 그리고 체제 개혁의 이념으로 활용했다고 서술하고 있습니다. 고종은 분명히 유교를 국민의 충성심 유도, 반역자, 망명자에 대한 대처, 전제정치의 정당화, 황실사업의 강화 등에 이용했습니다. 일본도 유교 이념을 강조하여 황제권 강화, 국민 결속 수단으로 사용했습니다. 그런 측면에서 대한제국 시기 유교는 황제권 강화, 신민 육성 기여 등 체제 수호의 기능을 충실히 수행했다고 여겨집니다. 그런데 유교를 체제 개혁의 이념으로 볼 수 있는지에 대해서는 더 검토가 필요하다고 여겨집니다. 오히려 대한제국의 유교 이념 강조는 서구적 근대개혁 추진에 장애로 작용한 것은 아닌지 여겨집니다.

　한편 고종의 유교 이념 강조는 강력한 실천 의지가 있었는지에 대해서도 검토가 필요하다고 보여집니다. 고종은 실제 성리학자를 중용하려 하지는 않았다는 기록도 있기 때문입니다. 또 학부대신 신기선도 『유학경위』를 공립학교 학생들에게 학습시키려다가 서구 외교사절들의 강력한 항의로 무산된 바도 있습니다. 그런 측면에서 고종의 유교 이념 강조 지시가 실제 정부 차원에서 강력하게 실행되었는지에 대해서도 검토가 필요하다고 보여집니다.

2. 신구절충론

본 논문은 대한제국의 체제 이념을 신구절충론으로 서술했고, '신'은 서구 문명, '구'는 유교 문명으로 서술했습니다. 또 신구절충과 구본신참을 동일한 의미로 규정하는 한편 그 두용어는 동도서기와는 의미가 다르다고 서술하고 있습니다. 그런데 신구절충은 서구 문명과 유교 문명의 대등한 가치를 인정하는 뉘앙스가 있는 반면, 구본신참은 유교 문명이 근본이며, 서구 문명은 그에 종속된 것 같은 뉘앙스가 있습니다. 본 논문도 대한제국의 체제개혁의 이념을 신구절충론으로 규정하면서도 유교에 무게 중심을 두고 서구문명 수용에 대해서는 등한시하는 인상을 받습니다. 그런 측면에서 대한제국의 체제 이념은 신구절충보다는 구본신참이 더 적당하지 않을까 여겨집니다.

3. 정조계승론

본 논문은 고종은 정조의 군사론을 계승했다고 서술했습니다. 그런데 정조가 성리학 근본주의자였다는 점에서, 그가 추진한 개혁은 근대 지향성 측면에 큰 한계를 보였다는 평가도 있습니다. 그런 시각에서 고종의 정조 계승은 대한제국의 근대 개혁에 한계를 야기한 것은 아닌지 여겨집니다.

4. 교육개혁론

본 논문은 대한제국의 교육에 대해 문명화의 도구, 신민 만들기의 도구로 규정했습니다. 그리고 대한제국 교육에 대해 서구문명의 교육보다는 신민 육성의 유교 교육에 비중을 두었다고 서술했으며, 그 근거로서 1899년 4월의 고종의 유교 강조 지시를 예거했습니다. 또 본 논문에서는 서구식 학교 설립, 서구식 교육과정의 설치 등 서구식 근대교육의 강화 과정 등이 거의 서술되어 있지 않습니다.

그런데 구본신참론의 연장선상에 있다고 보여지는 고종의 유교 강조 지시는 결국 대한제국 교육개혁의 발목을 잡았다고 여겨집니다. 고종 스스로 1904년 5월 경 지난 5년간의 교육개혁에 성과가 미약했다고 자인했습니다. 실제 그 5년동안 내장원은 소학교의 재원인 원토를 내장원에 이속시켜 소학교의 쇠락을 야기했습니다. 1898년 고종의 상공학교 설립 지시는 1899년에 들어서도 이행되지 않습니다. 1900년도 정부 예산에서는 상공학교, 여학교, 농업학교의 교육비가 지급 정지됩니다.

고종은 1899년 4월 타국 부강의 근본은 교육에 있다고 천명했습니다. 고종은 1904년 5월에도 세계 각국의 개명은 교육에 있다고 지적하며, 학교 증설 등 교육을 강조하는 지시를 내렸습니다. 1904년 5월은 일제가 한일의정서 체결, 한러조약의 폐기 등을 강요하여 주권을 유린한 시점이기도 했습니다. 그 직후 이용익 등 측근은 서구식 교육을 하는 사학을 설립합니다. 이용익은 내장원경이었으며, 대한제국 개혁의 주체이기도 했습니다.

5. 타국 황제와의 비교

고종은 1880년대부터 육영공원 설립을 통한 서구식 교육제도 도입, 공사 파견을 통한만국공법 질서에의 편입 시도 등 서구 문명을 적극적으로 수용했습니다. 본문에서는 고종이 러시아의 황제정치에 대해 많은 관심을 보였다고 서술했습니다. 그런데 고종은 같은 황제 중심의 정치체제 국이자 후발자본주의 국가인 독일, 일본에도 많은 관심을 보였습니다.

그러므로 고종은 독일, 일본의 정치체제는 물론 지주 중심의 자본주의를 수용하는 경향을 보였습니다. 고종은 독일 황제의 통치 방식, 일본 황제의 헌법 제정 등을 인지하고 있었습니다. 그런 측면에서 고종의 국정방식을 독일, 일본 황제의 국정방식과 비교하는 것도 필요하다고 보여집니다.

6. 개혁 주체

본 논문은 대한제국의 개혁의 2대 축을 정부와 내장원으로 규정했습니다. 그리고 정부를 양전지계사업의 주체로, 내장원을 식산홍업의 주체로 규정했습니다. 그런데 다른 곳에서는 식산홍업의 주체를 내장원, 철도원 등으로 서술한 바 통일이 필요하다고 보여집니다.

또 정부를 양전지계사업의 주체로 서술하고 있는 바, 구체적인 주도부서와 관료를 서술할 필요가 있다고 보여집니다. 이용익도 양전지계아문의 부총재로 참여했기 때문입니다.

7. 주요 인물

본 논문은 민영환에 대해 황권강화주의자, 근대 개혁사업 주관자로 서술했습니다. 그러나 민영환은 실제로는 내각중심주의자로서 독립협회의 지지를 받았다고 알려져 있습니다.

박영효에 대해서도 공화정의 대명사로 서술했습니다. 그런데 박영효에 대해서는 의화군을 국왕으로 추대하려던 입헌군주제 지지자라는 평가도 있습니다.

박정양, 민영환은 중하급 관료라기보다는 고급 관료에 속한다고 보여집니다.

8. 개혁의 성과

본 논문은 광무개혁에 대해 일정한 성과를 인정하고 있습니다. 토론자도 광무개혁이 일정한 성과를 거둔 결과 대한제국은 자력 근대화의 기반을 마련했다고 평가합니다.

그런데 일반적으로 대한제국의 개혁에 대해서는 주권을 수호할 정도의 부국강병국의 궤도에는 올려놓지는 못했다고 평가하는 것으로 보입니다. 그러한 배경으로는 개혁주도층의 근대적 마인드의 불철저성, 그리고 매직 근절, 중앙은행 설립, 징병제 실시 등에 있어서 황제의 과단성 부족, 근대적 관료제의 미확립, 의정부와 궁내부의 각축 등 통치의 이원화 등을 지적하는 견해가 있습니다. 본 논문에서도 광무개혁에 대한 종합적 평가를 서술하는 것은 어떨까 합니다.

대한제국과 국제환경

김 영 수*

1. 머리말

현재 한국학계에서는 대한제국에서 추진한 광무개혁에 대한 평가가
학자에 따라 엇갈린다. 개혁의 실효성을 부정하는 쪽에서는 대한제국이
부정부패로 얼룩져 근대화 사업을 주도면밀하게 추진하지 못한 점을 지
적한다. 더 나아가 식민지화의 원인을 고종과 대한제국에 돌리는 연구자
들도 있다. 반대로 광무개혁을 높게 평가하는 쪽에서는 외세에 의존하지
않고 자력으로 근대화하려 한 노력 자체가 중요하다고 보고 있다. 이들
은 근대화 사업 추진 결과도 어느 정도 성과를 올렸다고 지적하고, 이러
한 자력 근대화 노력이 일제에 의해 꺾였다는 점을 강조한다.[1] 대한제국
에 대한 객관적 평가를 위해서는 대한제국의 정치세력과 외교활동에 대
한 실증적인 연구가 요구된다.

근대 세계는 해양과 철도로 연결되었다. 제국주의 열강의 외압이 대
한제국을 변화시켰다. 정치적 군사적 외압을 바탕으로 열강은 자국의 이

---

* 동북아역사재단 연구위원
1) 이태진 외,『고종황제 역사청문회』, 푸른역사, 2005, 12-13쪽

익을 관철시키기 위해 상호 연대와 대립을 반복하면서 치열한 외교전을 펼쳤다. 그 과정에서 대한제국의 대응도 있었다. 외압에 대응해 조선 역시 열강과 외교라는 수단을 통해 국권을 지키려고 노력했다. 국제와 국내 질서를 상호 조망해야만 시대의 변화를 객관적으로 파악할 수 있다.

19세기 말 20세기 초 러시아와 일본뿐만 아니라 대한제국의 역사에서도 매우 중요한 의미를 갖고 있다.

대한제국은 외세의 내정간섭에 따른 국가 존립의 위기에 직면하였다. 당시 러시아는 극동지역에서 일본과 대립하는 하나의 축이자 대한제국과 국경을 맞대고 있는 나라였다. 이러한 상황에서 대한제국은 러시아의 외교정책에 대해서 매우 민감하게 반응할 수밖에 없었다. 무엇보다도 당시 영국과 일본은 자국의 대한제국 침략과 강점의 정당성을 합리화하려는 전략으로 공러(恐露)의식을 조작했다.[2]

100여 년 전에 전 세계는 러일전쟁의 당사자인 러시아와 일본만 주목했다. 그 이유를 다음과 같이 두 가지로 추측할 수 있다.

하나는 러시아와 일본 중 승전국은 누구일까라는 부분에 전 세계의 이목이 집중되었다는 사실이다. 또 하나는 러시아와 일본을 비롯한 당시 열강은 국제정세의 주체로써 한국을 대등한 나라로 인식한 것이 아니라, 자국의 편으로 끌어들이는 객체로써 한국을 인식했던 것이다. 결국 러일전쟁이 종결되자 한국은 일본의 보호국이 되었고, 사실상 일본의 식민지적 상황에 처했다. 이렇듯 19세기 말 20세기 초반의 시기는 러시아와 일본뿐만 아니라 한국의 역사에서도 매우 중요한 의미를 갖고 있다. 무엇보다도 한국은 국가 존립의 위기에 직면했다.

당시 러시아는 극동지역에서 일본과 대립하는 하나의 축이자 한국과 국경을 맞대고 있는 나라였다. 이러한 상황에서 한국은 러시아의 외교정책에 대해서 매우 민감하게 반응할 수밖에 없었다. 그런데 러시아의 한

---

2) 김영수, 『미쩰의 시기 : 을미사변과 아관파천』, 경인문화사, 2012, xvii

국 외교정책과 함께 반드시 살펴보아야하는 주제가 바로 한국 정부의 입
장이다. 일방적인 국제관계가 아닌 한국과 러시아의 상호 대응이라는 측
면이 규명되어야 한다.

당시 대한제국 시기 국제관계에 크게 영향을 미친 주요한 인물은 초
대 주러 한국공사 이범진과 안중근의사였다.

이범진은 러시아와 일본의 대립 시기인 1899년부터 1905년까지 주러
한국공사 신분으로 한국 외교정책을 직접적으로 수행했다. 즉 러일전쟁
전후 한국의 외교정책을 밝혀줄 수 있는 인물이 바로 주러 한국공사인
이범진이었다.

1905년 11월 을사늑약으로 대한제국이 정상적인 외교 활동을 전개할
수 없는 상황에서, 일제에 항거하는 독립운동이 활발히 전개되었다. 한
국의 독립운동 중 안중근의사의 하얼빈의거는 당시 국제사회에 커다란
파장을 일으켰다.

2010년 러시아 사법부의 안중근의사 심문관련 내용인 '러시아관헌
취조문서'가 한국어로 번역되었다.3) 러시아 사법부는 하얼빈 철도역 숙
직실과 지부장실에서 10월 26일 오전 9시 30분부터 당일 저녁 11시 30
분까지 안중근의사 관련 예심을 진행했다. 당시 국경 지방 재판소 8구역
(Мировый Судья 8 участка) 치안판사 스뜨라조프(М.М.Стразо
в)와 국경 지방 재판소(Прокурор Пограничного Окружного Суд
а) 검사 밀레르(К.К. Миллер)가 주도하여 안중근 관련 예심에 착수했
다. 러시아 사법부는 안중근 예심관련 문서 일체를 일본총영사관에 신속
히 제공했다. 그 결과 '러시아관헌 취조문서'의 일본어 번역본이 일본 외
교사료관에 소장되었다. 이 자료는 최초의 안중근 관련 예심이라는 측면
만으로도 주목되는 문서이다.

---

3) 안중근의사기념사업회 안중근연구소, 러시아관헌 취조문서, 안중근자료집 2권,
   채륜, 2010

우선 필자는 러시아 역사문서보관소(РГИА) 소장 안중근 문서에 관한 내용을 소개하고 분석할 것이다. 무엇보다도 필자는 안중근의사 관련 예심 기록을 살펴보면서 러시아의 수사 방향 및 의도를 규명할 것이다.

또한 필자는 러일전쟁 전후 이범진의 외교활동을 추적하면서 새롭게 발굴된 이범진의 한국 근대화 개혁구상을 분석할 것이다. 또한 필자는 러일전쟁 전후 이범진의 외교정책을 살펴보면서 한국의 외교정책을 조망할 것이다. 기존연구는 1911년 이범진의 사망을 자살로 받아들였다. 그런데 필자는 이범진의 사망 이유에 관해 납득되지 않는 의혹들을 살펴볼 것이다.

2. 러시아 사법부의 안중근 관련 조사 과정 및 수사 내용

1) 안중근 관련 예심 문서의 복원 과정

일찍이 박보리스는 안중근 관련 예심 기록의 복사본을 남겨두지 않고 하얼빈 주재 일본 총영사관에 넘긴 부분을 의문으로 제기했다. 그는 러시아 역사문서보관소(РГИА)에 소장된 안중근 관련 예심 내용 목록을 상세히 기록했다. 그는 검사 밀레르의 기록을 주목하면서 러시아가 하얼빈에 거주한 항일성향의 한인들을 일본에 넘겨주지 않았다고 주장했다.[4]

러시아 재무부 사무국장 리보프(Е.Д. Львов)는 1909년 12월 7일 국경 지방재판소 검사 밀레르(К. К. Миллер)에게 안중근 의거 관련 예심 서류 복사본을 요청했다.

1910년 1월 9일 밀레르는 답변했다.

"예심은 사건(преступление)이 발생한지 14시간 만에 사건 당일

---

4) Пак.Б.Д. Возмездие на харбинском вокзале. М. 1999. СС.71-76

일본에 이관되었다. 그 이유는 일본에 사건 업무의 이관을 지연시키지 않으려했기 때문이었다. 그래서 예심 자료가 복사되지 못했다."[5]

밀레르는 1910년 1월 9일 하얼빈에서 자신의 서명을 기입한 '국경 지방 재판소 8구역(Мировый Судья 8 участка) 치안판사 스뜨라조프 (М.М.Стразов)의 예심 개괄'이라는 문서를 작성했다. 이 문서는 러시아 예심 과정에서 생산된 '64쪽(64 Листах)'을 복원하는 것이었다.[6] 밀레르는 기록을 복원하기 위해서 일부는 자신의 기억, 일부는 8구역 치안판사와 지역경찰 등의 업무처리 목록 등을 중심으로 작성했다. 밀레르는 관련 서류에 근거하여 예심 내용을 복원하려고 노력했던 것으로 보인다. 그런데 일본 외교사료관에 소장된 '러시아관헌 취조문서'는 밀레르가 '예심서류 원본 1책(四十六頁)'을 전달한다고 기록되었다.[7]

그런데 '64쪽'과 '46쪽'의 차이는 무엇 때문인가? 두 가지의 가능성이 존재한다. 하나는 밀레르 자신의 기억 오류일 가능성이다. 다른 하나는 예심 기록이 누락되었을 가능성이다.

밀레르는 예심 이후 1910년 1월 5일(러시아역 1909.12.23.)까지 작성된 안중근의거 관련 79건 전후의 문서를 여순지방법원 검사 미조부치(溝淵孝雄)에게 전달했다. 더구나 밀레르는 일본검사 미조부치의 요청에 따라 안중근의사 의거 관련 '특별증언'(Особое показание)을 서신으로 제출했다.[8] 밀레르는 일본의 요청에 적극적으로 협력했다.

미조부치 다카오(溝淵孝雄, 1874-1944)는 1874년 8월 일본 고지현(高知縣)에서 태어났다. 1899년 도쿄대학 법학과를 졸업하고 사법과 시보로

5) РГИА. Ф.560.Оп.28.Д.422.Л.59
6) РГИА. Ф.560.Оп.28.Д.422.Л.61
7) 제9724호(통지문, 밀레르-카와카미), 밀레르-카와카미, 1909.10.26 러시아관헌 취조문서, 233쪽
8) РГИА. Ф.560.Оп.28.Д.422.Л.65об-66 ; 하얼빈에서 국경지방재판소 검사 콘스탄틴 콘스탄치노비치 밀레르의 진술, 1909.11.3 러시아관헌 취조문서, 68쪽.

도쿄 지방재판소 검사국에 들어갔다. 1908년 관동주 재판령이 제정되어 여순에 관동도독부 법원이 설치됨에 따라 관동도독부 고등법원 검찰관으로 부임했다.[9]

2) 안중근 관련 수사 방향과 외교적 대응

러시아사법부는 안중근의사 의거 관련 다음과 같은 수사 방향을 보여주었다.

첫째 밀레르는 안중근 중심의 수사를 진행했고, 안중근이 하루전날 도착 이후 행적에 관한 진술의 허점을 파혜쳤다. 그것은 동청철도 경비대가 철저히 업무를 수행했다는 점을 부각하였다.

둘째 밀레르는 일본총영사가 일본인을 통제했다는 증언과 조서를 집중적으로 조사했다. 밀레르는 안중근의사 의거 관련 러시아의 책임을 부정하려는 의도를 갖고 있었다.

셋째 스뜨라조프와 밀레르는 채가구 역에서의 3인의 활동을 파악했고, 안중근이 한국인이라는 이유로 사법권을 일본에 이관시켜야한다고 판단했다. 러시아사법부는 러시아인의 참여가 없었고, 한국인만의 사건 관련이라는 측면을 최대한 부각시켰다.

결국 러시아 사법부는 현장에서 체포된 인물을 조사하는 과정에서 안중근이 한국 국적이라는 점을 부각시켰다. 이미 까까브쪼프는 1909년 10월 26일 안중근의사 의거 관련 "한국인이 브라우닝 총을 발사해 공작에게는 치명상을, 일본 총영사와 이토 수행원 한명에게는 중상을 입혔다"고 보고했다.[10] 까까브쪼프는 사건 당일 암살자가 한국인이라고 파악했다.

그렇다면 러시아 사법부는 왜 안중근의 한국 국적을 부각하는 예심을

---

 9) 한상권, 안중근의 하얼빈 거사와 공판투쟁(2), 덕성여대논문집 33집, 2004, 34쪽
10) АВПРИ. Ф.150.Оп.493.Д.1279.Л.29 1909.10.26. 재무대신-외무대신

진행했는가?

첫째 러시아 사법부는 하얼빈이 러시아의 영토라는 인식 속에 안중근 의거 관련 러시아의 사법권 행사 측면을 부각하였다.

둘째 러시아 사법부는 안중근의거 관련 신속한 예심절차를 진행했고, 사법권행사를 수행할 수 있지만 안중근의 재판권 양도라는 측면을 일본에 보여주려 했다.

셋째 러시아는 안중근의 재판권 양도 명분을 규정했다. "안중근이 한국 국적이고, 한국 국적자는 일본 법률에 적용된다."[11]

하지만 1910년 2월 12일 가마타(鎌田) 관선 변호인은 5회 공판에서 안중근이 한국 법률에 적용된다고 반박했다. "본 건에 대해서는 광무 9년(1905) 을사늑약 및 메이지 42년(1909) 법률 52호의 결과, 관동도독부 지방법원은 한청통상항해조약에서 인정된 한국의 영사재판권을 대신하여 집행하는 데 그치며, 적용해야할 형법은 당연히 한국 형법에 근거한다."

안중근의거 이후 러시아정부는 러시아와 일본의 관계 악화를 방지하기 위해서 신속한 조치를 취했다.

재무대신 까까브쪼프는 10월 26일 먼저 외무대신 이즈볼스끼, 총리 스똘리삔에게 이토 사망 소식 관련 전보를 보냈다. 잠시후 까까브쪼프는 주일 러시아대사에게 전보를 보냈다.[12] 주일 러시아대사는 10월 28일 일본 외무대신에게 까까브쪼프의 전보 내용을 영어로 번역하여 일본정부에 전달하였다.

까까브쪼프의 전보는 안중근의사에 대한 러시아의 대응 방향을 보여주었다. 안중근의사의 의거는 조선인에 의해 사전에 계획되었고, 러시아

---

11) 도츠카 에츠로(戶塚悅郞), 안중근 재판의 불법성과 동양평화, 영원히 타오르는 불꽃, 지식산업사, 2010, 103쪽

12) Коковцов В.Н. Из моего прошлого. Воспоминания 1903-1919 г. Книга 1. М. 1992. С.341

경찰은 사전에 최대한 예방 조치를 취했다. 이토의 암살은 하얼빈 주재 일본 총영사 가와카미(川上俊彦)가 자초한 사건이었다. 까까브쪼프를 포함한 러시아 당국자도 이토 바로 옆에서 위험한 상황에 직면했다. 러시아정부는 이토 시신의 호송 과정에서 최대한 예우를 갖추었다.[13)

까까브쪼프는 10월 26일 안중근 관련 예심이 당일 종료될 것이라고 본국 정부에 보고하였다. 까까브쪼프는 안중근의 한국 국적에 기초하여 이 사건이 하얼빈 주재 일본 총영사관으로 이관될 것이라고 보고하였다.[14) 까까브쪼프는 10월 27일 하얼빈에서 주러 일본대사 모토노에게 유감의 전보를 보냈다. 그 이유는 러시아 정부가 사건에 개입했다거나 혹은 일본 고위관료의 경호를 위한 필요조치를 취하지 않았다는 등의 여러 가지 의심에서 벗어나기 위해서였다.[15)

3. 이범진의 근대화 구상 및 외교 정책

주미 한국공사 이범진은 1898년 3월 3일 미국 선교사 게일(James Scarth Gale)에게 정치, 교육, 산업, 군대, 경찰, 관료, 신분, 의복 등에 관한 한국 근대화 개혁 방안을 제시했다.

이범진은 한국정부가 참고해야 할 외국의 정치제도 중 "영국과 독일법에 기초한 정치개혁"의 필요성을 제기했다. 여기서 이범진의 고민이 엿보인다. 아관파천 전후 한국의 러시아 연대론 주장, 1년 이상 주미공사 수행 등을 고려한다면 이범진은 특정 국가에 치우치지 않으면서 서구의 정치체제를 합리적으로 파악하려고 노력했다. 이범진은 영국의 내각제와

---

13) 伊藤公爵遭難ニ關シ各國ヨリ弔詞申出ノ件, 1冊(外務省外交史料館 4門2類5項 245-5號 伊藤公爵滿洲視察一件)

14) АВПРИ. Ф.150.Оп.493.Д.1279.Л.4а-4аоб 1909.10.26. 까까브쪼프-베베르

15) Пак.Б.Д. Возмездие на харбинском вокзале. М. 1999. С.123

독일의 전제군주제를 고려하여 왕권의 권위를 인정하면서 내각의 강화를 인정하는 '제한군주제'를 구상했던 것으로 보인다.

이범진은 한국의 군사력을 언급하면서 "서구 열강과 아직 경쟁할 단계가 아니다"고 판단하면서 우선적으로 "국내 질서를 유지하기 위해서 무력이 필요하다"고 생각했다. 이범진은 서구의 군대 중 "육군에 대해서는 독일, 해군에 대해서는 영국, 기병에 대해서는 러시아에게 배워야 한다"고 주장했다. 이범진은 러시아 육군과 해군의 군대 기반이 독일과 영국에 비해 뒤떨어졌다고 인식했던 것으로 보인다. 이범진은 한국이 군사력을 갖추기 위해서 특정 국가에 편중될 필요가 없으며 각국의 장점을 배워서 한국에 적용할 것을 생각했다. 특히 이범진은 한국의 경찰 개혁에 관해서 일본의 경찰 제도를 전형으로 제시했다. 이범진은 정치적으로 일본과의 연대를 반대했지만 한국의 근대화를 위해서 일본의 장점까지도 수용하려는 의지를 보였다.

이범진은 산업의 장려를 적극적으로 권장하면서 "서구의 산업이 새로운 것에 대한 편견을 제거할 것"이라고 생각했다. 이범진은 외국의 산업 개혁 중 "재정에 대해서는 영국, 증기와 전기에 대해서는 미국, 비단 산업에 대해서는 중국"의 지식을 배워야한다고 주장했다. 이범진은 기존의 한국 산업이 낙후 되어 서구 산업의 수용만이 문제를 해결할 수밖에 없다고 생각했다.

이범진은 그동안 한국의 교육에 관해서 "지금까지 백성에 대한 교육이 무지와 미신만 남겼다"고 비판했다. 이범진은 "중국문자를 폐지하고 국가문자로써 언문을 확립할" 필요성을 제시했고 서구 지식을 적극적으로 수용할 것을 제안했다. 이러한 이범진의 교육 구상은 중국의 영향력을 배제하고 서구 지식의 수용을 통해 한국의 독자적인 교육체계를 확립하는 것이었다.

이범진은 "월급을 받지만 봉사하지 않는 관료가 한국을 채우고 있다"

며 한국 관료체제 부패를 심각하게 인식했다. 이범진은 한직에 종사하는 관료를 해임시키고 각 부서의 실권을 부여하여 관청을 강화해야 한다고 생각했다. 이범진은 실권을 행사하는 관청의 강화가 고위 관료의 부정을 처벌할 수 있다고 판단했다. 이범진은 정부 각 부서의 강화와 견제를 통해서 관료의 부패를 청산하려고 했다. 더구나 이범진은 정부의 부패를 청산하는 방법으로 "상류 계급의 폐지"까지 주장했다. 이범진은 "관직에 있는 사람만이 상위로써 인정해야 한다"며 관직에 진출한 사람만 특권을 가질 수 있다고 주장했다. 이범진은 관직 진출자의 자손에 대한 특권을 없애는 방안으로 상류계급의 폐지까지 제시했다.

그밖에 이범진은 "일상복으로써 흰색의 금지"까지 주장하여 한국 근대화에 상징으로 의복의 개혁까지 주장했다. 이범진은 당시 주미공사임에도 불구하고 그의 개혁 구상 중 산업 개혁만을 제외하고는 미국식 개혁 방식을 채택하지 않았다. 또한 이범진은 한국에서 러시아연대를 주장한 인물이었지만 특정국가에 편중되지 않고 서구열강의 장점만을 취합하여 한국 근대화 개혁에 적용하려고 구상했다.[16]

고종은 1899년 3월 15일 러시아, 프랑스, 오스트리아 3국 주재 한국 공사로 이범진을 임명했다.[17] 이범진은 자신의 임명을 미국 국무장관 존 헤이에게 서면으로 알렸고, 1900년 3월 유럽을 향해 출발했다.[18] 런던을 거친 이범진은 1900년 6월 11일 파리에서 빈으로 출발했다. 이범진은 1900년 7월 3일 1등 수행원 김도일과 그의 비서 남필우를 동반하여 러시아 수도 뻬쩨르부르크에 도착했다.[19] 이범진은 1900년 7월 13일 러시아

---

16) Gale, 1898 『Korean Sketches』, pp.220-221. Gale은 이범진이 1898년 3월 3일 한국에 필요한 10가지 개혁안을 자신에게 밝혔다고 기록했다. 당시 게일이 주미 한국공사였던 이범진을 워싱턴에서 만난 것으로 추정된다.

17) 『高宗實錄』 光武 3년 3월 15일

18) Note from the Korea legation in the United States. 1900.3.26, pp.1-2(NARA FM 166 Roll 1)

19) АВПРИ. Ф. 150. Оп. 493. Д. 69. Л. 6.

황제 니꼴라이 2세를 알현한 자리에서 고종의 친서를 제출했다.[20)]

주러 한국공사 이범진은 1900년 하반기부터 뻬쩨르부르크 소재 호텔 '노르트'(Норд)에서 공사업무를 시작했다. 이범진은 1900년 12월 한국 정부로부터 공사관운영을 위한 자금 7870엔을 받았다.[21)] 이범진은 한국 과 러시아의 관계를 강화하기 위해서 러시아 외무대신을 자주 만나려고 노력했다. 이범진은 1901년 3월 오스트리아 황제 및 프랑스 대통령에게 '금척대훈장'을 수여하기 위해서 뻬쩨르부르크에서 빈과 빠리로 향했다. 이범진은 오스트리아 외무차관을 면담하고 한국과 오스트리아의 관계를 강화하기 위해서 노력했다.[22)]

1901년 3월 12일 고종은 유럽과의 외교 관계를 강화하기 위해서 영 국, 독일, 프랑스 주재 신임 한국공사를 임명했다. 당시 고종은 주미 한 국공사까지 새로운 인물로 기용했지만 주러 한국공사인 이범진만은 그 대로 유지했다. 1899년까지 해외주재 한국공사는 단지 동경과 워싱턴에 만 파견되었다.[23)] 고종은 새로 임명된 공사를 통해서 유럽과의 외교관계 를 강화하려고 시도했는데, 그 이유는 향후 '한국중립화'를 위한 유럽 열 강의 지지를 획득하려 했기 때문이다.

고종의 한국중립화 계획을 달성하기 위해서 러시아는 매우 중요한 위 치에 놓여있었다. 당시 고종은 극동지역에서 러시아의 외교방향에 관해 서 항상 주의를 기울였다. 1901년 9월 고종은 러시아와 일본의 만주와 한국 교환에 관한 황성신문의 보도를 주목했다. 고종은 즉시 이범진에게 전보를 보내서 더욱 상세한 정보 및 이범진 공사의 견해를 자문했다.[24)]

1898년 주한 러시아공사를 역임한 마쮸닌(Матюнин Н.Г.)은 1900

---

20) Правительственный вестник(관보). 1 июля 1900 г.

21) АВПРИ. Ф. 150. Оп. 493. Д. 69. ЛЛ. 15 и 22.

22) 국사편찬위원회, 『駐韓日本公使館記錄(16)』, 1997, 444-445쪽

23) АВПРИ. Ф. 150. Оп. 493. Д. 11. ЛЛ. 38-39.

24) 국사편찬위원회, 『駐韓日本公使館記錄(16)』, 1997, 343쪽

년 12월 '압록강삼림채벌권'에 관한 기간을 연장해 줄 것을 한국정부에
요청했다. 이미 1900년 8월 마쮸닌은 서면으로 이범진에게 다음과 같이
요청했다. 러시아의 이권 유효기간을 12년으로 설정해줄 것, 러시아가
청국과의 평화협정 체결에 따라 압록강 연안접경 지역에 3년 동안 작업
하는 것을 지지해 줄 것 등이었다. 이범진은 시베리아를 거쳐 한국으로
돌아가는 김도일을 통해서 고종과 한국외무대신에게 보내는 서한을 동
봉했다. 이범진은 편지에서 '압록강삼림채벌권'에 관한 기간을 연장해
줄 것을 제안했다.[25]

　1901년 1월 이범진은 마쮸닌에게 서울의 정치적 상황을 다음과 같이
알려주었다. 이범진에 따르면 고종은 이범진의 편지를 받았지만 친일세
력에 둘러싸여 있는 상태여서 '압록강삼림채벌권'에 관한 기간 연장의
결단을 내리지 못했다. 따라서 이범진은 마쮸닌에게 고종이 추가 협정에
관한 체결을 이범진에게 위임할 것을 요청하는 전보를 주한 러시아공사
빠블로프(Павлов А.И.)에게 보낼 것을 제안했다.[26] 당시 일본은 '압록
강삼림채벌권'에 관한 러시아의 이권을 강력히 반대했는데, 그 이유는
러시아가 압록강 지역을 군사적 목적으로 이용할 수 있기 때문이었다.
하지만 이범진은 일본의 한국 정책에 관해서 경계심을 갖고 있었다. 이
범진은 일본보다는 러시아가 '압록강삼림채벌권'을 획득하는 것을 찬성
했다. 결국 한국정부는 1901년 4월 11일 '압록강삼림채벌권'에 관한 기
간을 추가적으로 3년 연장했다.

　1903년 10월 초 주러 한국공사관 비서 곽광희는 서울에서 뻬쩨르부
르크에 도착했는데, 곽광희는 러일전쟁의 가능성에 대비한 한국중립화방
안에 대한 고종의 편지를 이범진에게 전달했다. 이범진은 고종의 편지를
전달하기 위해서 러시아 외무차관 오볼렌스끼(Оболенский В.С.)를

25) АВПРИ. Ф. 150. Оп. 493. Д. 134. Л. 150-150 об
26) АВПРИ. Ф. 150. Оп. 493. Д. 134. Л. 155-155 об

접견했다. 오볼렌스끼는 이범진에게 한국중립화방안에 대해서 검토할 것을 약속했지만 러시아정부가 한국중립화방안을 지지할 수 있을지는 보장하지 않았다. 그 날 저녁 이범진은 주러 일본공사도 접견하면서 한국중립화방안에 관한 일본의 견해를 파악하려고 노력했다. 주러 일본공사는 한국중립화방안에 대해서 시종일관 침묵했고, 단지 한국의 독립을 달성하기 위해서는 일본, 중국, 한국 3국이 연합할 것을 강조했다.[27] 이범진은 만약 러일전쟁이 발생하여 한국이 중립화를 선언하면 일본과 러시아가 각각 한국중립화 선언을 지지하지 않을 것이라는 사실을 파악했다. 그럴 경우를 대비하여 이범진은 차라리 한국과 러시아가 동맹을 체결하는 것이 유리하다고 판단했다. 이범진은 당시의 정세를 판단하면서 한국의 가장 위험한 국가가 바로 일본이라고 생각했다. 따라서 이범진은 한국과 러시아의 동맹에 관한 고종의 비밀편지를 러시아 외무대신 람즈도르프(Ламздорф В.Н.)에게 전달했다.[28]

1904년 1월 21일 고종은 러시아와 일본이 충돌할 경우에 중립을 준수할 것이라는 성명서를 발표했다. 하지만 이범진은 고종의 중립화 성명서에 관한 내용을 람즈도르프에게 제출하지 않았다. 그 이유는 이미 고종이 1903년 11월 특사 현상건을 통해서 니꼴라이 2세(Николай Ⅱ)에게 전달한 동맹의 편지 내용과 모순되었고, 러시아정부와 외교적인 마찰을 고려했기 때문이었다.[29]

1904년 2월 1일 이범진은 주한 러시아 외교관 케르베르그(Керберг П.Г.)에게 고종, 현상건 등에게 전달할 것을 요청하는 편지를 보냈다. 이 편지의 주요 내용을 살펴보면 첫째 이범진은 서울에 있는 일본 첩보요원의 감시를 피하기 위해서 새로운 형태의 전보를 보낼 예정이다. 둘째 이

27) 국사편찬위원회, 『駐韓日本公使館記錄(20)』, 1997, 358-360쪽
28) Дневник А.Н. Куропаткина(꾸라빠뜨낀의 일기) // Красный Архив (적서). Т. 2. М.-Л., 1923. С. 85, 24 ноября 1903 г.
29) АВПРИ. Ф. 143. Оп. 491. Д. 52. Л. 90-90 об.

범진이 한국의 중립화 성명을 러시아 외무부에 전달하기는 어려운 실정이다. 셋째 러일전쟁이 발생할 경우 한국이 러시아와 동맹을 체결하는 것을 피할 수 없다. 그 이유는 한국중립이 러시아와의 동맹 협정을 파괴시키기 때문이었다.

이범진은 러시아가 만주를 합병하고 압록강 유역의 경계를 통제할 것이라고 생각했다. 이범진은 영국과 미국이 자국의 이해관계 때문에 러시아의 중국 북동쪽 영향력을 제한할 것이라고 판단했다. 이범진은 영국과 미국이 한국의 독립 구상을 지지하지 않을 것이라고 생각했다. 이범진은 한국이 러시아와의 협정에 근거하여 자국의 독립을 스스로 확보해야한다고 판단했다.[30] 이범진은 한국의 독립을 유지하도록 지원할 수 있는 유일한 나라가 러시아라고 확신했다. 이범진은 러시아가 1877-1878년 전쟁당시 발칸반도에서 불가리아와 세르비아를 해방시켰듯이 극동에서 한국의 독립을 위해서 노력해줄 것을 희망했다.[31]

러일전쟁 전후 고종은 한국중립화 방안을 보장받기를 희망했다. 그런데 서구열강이 한국중립선언을 승인하지 않자 고종은 한국과 러시아의 동맹 방안을 추진했다. 고종은 러시아와 일본의 전쟁 때문에 한국중립이 손상된다면 러시아와의 동맹을 공표할 것을 결심했다. 하지만 고종은 한국과 러시아의 동맹 방안을 실현할 수 없었다. 고종은 현실적으로 일본 정부와 친일 세력의 압력과 위협 때문에 한국의 중립을 준수하는 성명서를 발표했다.

이범진은 고종의 명령에 따라 러일전쟁이 발생할 경우 한국의 중립을 보장 받을 수 있도록 노력했다. 하지만 일본과 러시아가 한국의 중립을 거절하자 이범진은 한국과 러시아의 동맹을 체결할 것을 노력했다.

---

30) 국사편찬위원회, 『駐韓日本公使館記錄(18)』, 1997, 438, 440-441쪽
31) АВПРИ. Ф. 143. Оп. 491. Д. 60. Л. 149-150 об.

4. 러일전쟁 이후 이범진의 외교 활동과 그의 사망

러일전쟁 이후 이범진은 뻬쩨르부르크 소재 한국공사관을 유지시키려고 노력했다. 이범진은 재정적으로 어려운 상황을 해결하기 우해서 러시아 외무부의 재정지원을 요청했다.[32]

당시 일본정부는 주러 한국공사관의 외교적 활동을 단절시키려고 노력했다. 주한 일본공사 하야시(林權助)는 1904년 4월 16일 한국외무부에 러시아에서 한국외교관을 즉시 소환할 것을 요청했다. 무엇보다도 하야시는 러시아 수도 뻬쩨르부르크에 이범진이 체류하는 것에 대해서 강력하게 항의했다.[33]

고종은 일본의 압력 때문에 1904년 5월 18일 주러 한국공사관의 폐쇄와 이범진의 소환을 지시했다.[34] 이에 따라 한국 외무부는 이범진의 러시아 철수 전보를 주러 한국공사관에 보냈다.

하지만 이범진은 한국정부가 러시아의 수도를 포기하라는 요청을 거절했다. 하야시는 이범진의 소환에 관한 고종의 지시를 일본 외무부에 보고했다.[35] 그런데 고종은 1904년 5월 27일 주한 프랑스대리공사 퐁트네(Vicomte de Fontenay)를 통해서 이범진에게 자신의 밀지를 전달해 줄 것을 요청했다. 즉 고종은 이범진이 일본의 압력에 의해 러시아를 외교적으로 포기하라는 자신의 명령을 수행하지 말고, 뻬쩨르부르크에 남아서 공사업무를 수행할 것을 지시했다. 더구나 고종은 주러 한국공사관의 운영을 위해서 자신의 개인적인 재정적인 지원도 약속했다.[36] 이것은 이

---

32) АВПРИ. Ф. 150. Оп. 493. Д. 143. Л. 5-5 об.

33) 국사편찬위원회, 『駐韓日本公使館記錄(22)』, 1997, 261-262쪽

34) 『高宗實錄』 光武 8년 5월 18일

35) 국사편찬위원회, 『駐韓日本公使館記錄(22)』, 1997, 263, 269쪽

36) АВПРИ. Ф. 143. Оп. 491. Д. 56. Л. 85; Пак В.Д. Пак Б.Д. Жизнь и деятельность выдающегося корейского политика и дипломата Ли Бомджин(정치가와 외교가인 이범진의 삶) // Ли Бомджин. М.,

범진에게 정치적인 망명을 의미했다.

이범진은 주러 일본공사의 방해에도 불구하고, 일본에 대한 외교적인 대응을 실행했다. 그 후 1904년 9월 이범진은 고종의 탄생일을 기념하는 축하연을 개최하는 등 주러 공사업무를 지속적으로 수행했다.

이범진은 그의 소환이 일본의 음모라는 성명서를 발표하며, 러일전쟁 전후 주러 한국공사관을 유지했다.[37] 러시아 수도에 남은 이범진은 일본의 전쟁수행 상황을 파악하기 위해서 노력했다. 1904년 10월 이범진은 한국 내의 전쟁 상황에 관한 정보를 분석하고 정리한 문서를 러시아 외무대신 람즈도르프에게 전달했다. 그는 람즈도르프가 군부대신 꾸라빠뜨낀(Куропаткин А.Н.)에게 전달해 줄 것을 요청했다. 이범진이 전달한 문서에는 친일세력의 성장, 서울과 함경도 사이의 일본의 활동, 일본군의 한반도 주둔에 관한 정보 등이었다.[38]

러시아 외무대신 람즈도르프는 러일전쟁 전후 이범진의 외교와 정치 활동을 높이 평가하여 1906년 1월 이범진에게 1등급 스따니슬라브 훈장을 수여할 것을 러시아 정부에 추천했다. 이후 니꼴라이 2세는 이범진의 활동을 평가하여 1등급 스따니슬라브 훈장을 수여하도록 허락했다.[39] 이에 따라 이범진은 매달 러시아 정부로부터 100루블의 재정적인 지원을 받을 수 있었다.[40]

1905년 11월 17일 한국에 주둔한 일본군대는 고종이 거주하는 경운궁을 포위했고, 일본의 한국보호에 관한 서류에 서명하도록 고종에게 강요했다. 을사조약의 강제 체결 이후 한국에 거주하는 일본 외교 대표는 한국의 자주적 외교권을 박탈했다.[41] 을사조약에 기초하여 일본정부는

2002. С. 46.

37) 국사편찬위원회, 『駐韓日本公使館記錄(22)』, 1997, 270-271쪽

38) АВПРИ. Ф. 143. Оп. 491. Д. 60. Л. 149.

39) АВПРИ. Ф. 143. Оп. 491. Д. 74. Л. 55.

40) АВПРИ. Ф. 283. Оп. 766. Д. 106. Л. 9-12.

주러 한국공사관의 폐쇄를 지시했다. 이범진은 더 이상 뻬쩨르부르크 소재 공사관을 운영할 수 없었기 때문에 1906년 11월 뻬쩨르부르크 교외에 위치한 '신농촌'(Новая деревня)이라는 도시의 아파트를 임대했다.[42]

이범진은 뻬쩨르부르크 교외에 위치한 도시에서 한국독립을 위한 활동을 전개했다. 그의 아파트는 러시아에 거주하는 한국 이주민들의 모임 장소로 활발히 이용되었다. 특히 1909년 여름 이범진의 아파트에서 20여 명의 한국인들이 한국독립을 위한 적극적인 활동을 전개하기 위해서 비밀회합을 가졌다.[43] 이범진은 중국과 한국의 경계에 위치한 간도지역에서 독립운동을 전개하는 전 간도관리사(間島管理使) 이범윤에게 무기 구입을 위한 재정적인 지원을 제공했다.[44]

기존연구는 1911년 이범진의 사망을 자살로 받아들였다.[45] 당시 이범진 죽음의 과정을 살펴보면 다음과 같다.

---

41) АВПРИ. Ф. 143. Оп. 491. Д. 73. Л. 51.
42) 국사편찬위원회, 『駐韓日本公使館記錄(22)』, 1997, 270-271쪽. 주러 한국공사관의 위치 변화를 정리하면 다음과 같다. 첫째 1900년 호텔 '노르트'(Норд)를 사용했다.(АВПРИ. Ф. 150. Оп. 493. Д. 69. ЛЛ. 15 и 22.) 현재 악쨔브리스까야(Октябрьская, Oktiabrskaya, Лиговский проспект 10. 10 Ligovsky ave) 호텔 건물이다. 둘째 1902년 빤뗄레이모놉스까야(Пантелей мо новская Д.5) 5번지를 사용했다.(강인구, 「러시아 자료로 본 주러한국공사관과 이범진」 『역사비평』, 2001, 57호, 350) 현재는 뻬스뗄랴 5번지이다.(Пестеля Улица 5. Pestelya str. 5) 셋째 1906년 11월 뻬쩨르부르크 교외에 위치한 '노바야 제레브냐'(Новая деревня)이라는 도시의 아파트를 사용했다.(국사편찬위원회, 『駐韓日本公使館記錄(22)』, 1997, 270-271쪽.) 나베레즈나야 쵸르노이 레치끼 거리 5번지에 위치한다.(Набережная Чёрной речки 5. Chernoy Rechky emb. 5)
43) 국사편찬위원회, 『駐韓日本公使館記錄(22)』, 1997, 271-272쪽
44) АВПРИ. Ф. 327. Оп. 579. Д. 54. Л. 67-67 об.
45) 박벨라는 이범진의 죽음과 관련하여 러시아 신문자료를 중심으로 유일한 연구를 진행했다. Пак Б.Б. Ли Бомджин: последние дни жизни(이범진의 마지막 삶) // Ли Бомджин(이범진). М., 2002.

당시 이범진의 2층 아파트 안에는 6개의 방이 있었는데 사무실, 서재, 침실, 식당, 비서와 하인 등의 방으로 구성되었다. 1911년 1월 26일(러시아 구력 1월 13일) 낮 12시 이범진은 사무실에서 식당으로 들어갔다. 잠시 후 이범진의 비서와 하인은 식당에서 3발의 총성을 들었다. 놀란 공사의 비서관 임진태는 마당으로 뛰어가 관리인에게 총격사실을 알렸다. 관리인은 해당 지역 경찰서로 가서 총성의 사실을 알렸고, 라드첸코(Радченко) 경관과 함께 공사의 집에 도착했다.

이범진 공사 비서 임진태가 경찰과 함께 먼저 방으로 들어갔고, 흰 한복을 입은 이범진 공사가 천장에 목을 매달고 죽어있는 것을 발견했다. 이범진은 꾸즈네쪼프(Кузнецов) 경찰서장 앞으로 보내는 편지를 작성했고 고종, 니꼴라이 2세, 자신의 친형 등에게 보내는 전보 3통을 작성했다.

이범진의 지갑에서는 블라지미르스끼 거리에 위치한 장례국의 영수증이 발견되었다. 이 영수증은 2500 루블 짜리로 뻬쩨르부르크에서의 장례식, 블라디보스톡으로 시신을 운반하는 비용을 의미했다.

이범진의 죽음 현장에서 군의관 바실리예프(Васильев)는 이범진이 밧줄에 매달려 작은 책상을 밀쳐낸 지 3분 만에 사망했다고 밝혔다. 또한 의사는 이범진의 경추 골절의 이유에 대해서 밧줄에 매달린 채 책상을 밀쳐냈기 때문이라고 주장했다.[46]

이범진의 비서관인 임진태는 1월 26일 밤 경찰서에서 다음과 같이 진술했다. 임진태는 일본의 한국병합 때문에 이범진이 자살의 의사를 자주 밝혔다고 주장했다. 주러 한국공사관의 번역 업무를 담당한 꼬발스까야(Ковальская М.П.)는 1월 14일 경찰서를 직접 찾아와서 이범진이 남긴 편지와 전보를 꼬발스까야 자신이 직접 작성했다고 주장했다.[47]

---

46) Речь(레치), 14 января 1911 г. 편지는 러시아로, 전보는 영어로 작성되었다.
   (ГАРФ. Ф.102 Оп.241 Д.34 Л.13)

1월 28일 오전 10시 뻬뜨로빠블로프 병원 해부실에서 이범진의 시신
이 부검되었고 자살로 공식 확인되었다. 1월 29일 이범진의 아들 이위종
은 이범진 공사의 장례식을 거행했다.[48]

당시 러시아에서는 이범진의 죽음이 자살이라고 규정되었고, 기존연
구도 지금까지 이범진의 자살을 당연하게 받아들였다. 하지만 이범진의
죽음과 관련하여 여러 가지 의혹이 제기된다.

비서와 하인은 이범진의 거처에서 총성을 들었음에도 불구하고 왜 곧
바로 이범진에게 달려가지 않고 경찰이 오기만을 기다렸을까? 이범진을
측근에서 보좌한 비서와 하인이 곧바로 식당으로 들어가지 않은 이유를
납득하기 어렵다. 비서와 하인은 이범진의 생명 보다는 자신들에게 불리
한 혐의를 조금이라고 남기지 않으려고 노력했던 것으로 보인다.

당시 이범진은 영어와 러시아어를 자유롭게 사용할 수 없었다. 더구
나 이범진은 영어와 러시아어를 작문할 정도의 실력도 갖추지 못했다.
그런 이범진이 유서를 어떻게 작성했을까? 이범진의 사망 직후 꼬발스까
야는 자신이 편지와 전보를 작성했다고 밝혔다. 꼬발스까야가 아무리 사
적으로 가까운 사이라고 할지라도 이범진의 유서를 쉽게 작성했다고 보
기는 어렵다.

이범진의 시신을 검사하면서 그의 죽음에 관한 의혹이 생겼다. 이범
진의 직접적인 사망 원인은 척추 골절이었다. 그런데 척추 골절현상은
강압적인 교수형에서 볼 수 있는 현상이었다. 당시 의사는 이범진이 밧
줄에 목을 맨 후 탁자를 세게 밀쳐 생긴 것이라고 주장했다. 탁자를 세게
밀쳤다고 척추가 골절될 수 있는가라는 사실에 관한 의학적인 검토가 더
욱 필요하다.

---

47) Новое время(노보예 브레먀), 15 января 1911 г.
48) Новое время(노보예 브레먀), 16 января 1911 г. 이범진은 뻬쩨르부르크 북
   부 공동묘지(Успенский кладбищ Сант-Петербурга)에 안장되었다.

이범진 사망 이후 1911년 5월 25일 러시아 외무부는 러시아 내무부 소속 경찰국에 뻬쩨르부르크 소재 주러 일본 무관들의 소재처를 비밀문서로 보냈다. 이 문서에서 러시아 외무부는 1910년 이전에 주재한 주러 일본무관의 이름까지 적시하면서 현재의 소재처까지 경찰국이 탐문해줄 것을 요청했다.[49]

1911년 6월 18일 러시아 내무부 소속 비밀경찰국은(По Особому отделу по 1 Отделению) 1910년 전후의 주러 일본 무관들의 소재처를 러시아외무부에 비밀문서로 전달했다. 비밀문서의 내용을 살펴보면 주러 전임 일본공사관 무관 대령 하기노 수오키치(Хагино Суокич)는 일본에 돌아갔고, 주러 전임 일본무관 보좌관 소령 오다기리 나가주리(Одагири Нагазули)는 현재 바르샤바에 근무하고 있다. 또한 현재 주러 일본무관 대령 나카지마 마사지카(Накадзима Масатика)는 뻬쩨르부르크 모이카(Май ка)에서 거주하고, 주러 일본무관 보좌관 소령 오자바 사부라(Озава Сабура)는 뻬쩨르부르크 넵스끼 쁘라스트(Невский проспект)에 거주하고 있다.[50]

그런데 1911년 5월 현재 나카지마와 오자바는 뻬쩨르부르크에서 다른 곳으로 이동했다. 이범진 사망 당시 주러 일본공사관 무관은 나카지마(中島正武) 대령이었다. 나카지마는 1870년 코찌현(高知縣)에서 태어나 1890년 육군사관학교를 졸업하고 보병소위로 임관했다. 나카지마는 청일전쟁과 러일전쟁을 거치면서 승진을 거듭했다. 특히 육군 중령 나카지마는 1906-1908년 동안 프랑스에 사비로 유학 갈 정도로 자기관리가 철저한 인물이었다. 나카지마는 1909년 6월 주러 일본공사관 무관에 임명되었다. 그 후 일본에 귀국한 나카지마는 육군 참모본부 과장을 역임한 뒤 1915년 육군소장, 1919년 육군중장까지 비약적으로 승진했다.[51]

49) ГАРФ(국립문서보관소). Ф.102 Оп.241 Д.34 Л.14
50) ГАРФ(국립문서보관소). Ф.102 Оп.241 Д.34 Л.16 с об

그런데 이범진의 사망 이후 러시아 외무부는 하필 주러 일본무관의 소재처를 묻는 이유가 무엇인가? 더구나 이러한 외무부의 문서가 러시아 국립문서보관소(ГАРФ) 이범진관련 문서에 함께 보관된 이유는 무엇인가? 그만큼 이범진의 사망 이유에 관해 풀리지 않는 의혹들을 해명해야만 이범진의 자살 규정을 납득할 수 있을 것이다.

5. 맺음말

19세기 말 러시아와 일본은 극동지역에서 한국과 만주를 둘러싸고 대립과 협상을 반복했다. 1896년 6월 '모스크바의정서'를 통해서 한국의 현상유지에 합의한 러시아와 일본은 그동안 삼국간섭과 아관파천 등 상호 대립의 상황에서 갈등관계를 해소하고 극동지역에서 세력균형을 이룰 수 있었다. 하지만 1897년 11월 독일의 교주만 점령을 계기로 러시아는 서구열강의 적극적인 극동정책에 대응하여 그 해 12월 여순을 점령했다. 이러한 여순 점령 이후 일본은 더 이상 러시아가 극동지역에서 세력균형을 준수할 것이라고 생각하지 않았다. 하지만 당시 러시아와 전쟁을 수행할 능력이 부족한 일본은 1898년 4월 한국에서 일본의 경제적 우위를 인정한 '도쿄의정서'에 일시적으로 만족해야했다.

20세기 초반 러시아와 일본은 극동지역에서 한국과 만주를 둘러싸고 첨예하게 대립했다. 1900년 6월 의화단사건 이후 러시아가 군사적으로 만주를 점령하자, 일본은 1902년 1월 영일동맹을 통해 외교적으로 러시아를 압박하면서, 한국 진출에 대한 러시아의 포기를 끊임없이 요구했다.

---

51) 中島大佐外5名旅券交付の件, 明治43年坤「貳大日記6月」, p.790(防衛省防衛研究所-陸軍省大日記-貳大日記) ; 中島步兵中佐私費留學の件, 明治39年坤「貳大日記11月」, p.1389(防衛省防衛研究所-陸軍省大日記-貳大日記) ; 宇垣一成宛諸家書簡, 中島正武書簡, 昭和2(1927), 東京

이러한 상황에서 러시아와 일본은 1902-1903년 사이 한국에 대한 일본의 정치·군사적 특권에 대해서 협상을 진행했지만 1904년 러일전쟁으로 치달았다.

쓰시마해전에서 승리한 일본은 1905년 9월 러시아와 포츠머드 평화조약를 체결했다. 평화조약 체결 이후에도 러시아는 한국을 완전히 일본에 양보하지 않았고, 한국에서의 최혜국 권리를 여전히 갖고 있었다. 그후 러시아는 1910년 7월 러일협정을 통해서 일본의 한국병합을 승인하면서, 북만주와 몽고에서 러시아의 우위를 일본으로부터 인정받았다.

1899년 3월 이범진은 주러 한국공사로 임명되었다. 당시 한국은 1899년까지 도쿄, 워싱턴에만 자국 공사를 주재시켰다. 그런데 의화단사건 이후 한국과 만주를 둘러싸고 러시아와 일본이 첨예하게 대립하게되었다. 주미공사를 역임한 이범진의 주러공사 임명은 고종의 신임 아래한국 외교 분야의 업무를 수행하는 핵심인물이 바로 이범진이라는 것을의미한다.

이범진은 고종의 명령에 따라 러일전쟁이 발생할 경우 한국의 중립을보장 받을 수 있도록 노력했다. 하지만 일본과 러시아가 한국의 중립을거절하자 이범진은 한국과 러시아의 동맹을 체결하기 위해서 노력했다.이범진은 한국과 러시아의 긴밀한 상호협력을 발전시키려고 노력한 주요한 인물이었다.

한편 안중근의사의 이토에 대한 응징은 오랫동안 준비되었다. 안중근은 "1907년 이토 히로부미가 한국에 와서 7조약을 강제로 맺고, 광무황제를 폐했으며, 병정들을 해산시켰다"고 주장했다.[52]

일본 정부는 안중근 묘지가 해인 한인들의 독립운동의 성지가 되는것을 막기 위해 최대한 노력하였다.[53] 결국 일본은 안중근의 사체를 끝

---

52) 안중근자서전, 64쪽 ; 伊藤公爵遭難ニ關シ倉知政務局長旅順へ出張中犯人訊問
  之件, 1冊(外務省外交史料館 4門2類5項245-3號 伊藤公爵滿洲視察一件)

까지 유족에게 인도하지 않았다. 그 뿐만 아니라 일본은 안중근의사의 시신을 여순감옥 공동묘지에 묻었다. 일본은 하얼빈 한국인 묘지에 안중근의 묘지를 조성하려는 계획을 무산시키기 위해서 여순 공동묘지에 묻힌 안중근의사의 시신을 화장했음에 틀림없다.

---

53) 機密 第14號, 伊藤公爵遭難ニ關シ倉知政務局長旅順へ出張中犯人訊問之件, 大野守衛→小村壽太郞, 明治43年 2月 22日, 3冊(外務省外交史料館 4門2類5項 245-3號 伊藤公爵滿洲視察一件)

토론문

김 현 숙*

　본 논문은 안중근의 취조를 담당한 러시아 검사 밀레르가 일본 측에 넘긴 심문기록의 일부가 존재하지 않는다는 점에 기초하여, 그 이유와 의도를 분석한 글이다. 안중근과 관련된 자료와 연구가 상당히 진전·축적된 상황에서 새로운 자료를 추가로 발굴하여 논문을 구성하였다는 점에서 연구사적 의의가 있다. 다만 토론을 위해 몇가지 질문을 하고자 하며 일부 수정보완 작업을 거칠 것을 제안한다.

　1. 본 논문의 주제는 "대한제국과 국제환경"이다. 또한 소주제는 심문기록을 둘러싼 러일의 외교적 대응이다. 따라서 안중근 문제나 기록을 다루더라도 독자들은 심문기록이 러일 간에 미친 외교적 파장이나 의미 등을 기대할 것이다. 본문은 아쉽게도 러시아 측에서 전달한 취조 목록을 게재하고 그 중 3항목이 빠진 것에 대한 것을 논하고 있다. 즉 그 항목이 빠짐으로 하여 야기된 러일 간의 갈등, 파장 등은 분석되지 못하고 있다. 따라서 전체 제목과 내용이 그다지 일치하지 않다고 보여진다. 아울러 전반적으로 사료의 나열이 많고, 장절간의 유기적인 관련성이 떨어지고 있다. 특히 안중근 묘지 비정 문제는 논문의 전체 맥락과 다소 유리된 것으로 보여지므로 아쉽다. 전체적으로 이 논문은 새로운 자료 발굴을 소개하는 성격이 강하다.

* 서울시사편찬위원회

2. 본 논문 서두에 조선과 러시아, 1905년 이전 극동지역의 외교관계에 대해 개략적으로 설명하고 있다. 이 부분에 대한 내용은 다루는 시기가 1905년 이전이므로 본문 내용과 직접적인 관련성이 미흡하다. 오히려 안중근 거사 직전과 직후의 극동정세, 한러일 관계, 거사의 파장, 심문과 재판이 러일 간에 미칠 파장 등을 기술하는 것이 논문의 맥락상 유의미할 것으로 보인다.

아울러 본문에 언급된 주청러시아공가 까라스따베쯔 등의 우려 외에 러시아 정부의 입장, 대책, 협조 등이 무엇이 있었는지, 필자가 언급대로 일본이 러시아 관리에 훈장까지 수여할 정도로 러시아를 의식한 일본의 목적은 무엇이었는지 궁금하다.

3. 본 논문의 핵심은 러시아 검사가 밀레르가 작성하고 전달한 안중근 심문 문서에서 러시아 측의 전달 목록과 일본이 전달 받아 소장하고 있는 목록이 일치하지 않는다는 점, 즉 일본 측이 의도적으로 누락했다는 점을 주장하는데 있다. 본문을 읽으면서 몇 가지 점에서 의문이 들었다.

- 5쪽 2째줄: 러시아 예심과정에서 생산된 '64쪽(64 Листах)'과 일본 외교사료관의 '예심서류 원본 1책(四十六頁)'의 차이. 즉, 필자는 '64쪽'과 '46쪽'의 차이는 무엇 때문인가? 라는 질문을 던진다. 그러나 그 질문을 던지기 전에 '쪽'과 '항'을 동일하게 보는지 궁금하다. 상식적으로 한 항목을 기술할 때, 그 내용이 차지하는 양은 여러 쪽이 될 수도 있기 때문이다.

- 13쪽: 밀레르 기록 중 외교사료관에 존재하지 않는 문서는 3개. 11, 18, 20임.

이에 대해 일본 측의 실수에 대한 기록을 축소하려는 움직임으로 분석.

* 11번: 이에 대해서는 필자의 주장이 수긍.

* 18번: 증거품 등은 전체 사건을 파악하고 한국인들의 반일행위를

확인하는데 일본에게 중요한 단서가 될 것. 이의 부재가 기록 축소라는 측면으로 단정하기는 어려움.

　* 20번: 이토를 응급치료 의사들의 심문조서. 왜 수행원을 제일 먼저 치료했는지? 여기서 의사의 국적이 궁금.

　= 일본 측 실수를 축소하려면 정작 중요한 영접 실수를 왜 빼놓았을까? 혹시 밀레르 기록 중 3개가 빠졌다는 것은 밀레르가 목록을 잘못 기억한 것은 아닌지?

　- 4쪽. 러시아 재무부 사무국장 리보프는 왜 1909년 12월 7일에 안중근 심문 자료를 요청했을까?

　4. 안중근 묘소와 관련하여

　필자는 새로운 자료를 발굴하여 유병호가 주장했던 화장설을 뒷받침하고 있다. 이 부분의 주장은 상당한 설득력을 지니고 있으며, 학계에 기여할 것으로 판단된다.

대한제국의 일본인식과 정책
- 주일 한국공사를 중심으로 -

한 철 호[*]

1. 머리말

1897년 10월 고종은 일본군의 경복궁점령과 아관파천 등으로 실추된 국가의 위상을 드높이고 근대적 개혁을 적극적으로 추진하기 위해 대한제국을 수립·선포하였다. 여기에는 러시아와 일본이 한국에 대해 압도적인 우위를 점하지 못한 채 세력균형을 이루게 된 국제정세도 영향을 미쳤다. 그러나 대한제국의 성립 이래 독립협회 해산·군산 등의 개항·대한국국제 선포·한청통상조약 체결·의화단사건 발발·용암포사건 발생·러일전쟁 개전 등 국내외의 상황 변화로 열강간의 세력균형은 무너지고 위기의식이 고조되었다. 결국 황제의 나라 대한제국은 수립된 지 8년만에 일본에게 외교권을 박탈당한 데 이어 1910년 국권마저 병탄됨으로써 종말을 고하고 말았다.

이처럼 대한제국이 멸망한 원인은 대내적으로 최고통수권자 고종을 비롯한 집권세력이 국민통합과 부국강병을 제대로 추진하지 못한 데 있

* 동국대 역사교육과 교수

었다. 아울러 대외적으로 줄기차게 한국을 식민지로 삼기 위해 호시탐탐 노려온 열강, 특히 일본의 침략이 결정적인 요인으로 작용하였다. 일본의 국가 독립을 유지하기 위해 주권선뿐만 아니라 이익선인 조선을 반드시 장악해야 한다는 야마가타(山縣有朋)의 「외교정략론」(1890)에 단적으로 드러나듯이, 일본은 청일전쟁과 러일전쟁을 치밀하게 준비·도발한 끝에 마침내 한국을 강점하기에 이르렀던 것이다. 그렇다면 대한제국은 일본의 한국정책과 동향을 정확하게 파악하고 대처해나갔던 것일까?

지금까지 대한제국의 일본인식과 정책에 관한 연구는 대한제국의 성격 혹은 일제의 한국강점 원인, 나아가 근대 한일 관계사의 흐름과 그 의미를 분석하는 과정에서 매우 광범위하게 이루어져 왔다.[1] 그 결과 일본의 침략과 한국지배라는 결과론에 입각해서 그 과정을 꿰맞추는 식의 방법론과 그 한계를 비판하고, 격동하는 당시의 동아시아 국제정세와 러·일 양국 간의 각축 속에서 시기별로 대한제국의 일본정책이 어떻게 변화해갔는가가 상세하게 밝혀졌다.

하지만 고종을 비롯한 대한제국의 집권세력이 펼쳤던 일본을 비롯한 대외정책의 성격과 평가에 관해서는 여전히 다양한 견해가 존재하고 있다. 즉, 대한제국의 일본정책은 일본의 침략 본질을 제대로 파악하지 못한 채 황제권을 수호하는 차원에 머물렀다는 비판적 입장이 있는 반면, 열강의 세력균형과 변화를 최대한 활용한 고종의 주권수호외교로 전개되었으나 일본의 압도적으로 우월한 군사력에 굴복했다는 긍정적 입장

---

1) 역사학회 편,『일본의 침략정책사연구』, 일조각, 1984 ;『로일전쟁전후 일본의 한국침략』, 일조각, 1986 ; 한국사연구회 편,『청일전쟁과 한일 관계』, 일조각, 1985 ; 최문형,『제국주의시대의 열강과 한국』, 민음사, 1990 ;『한국을 둘러싼 제국주의 열강의 각축』, 지식산업사, 2001 ; 이태진,『고종시대의 재조명』, 태학사, 2000 ; 현광호,『대한제국의 대외정책』, 신서원, 2002 ;『대한제국과 러시아 그리고 일본』, 선인, 2007 ; 서영희,『대한제국 정치사 연구』, 서울대출판부, 2003 ; 이태진·김재호 외 9인,『고종황제 역사청문회』, 푸른역사, 2005 ; 한철호,『한국근대 주일한국공사의 파견과 활동』, 푸른역사, 2009.

이 상존하고 있는 것이다. 또한 대한제국의 각종 외교정책이 어떠한 배경에서 어떠한 의도로 구상되어 구체적으로 전개되었는지, 나아가 대일외교를 주도한 시스템은 무엇이고 그것이 과연 제대로 작동되었는지에 관한 연구는 여전히 미흡하다고 여겨진다.

따라서 본고에서는 대한제국의 일본인식과 정책을 체계적으로 조감하고 그 성격을 밝히기 위한 일환으로 대일외교의 최전선에서 실무를 담당했던 주일 한국공사의 활동을 중심으로 살펴보고자 한다. 다만 여기에서는 기존연구의 성과를 토대로 삼되, 대한제국의 정책 입안 및 결정과 그에 따른 주일 한국공사들의 대일 교섭 및 일본정부의 대응이 유기적으로 잘 드러나는 망명자 송환 교섭, 한일동맹 교섭, 한국중립화 협상 등에 초점을 맞출 것이다.

2. 의화군·이준용 및 망명자 송환 교섭

아관파천 직후 한일 양국 간에 가장 민감하고도 껄끄러운 사안은 왕비살해사건에 대한 진상조사와 일본에 체재 중인 의화군 이강과 이준용 및 망명자 처리문제였다. 고종은 아관파천을 왕비(明成皇后)살해사건에 대한 '복수'라고 언급할 만큼 망명자들에게 적개심을 품고 있었다.[2] 아울러 고종은 의화군·이준용과 망명자의 소환에도 심혈을 기울였다. 일본에 거주하는 유길준 등의 망명자들이 의화군·이준용을 내세워 고종을 폐위시키거나 정권교체를 획책할 우려가 있다고 판단했기 때문이다. 아울러 여기에는 갑오개혁 당시 일본이 박영효 등 망명자들을 앞세워 자국의 영향력을 행사하려 했던 경험도 중요한 원인으로 작용하였다. 따라서 고

---

2) 『주한일본공사관기록』(이하 『일관기록』으로 약칭) 10, 국사편찬위원회, 1994, 90쪽, 전보 50.

종은 일본이 망명자들을 활용해 자신의 지위와 입지를 견제하거나 위협할 가능성을 떨쳐버릴 수 없었다.

이러한 분위기 속에서 유학생 신분의 의화군·이준용은 정부로부터 유학비용을 받지 못하게 될 것이라고 우려했으며, 조희연·유길준 등 망명자들도 불안한 나머지 일본을 떠나서 상해 혹은 홍콩으로 도피하려고 작정하기까지 했다고 전해진다.[3] 비록 정부가 직접 일본정부에 전보 혹은 주일공사를 통해 예전과 다름없이 친밀한 관계를 유지할 것이라는 입장을 전달했지만, 망명자들의 처리를 둘러싸고 양국의 정치권에는 긴장감이 고조되었다.[4]

의화군·이준용은 망명자는 아니었지만 박영효를 비롯한 망명자들과 교류하면서 그들의 구심점 역할을 하고 있었다. 특히 박영효는 의화군을 국왕으로 추대한 다음 자신이 정국의 주도권을 장악하려고 구상했으며, 이준용 역시 흥선대원군이 보내주는 자금으로 유학생을 포섭하려고 시도했던 것이다. 이로 말미암아 그들은 국왕 고종의 지위를 위협할 수 있는 존재로 인식되었다. 그 와중에서 의화군과 망명자들의 합동촬영 사진을 입수한 정부는 의화군에게 귀국을 권고했으나 그는 박영효의 적극적인 만류로 이를 거부하였다. 이에 정부는 의화군과 박영효를 이간시키거나 그들을 암살하려고 시도했지만 실패하고 말았다.[5]

따라서 정부는 주일공사를 통해 의화군과 이준용에게 학자금을 지급하는 동시에 그들의 동태를 파악하기가 용이하다고 판단된 미국으로 이주시키려는 일종의 유화책을 추진하였다.[6] 아울러 외부번역관 박용규와

---

3) 『東京朝日新聞』, 1896년 2월 15일자, 「朝鮮公使館と同國人」.
4) 『東京朝日新聞』, 1896년 2월 19일자, 「朝鮮政府の通知」 및 「外務省の通知」.
5) 玄光浩, 「大韓帝國期 亡命者問題의 政治·外交的 性格」 『史學研究』 57·58합집, 1999, 1039-1040쪽.
6) 『주일래안』 1, 신정 제5호, 1896년 5월 10일 ; 신정 제32호, 12월 8일 ; 신정 제35호, 12월 24일 ; 『주일안』 2, 신복 제8호, 6월 7일 ; 『주일안』 3, 훈령 제호, 9월 22일 ; 『일관기록』 12, 64-65쪽, 기밀송 제26호.

미국인 언더우드(Horace G. Underwood)를 일본에 파견해 의화군에게 미국으로 유학하라는 밀명을 전달하였다. 이러한 상황 속에서 일본정부는 그들을 본국에 인도해줄 수 없지만, 타국으로 여행하도록 주선함으로써 관계 개선의 호기회로 삼으려 하였다. 그 결과 1897년 5월 22일 의화군은 수원 박용규·신성구 등과 함께 요코하마에서 코프칙호를 타고 샌프란시스코로,[7] 이어 8월 25일 이준용 역시 영국으로 각각 떠났다.[8] 이로써 의화군·이준용 등을 비롯한 망명자 처리 문제는 일단락되기에 이르렀다. 의화군은 미국으로 유학한 지 1년만인 1898년 5월에, 이준용은 영국으로 건너간 지 1년 5개월만인 1899년 1월 20일에 각각 일본으로 되돌아왔다.[9] 따라서 정부는 주일공사를 통해 그들에게 생활비 등을 전달하면서 동태를 파악하는 등 경계를 늦추지 않았다.[10]

그러나 고종폐위사건(1898)과 아관파천으로 각각 일본으로 망명했던 안경수·권형진이 1900년 초 귀국·처형당한 사건을 계기로 사태는 급변하기 시작하였다.[11] 잘 알려져 있듯이, 안경수는 황태자의 대리청정과 내각 교체를 추진하다가 일본으로 망명한 뒤, 박영효 등과 합세해 정계 복귀를 도모했던 인물이었다. 5월 16일과 24일에 경무사 및 평리원 재판장임시서리로 임명된 이유인은 신속하게 재판을 진행하여 5월 27일 안경수·권형진에게 '모반대역(謀反大逆)' 등을 적용해서 교수형을 선고한

---

7) 『일본외교문서』(이하 『일외서』로 약칭) 30, 310쪽, #169 ; 311쪽, #170 ; 311-312쪽, #171 ; 312-315쪽, #172 ; 315쪽, #173 ; 『일관기록』 12, 71-72 쪽, 기밀송 제40호 별지.
8) 『일관기록』 12, 224-225쪽, 왕62호 ; 248쪽, 왕103호 ; 253쪽, 래74호 ; 『일외서』 30, 315-316쪽, #174 ; 317쪽, #177 ; 318쪽, #179 ; 320쪽, #181.
9) 『일외서』 32, 323쪽, #201 ; 河村一夫, 「朝鮮國王族李埈鎔の來日について(一)」 『朝鮮學報』 133, 1989.
10) 『주일서래거안』 4, 훈령, 1898년 12월 2일 ; 『주일공관래거안』 5, 보고 제1호, 1899년 2월 7일 ; 훈령 제3호, 2월 9일 ; 보고 제7호, 4월 17일 ; 훈령 제9호, 1899년 7월 1일 ; 보고 제13호, 7월 28일 ; 『일관기록』 13, 337쪽, 기밀송 제2호.
11) 『일관기록』 13, 468쪽, 왕76.

다음 28일 형을 집행하였다.[12) 고종은 이유인 등에게 선고 즉시 상주하지 않은 채 자의로 형을 집행한 죄를 물어 유(流) 10년 등의 처벌을 내렸지만, 이는 다분히 일본측의 반발을 무마시키려는 의도에 지나지 않았다.

실제로 안경수 등의 처형 소식에 접한 하야시(林權助) 공사는 곧바로 외부에 양국의 합의를 어긴 채 가혹하게 고문한 뒤 처형시킨 데 항의하면서 시신검사를 요청했으며, 심지어 일본정부에 군함 수 척을 다케시키(竹敷) 부근까지라도 파견하고 이를 신문지상에 공개하는 등 시위를 벌여달라고 건의했던 것이다. 이처럼 그가 안경수사건에 강경한 태도를 취한 까닭은 이로 말미암아 일본의 위신이 추락되면 향후 대한정책을 추진하는 데 지장을 초래할 염려가 있다고 판단했기 때문이다.[13) 이에 대해 외부대신 박제순은 고문행위는 없었으며, 재판·처형은 본국의 권리이므로 타인이 관여할 바가 아니라고 답하면서 언제든지 시신을 검사할 용의가 있다고 통보하였다.[14) 아울러 6월 3일 하야시 공사가 일본정부의 생각에 반해서 행동하는 것으로 의심한 박제순은 주일공사 이하영에게 그의 항의 내용을 전달하면서 "이 일을 타협하기 전에 알현을 허락하지 않는다"는 뜻을 일본 외무대신에게 알리도록 조처하였다. 6월 7일 이하영은 이를 아오키(靑木周藏) 외무대신에게 문서로 통보했고, 아오키는 그 문서가 무엇을 의미하는가를 해명해달라고 요구하면서 어쨌든 일본공사가 알현을 신청하면 어떤 경우라도 속히 윤허해주도록 한국정부에 통지해주기를 바란다는 뜻을 전하였다.[15)

---

12) 『고종실록』, 1900년 5월 27일조 ; 『일성록』, 1900년 4월 29일조 ; 『황성신문』, 1900년 5월 29일자 잡보. 안경수사건에 관해서는 최준, 「을미망명자의 나환문제 - 한일양국간의 외교분쟁 - 」 『백산학보』 8, 1970, 511-519쪽 ; 송경원, 「한말 안경수의 정치활동과 대외인식」 『한국사상사학』 8, 1997, 257-258쪽 참조.
13) 『일안』 4, 679-682쪽, #5725-5729 ; 682-683쪽, #5730-5733 ; 『일관기록』 13, 472쪽, 왕 106; 송경원, 앞의 논문, 258-260쪽.
14) 『일안』 4, 676-677쪽, #5720-5721 ; 677-679쪽, #5722-5724.
15) 『일관기록』 14, 420-421쪽, 기밀송 제30호 ; 『일관기록』 15, 265쪽, 전 제108호

그런데 이 과정에서 이하영이 아오키에게 문서를 전달한 것이 아니라 직접 만나서 정부의 훈령을 통보했더니 그가 깊이 생각한 후 다시 회변하겠다는 답변을 들었다고 외부대신에게 보고했다는 소문이 나돌았다.[16] 이 소문은 곧 사실무근임이 밝혀졌지만,[17] 하야시는 아오키에게 그처럼 답변을 망설였다면 매우 유감스럽다는 입장을 표명하면서 그렇지 않을 경우 주일공사 이하영에게 그 점에 대해서 분명하게 답변해줄 것을 요구하였다. 또한 그는 한국정부가 일본정부에 대해 취한 조치가 한국신문에 보도되어 마치 자신이 한국정부측에 매우 무례하게 행동한 것처럼 인식됨으로써 자신의 입지가 좁아지고 있는 점에 대해 불만을 토로하기도 하였다.[18] 이에 대해 아오키는 하야시에게 자신이 그렇게 답변하지 않았다고 밝히면서 안경수문제에 대해 너무 심각하게 처리하지 말라고 당부했던 것이다.[19]

이처럼 안경수사건으로 말미암아 한일 관계가 더 이상 경색되는 사태는 양국 모두 원치 않은 일이었기 때문에 점차 타협의 분위기가 조성되기 시작하였다. 박제순도 하야시에게 이유인 등의 처벌 사항을 알려주고, 주일공사를 통해 일본정부에게 전달된 조처가 아무런 적대감이나 심각성을 갖지 않고 있다고 말하면서 그러한 내용이 한국신문에 보도된 점에 대해 사과했던 것이다. 이어 하야시의 고종 알현도 성사되었다.[20] 이 소식은 곧바로 일본에 전달되었고, 6월 14일 아오키는 이하영에게 안경수 사건으로 야기된 양국의 갈등이 충분히 해결된 것으로 여겨진다고 밝힘으로써 표면상 이 사건은 마무리되기에 이르렀다.

; 『황성신문』, 1900년 6월 5, 11일자 잡보.
16) 『일관기록』 15, 266쪽, 전보 #81 ; 327쪽, 전보 #38.
17) 『황성신문』, 1900년 6월 14일자 잡보.
18) 『일관기록』 15, 266-267쪽, 전보112 ; 『황성신문』, 1900년 6월 6, 11일자 잡보.
19) 『일관기록』 14, 420-421쪽, 기밀송 제30호 ; 『일관기록』 15, 쪽328, 전보38.
20) 『일관기록』 15, 267쪽, 전보114 ; 268쪽, 전보119.

그러나 이 사건을 계기로 정부가 고종의 황위를 위협하는 존재로 여겨졌던 이준용과 유길준 등 망명자들의 소환을 재차 시도했기 때문에 양국 간의 긴장은 지속되고 있었다. 안경수에 대한 심문과정에서 이준용 등이 모의에 가담했다는 사실이 밝혀졌으므로 이준용의 학자금 지급을 중단하고 일본정부에 조회해서 그들을 즉각 체포·소환하라고 이하영에게 지시했던 것이다.[21] 이에 따라 이하영은 정부의 훈령을 이준용에게 전하고 즉각 귀국하라고 여러 차례 독촉했지만, 그가 신병을 이유로 응하지 않아서 환국시킬 수 없으므로 대책을 강구해달라고 보고하였다.[22] 아울러 이하영은 범죄자 이준용 외 5명 등을 체포·인도해달라고 아오키에게 요청했으나 그로부터 정치상 혹은 그 이외의 범죄라도 양국 간에는 범죄인인도조약이 없다는 이유로 거절당하고 말았다.[23] 이에 대한 일종의 항의 표시로 7월 5일 정부는 이하영에게 귀국하라고 지시하면서 참서관 박용화를 서리공사로 임명하였다.[24]

3. 한일동맹 교섭 및 추진

고종을 비롯한 집권층은 망명자들이 황제체제를 부정·전복시키려 한다고 인식했기 때문에 주일 한국공사 혹은 특사를 통해 끊임없이 그들에 대한 통제와 송환을 일본에 요구하였다. 일본은 이러한 약점을 적극 활

---

21) 『주일공관래거안』 6, 훈령, 1900년 6월 7일 ; 훈령 제19호, 6월 10일 ; 『황성신문』, 1900년 6월 20일자 잡보.
22) 『주일공관래거안』 6, 보고 제5호, 1900년 6월 17일 ; 『황성신문』, 1900년 6월 26일자 잡보 ; 『일관기록』 14, 356쪽, 기밀 제57호.
23) 『주일공관래거안』 6, 보고 제9호, 1900년 6월 27일 ; 『일관기록』 14, 423-424쪽, 기밀송 제33호 ; 『황성신문』, 1900년 7월 9일자 잡보; 현광호, 앞의 책, 138쪽.
24) 『交涉局日記』(『舊韓國外交官係附屬文書』 7), 高麗大學校 亞細亞問題硏究所, 1974, 212쪽, 1900년 7월 5일자.

용해서 한국침략의 발판 혹은 이권을 최대한 얻어내는 전략을 펼쳤다. 그 대표적인 사례 중의 하나가 망명자 송환 교섭을 전제로 추진되었던 한일동맹이었다.[25]

1900년 의화단운동 발발 후 고종은 한국의 군대를 증설하는 데 1000 만 원의 차관을 제공하겠다는 하야시 공사의 제안을 계기로 한일동맹을 검토하였다.[26] 때마침 동북아 정세를 파악하기 위해 일본을 방문하고 귀국한 궁내부시종 현영운도 고노에(近衛篤麿) 등의 견해를 받아들여 고종에게 한국의 안전을 위해 한일공수동맹이 필요하다는 건의를 올렸다.[27] 이에 고종은 신임 주일공사 조병식에게 중립화를 최우선시하되 망명자 송환을 조건으로 한일동맹을 교섭하라는 임무를 부여했던 것으로 알려졌다.[28] 하야시 공사조차 조병식의 파견은 표면상 한일 관계를 중시하는 조치이지만, 실질상 일본의 정황을 시찰하고 망명자 처분문제를 다루라는 '내의(內意)'가 있었다고 파악할 정도였다. 당시 이준용·의화군 등의 고종폐위 음모에 관한 풍문의 진상을 철저하게 탐지하라는 '내명(內命)'을 조병식이 받았다는 것이다.[29]

8월 29일 조병식은 고노에를 만난 자리에서 한국중립화를 요구하였을 뿐 한일동맹에 관해서는 거부의사를 나타냈다. 또 그는 박영효를 만나볼 의향이 전혀 없다고 단언하면서 더 이상 망명자건에 대해 언급하지

---

25) 망명자의 전반적인 상황에 관해서는 현광호, 앞의 논문(1999) 참조.
26) Scott S. Burnett ed. *Korean-American Relations : Documents Pertaining to the Far Eastern Diplomacy of the United States* Volume1 Ⅲ : *The Period of Diminishing Influence, 1896-1905*(이하 *Korean-American Relations Volume* Ⅲ로 약칭), Berkeley and Los Angeles : University of California Press, 1989, p.83, No.275. 1900년 8월 31일.
27) 『일관기록』 14, 374쪽, 기밀 제81호.
28) *Korean-American Relations* Ⅲ, pp.62-63, No.272. 1900년 8월 23일 ; pp.81-83, No.275, 1900년 8월 31일 ; 『일관기록』 14, 378-380쪽, 기밀 제87호.
29) 『일관기록』 14, 373쪽, 기밀 제80호.

않았지만, 이준용은 망명자가 아니라 유학생이므로 귀국시켜달라는 의견을 제시하였다. 그러나 고노에는 이를 일소에 부치면서 답변하지 않았다. 한국중립화와 한일동맹에 대한 양자의 의견차가 너무 컸기 때문에 망명자문제는 거론조차 되지 않았던 것이다.[30]

이처럼 중립화와 동맹 협상이 난관에 처한 상황 속에서 아오키 외무대신은 조병식에게 일본군의 지휘를 받는 한국상비군 5만 명의 양성을 골자로 한 한일공수동맹의 체결과 이를 위한 1000만 원의 차관 제공을 다시 제안하였다. 조병식이 그 경우 지세를 두 배로 올려야만 가능하다고 답하자 아오키는 그 재원을 제공할 의사가 있다고 밝혔다. 이러한 사실을 조병식으로부터 보고받은 고종은 알렌(Horace N. Allen) 미국공사에게 자문을 구했지만, 알렌은 현재의 수입이 정부의 지출에도 부족한 상황에서 조세부담을 가중시킬 경우 내란을 유발할지도 모른다는 부정적인 견해를 내놓았다.[31]

그럼에도 고종은 일본측의 차관 제의를 수락한 뒤, 일본정부에 망명자처리건을 제기해 성사되면 방어동맹을 체결하라는 취지의 칙명서를 조병식에게 보냈다. 박제순·이지용 등이 동아동문회 측과 접촉하면서 자신들이 부서한 칙명서를 조병식으로 하여금 일본정부에 제출하자는 의견을 받아들였던 것이다.[32] 박제순 등으로부터 고종의 칙명서를 조병식에게 전달해달라고 위탁받은 『한성신보』 주필 겸 동아동문회 회원 기쿠치(菊池謙讓)는 우선 아오키 외상에게 자신의 임무를 보고하였다. 9월 26일 야마가타 내각의 총사퇴 후 사직을 앞둔 아오키는 '연래(年來)의 숙론(宿論)'인 한일동맹건을 신임 외상에게 인계하도록 진력을 다하겠다고

---

30) 河村一夫, 「靑木外相の韓國に關連する對露强硬政策の發展と日英同盟の成立との關係」 上, 『朝鮮學報』 54, 1970, 32-33쪽.

31) *Korean-American Relations Volume* III, pp.68-69, No.278. 1900년 9월 10일 ; No.284, 10월 2일.

32) 『일관기록』 14, 378-380쪽, 기밀 제87호.

밝혔다. 곧이어 기쿠치는 조병식에게 망명자추방과 한일동맹을 추진하라
고 권유했지만, 조병식은 후임내각이 과연 동맹안을 받아들일지 여부에
의구심을 나타냈다. 이에 기쿠치가 고종의 칙명서를 전달하면서 칙명서
인 이상 일본내각의 경질 여하에 관계없이 즉각 제출해야 한다고 주장하
자 비로소 조병식은 이를 외무성에 제안하겠다고 대답하였다.[33]

　조병식은 일본 측에 한·일 양국이 대등한 국가이므로 균등한 관계에
서 동맹을 체결해야 한다고 주장하면서도 귀국할 때까지 칙명서를 제출
하지 않았다.[34] 실제 그의 예측대로 한일동맹이 러시아와 대립을 초래할
것으로 여겼던 이토 히로부미 신임수상은 한일동맹과 차관제공을 반대
했을 뿐 아니라 그 계획의 중지를 차기 내각의 인수조건으로 내세웠다.
따라서 한일동맹 체결과 망명자처분은 결국 성사되지 않았다. 이에 조병
식은 자신이 일본 측의 한일동맹안을 수용했는데도 차관 도입이 실패한
이유는 일본의 제의 자체가 본래 한국을 위한 것이 아니라 한국궁정 내
의 친일세력을 부식하기 위한 계략에서 나왔기 때문이라고 파악하였다.
비록 당시의 정황을 살펴볼 때 그의 한일동맹안 수용 주장은 의심스러운
측면이 있지만, 그는 한일동맹과 망명자처리에 대한 일본의 의도와 입장
을 정확하게 인식하고 있었던 것으로 여겨진다.

　조병식의 후임인 성기운도 망명자문제를 교섭하라는 임무를 띠고 있
었다.[35] 1901년 1월 초 그는 이토 수상에게 망명자들 중 요인 4명을 인
도하거나 한국정부의 부담으로 국외로 이주시키거나 혹은 일본 벽지로
추방해달라고 요청하였다. 그러나 이토는 국제법을 이유로 그의 제안을
하나도 받아들이지 않았다.[36] 이어 성기운은 가토 다카아키(加藤高明)

33) 長風山人,「日露戰役前に於ける韓末宮廷外交秘聞」『韓國近世史論著集 : 舊
　　韓末篇』3, 태학사, 1982, 223-225쪽.
34)『일관기록』16, 73쪽, 기밀 제119호 ; 河村一夫, 앞의 논문, 22쪽.
35)『東京朝日新聞』, 1900년 12월 30일자,「韓國公使の交涉に就き」.
36)『東京朝日新聞』, 1901년 1월 7일자,「首相對韓國公使」.

외무대신과도 망명자문제를 교섭하였다. 가토는 망명자를 일본의 골칫거리라고 말하면서 한국정부가 대사(大赦)를 행하거나 궐석재판을 열어 무죄를 선고하면 그 즉시 일본정부가 그들의 식비 지급을 중단시키겠다는 방안을 내놓았다. 사면과 망명자들의 생계 압박을 통해 자연스럽게 귀국을 유도하자는 것이다. 성기운은 귀국 후 고종에게 가토의 제안을 보고하였다.[37]

그 후 고종은 가토 외상의 제안을 토대로 삼아 박제순을 일본에 파견함과 동시에 이근택을 통해 하야시 공사와도 망명자문제를 전제로 한일동맹에 관한 협상을 벌였다. 이를 계기로 일본 측도 한일동맹을 체결하기 위해 다양한 통로를 동원해서 망명자 처분문제를 적극 활용하였다. 그러나 망명자의 사면조치에 대한 의정부대신들의 반대, 동맹을 둘러싼 양국의 이견, 러시아의 강력한 반발, 일본정부 내 러일협상노선과 영일동맹노선의 대립 등으로 망명자 교섭은 실패로 돌아갔다.[38]

한편 1903년 2월 고영희가 주일공사로 부임하자 그와 친밀한 관계를 맺었던 망명자들은 류세남을 은밀히 보내 정부의 동향을 탐색하였다. 이때 고영희는 정부가 고종 즉위 40년 칭경례식(稱慶禮式)의 집행일에 대사면을 단행해서 모든 국사범을 사면할 의향이 있고, 정부 내 이용익 등도 반일행동이 불이익함을 깨달아 제일은행권의 유통금지를 해제할 것이며, 일본이 칭경례식에 황족을 파견하기로 결정한 후의에 보답하기 위해 망명자를 소환하기로 내정하였다고 알려주었다. 원래 망명자 소환문제는 이미 고종이 단행할 의사를 갖고 있었지만, 지금까지 온갖 중상모략 때문에 실행할 기회를 놓쳤다는 것이다. 아울러 고영희는 자신도 인천을 출발할 즈음에 도쿄로 가는 도중 위해(危害)를 당할지도 모른다는 설도 있었지만 부임한 뒤 망명자들의 거동을 살펴보았더니 전혀 그렇지

37)『일관기록』14, 297쪽, (41).
38) 현광호, 앞의 책(2002), 158-168쪽.

않았으며, 본국에서 나돌았던 망명자 관련 유언비어들도 사실과 매우 달 랐다고 말하였다. 또 그는 박영효 등 망명자들의 현재상태가 차마 눈뜨 고 볼 수 없을 정도이므로 귀국할 수 있도록 알선하겠다고 자신의 견해 를 밝혔다. 유세남은 이러한 고영희의 입장을 망명자들에게 전해주었다 고, 망명자들은 행동을 통일하기 위해 논의할 계획이었다고 한다.[39] 비 록 고영희가 과연 유세남을 만났는지에 대한 진위 여부는 확실치 않지 만, 그가 망명자들과 과거에 친분이 두터웠던 만큼 부임 전 그들의 송환 대책을 강구했다고 판단된다.

한편 러일개전 가능성이 고조되었던 1903년 9월 고영희는 고무라(小 村壽太郎) 외무대신에게 한국의 중립화를 보장해달라고 요청하였다. 그 러나 고무라는 이를 거절한 채 한국황실의 안전을 운운하면서 망명자문 제를 은근히 들춰냈다. 일본정부가 망명자를 매우 엄중하게 단속해왔음 에도 고종이 이 문제에 신경을 쓰고 있는 것 같으므로, 일본의 헌법과 법률상 그들을 처분할 수 없지만 고종의 희망에 따라 망명자문제에 성의 있게 응할 용의가 있다면서 고종이 희망하는 바를 알려달라고 했던 것이 다.[40] 여기에는 망명자들에 대한 고종의 불안감을 간파하고 있었던 고무 라 외무대신이 이를 적극적으로 활용해서 한일동맹을 체결하려는 의도 가 담겨져 있었다.

이러한 일본정부의 의도는 1903년 11월 24일 우범선(禹範善)을 살해 했던 고영근(高永根)의 처리 과정에서도 잘 나타난다. 우범선은 민비시 해사건 관련자로서 1901년 12월 망명자 중에서도 이두황(李斗璜)과 함께 절대 사면 불가대상으로 낙인찍혔으나 일본 측의 건의로 겨우 감형처분 자로 분류되었을 정도로 고종의 미움을 샀던 인물이다.[41] 따라서 고종은

---

39) 『要視察韓國人擧動』 2, 국사편찬위원회, 2001, 632-633쪽, (364) 甲秘 제36호.
40) 『일관기록』 20, 336-338쪽, 기밀송 제77호 ; 현광호, 앞의 책(2002), 118쪽.
41) 『일관기록』 17, 107-110쪽, 기밀 제3호.

우범선의 살해범인 고영근의 감형 혹은 귀국을 도모하는 데 심혈을 기울였다. 일본도 이 기회를 이용해서 한일제휴 혹은 동맹을 매듭지으려고 적극 나섰다. 11월 30일 하야시 공사는 고종의 사면 요청에 관해 종전과 마찬가지로 법률상 불가능하나 '관전(寬典)'을 베풀도록 건의해보겠다고 대답한 뒤, 고무라 외상에게 한국의 조야에서도 그동안 금기시되어왔던 '일본제휴설'을 조심스럽게 거론할 정도로 반일감정이 호전되고 있으므로 적당한 방법을 고안해달라고 요청하였다.[42]

고영근 등의 보호를 궁내·외무대신에게 의뢰하라는 전훈(電訓)에 따라 대리공사 현보운은 12월 3일 궁내대신을 방문했지만, 궁내성으로부터 이러한 사건에 관계할 수 없다고 거절당하였다. 그 다음날 현보운을 면회한 고무라 외상은 하야시 공사와 동일한 취지로 답변해주었다.[43] 이후 고무라는 고영근건에 대한 한국의 복잡한 상황을 고려해서 조치를 늦춰달라는 하야시 공사의 보고를 받고 12월 26일 히로시마(廣島) 재판소에서 고영근에게 사형선고를 내릴 때까지 일본정부의 방침을 보류해두었다. 27일에야 비로소 고무라는 고종을 일본 쪽으로 끌어들이는 것이 몹시 필요하다는 판단 아래, 한국에 호의를 표시하기 위해 고영근이 사형으로 확정되면 특사로 1등을 감해줄 것이라고 하야시에게 통보하였다. 아울러 그는 공법상 망명자들을 인도할 수 없으나 변방으로 보내 엄중하게 자유를 제한할 의향이 있으므로 한국 측에 그 명단을 요구하라는 지시를 내렸다.[44]

이에 의거해서 하야시 공사는 한국정부에 고영근의 감형 의사를 밝힌 다음, 한국정부가 망명자는 일본국법의 허용 범위 내에서 엄중하게 처벌토록 하고 고영근에게 가급적 관전(寬典)을 베풀 것, 일본에 황실의 안전

---

42) 『일관기록』 17, 159-160쪽, 往電 제428호.
43) 『일관기록』 17, 160쪽, 래전 제193호.
44) 『일관기록』 17, 160-161쪽, 기밀 제198호 ; 167-168쪽, 래전 제204호 ; 169쪽, 래전 제205호.

과 독립유지에 관한 원조를 요구할 것, 유사시 일본으로 하여금 서울의
안전을 위한 임시 조처를 취하게 할 것 등을 일본정부에 요청하는 위촉
장을 제출해달라고 요구하였다.[45] 고종은 고영근 특사와 망명자 처분안
에 만족의 뜻을 표하면서 하야시의 제안대로 외무대신 명의로 칙지를 내
렸으며, 총 27명의 망명자를 3등분으로 구분한 명단을 통지해주었다.[46]
그 후 양국 간에는 망명자처리와 한일동맹을 둘러싸고 교섭이 진행되었
고, 1904년 2월 21일에는 고영근이 무기징역으로 감형되기도 하였다.[47]
하지만 그 다음날 바로 한일의정서가 강제로 체결되자 망명자처리는 더
이상 진척되지 않았다.[48]

4. 한국중립화 협상

1900년 8월 중국의 의화단사건으로 열강의 한국출병 가능성이 고조
되는 상황에서 고종은 주일공사로 발탁된 조병식에게 한국의 중립화에
대한 국제적 협정을 일본정부 및 주일외교사절들에 제의하고 망명자 인
도협정을 전제로 한일동맹을 교섭하라는 임무를 부여하였다.[49] 이에 따
라 조병식은 부임 후 고노에와 아오키 외무대신, 그리고 주일 미국공사
버크(Alfred E. Buck) 등을 잇달아 만나 중립화안을 내놓았다.[50]

45) 『일관기록』 17, 169-170쪽, 왕전 제470호.
46) 『일관기록』 18, 452쪽, (5) ; 『일관기록』 17, 170쪽, 왕전 제14호.
47) 『일관기록』 22, 312쪽, 송 제11호.
48) 『일관기록』 23, 221쪽, 왕전 제333호 ; 『일관기록』 22, 392-400쪽, 기밀 제29호.
49) *Korean-American Relations* Ⅲ, pp.62-63, No.272. 1900년 8월 23일 ; pp.81-83,
    No.275, 1900년 8월 31일 ; 『일관기록』 14, 378-380쪽, 기밀 제87호.
50) 중립화와 한일동맹에 관해서는 모리야마 시게노리, 김세민 옮김, 『근대한일관계
    사연구』, 현음사, 1994, 164-173쪽 ; 현광호, 앞의 책(2002), 83, 152-157쪽 및
    (2007), 152-156쪽 쪽 등 참조.

먼저 1900년 8월 29일 조병식은 고노에에게 자신의 사명이 실질적으로 일본 측으로 하여금 열강에게 한국의 중립화를 제의해달라는 데 있다고 밝혔다. 이에 고노에는 중립국이 되려면 적어도 자위력을 갖춰야 함과 동시에 그 나라의 존폐가 여러 나라의 이해에 관계되어야 하는데, 한국은 자위력도 없으며 러·일 양국만 한국에 이해관계가 있을 뿐 다른 열강은 철도·광산 등의 이권에 관심이 있다는 이유를 내세워 중립화가 불가능하다고 답하였다. 아울러 그는 한국의 독립유지 방안으로 공수동맹을 맺어 국방문제를 일본에 맡기고 오로지 내치의 개량에 진력해서 부국강병을 도모할 것을 제시하였다. 그러나 조병식은 한국에 문제가 있다면 일본이 반드시 공수동맹 여하에 관계없이 출병할 것이라고 난색을 표하면서 자신은 오직 고종으로부터 "중립의 일을 유일의 문제로 명받았으므로 독단으로 결정하기 어렵다"는 입장을 밝혔다. 과거의 전례로 미루어 군이 공수동맹을 체결하지 않더라도 일본은 자국의 이익을 확보하기 위해 군대를 파견할 것이 확실하기 때문에 중립화 이외의 방안은 받아들이지 않겠다는 것이다.[51]

이어 조병식은 아오키 외무대신에게 벨기에 혹은 스위스의 사례처럼 한국을 중립화할 수 있을지 여부를 타진하였다. 아오키는 조병식에게 벨기에·스위스 같은 소국들이 중립국을 표방하고 열강들 사이에서 독립을 유지할 수 있던 경제적 상황과 역사적 발전에 관해 설명한 다음, 과연 한국의 현 상황이 벨기에 등 소국의 상황과 유사하게 생각하느냐고 되물었다. 이에 조병식은 한국과 벨기에 등의 여건이 다르다는 점을 인정하면서도 한국의 중립국화는 바람직한 제안이라고 응답하였다. 그러나 아오키를 비롯한 일본정부측은 애초부터 한국의 중립국화를 안중에도 두지 않았기 때문에 거부한다는 의사를 밝혔다. 조병식의 중립국화 협상 소식은 일본의 신문에도 소개되었을 뿐 아니라 주일 영국대리공사 화이

---

51) 河村一夫, 앞의 논문, 32-33쪽.

트 히드(J. B. White Head)와 러시아공사 이즈볼스키(Alexander Izwolskii) 등의 관심을 불러일으켰지만, 소기의 성과를 거두지 못하였다.[52]

또한 1900년 9월말 조병식은 주일 미국공사 버크에게, 스위스가 누리고 있는 것과 같이 미국정부가 주도적으로 모든 강대국들과 협력하여 한국의 독립과 중립에 대한 국제적인 보장을 확보해달라고 요청하였다. 그러나 버크는 자신이 그렇게 권고하는 것 자체가 적당치 않으며, 주미 한국공사를 통해 직접 미국정부에 제안해야 할 것이라고 답변하였다. 이 자리에서 조병식은 러·일 양국 간의 대립이 곧 일어날 것이며, 일본이 한국을 병탄하려 한다고 자신의 견해를 밝혔다.[53] 이로써 미루어, 그는 이미 일본이 결코 한국의 중립화를 받아들이지 않을 것으로 판단하였음을 알 수 있다.

이처럼 조병식이 추진하려 했던 한국의 중립화안은 공수동맹을 우선시한 일본의 거부와 미국 측의 소극적인 태도로 말미암아 실패하고 말았다. 그 후 1901년 1월 중순 고종은 신임 주일공사 성기운에게 주일 미국·프랑스·러시아공사와 비밀리에 교제하라고 지시했지만, 그가 이를 실행에 옮겼는지는 알 수 없다.[54] 그해 중반에도 만한교환설이 유포되자 고종은 벨기에 등에 중립화를 요청하여 보장을 받은 뒤 러·일·영·불 등에 다시 제의하려는 전략을 펼쳤다. 또한 성기운의 귀국 후 주일공사가 부재한 가운데 1901년 11월 특명전권공사 겸 육군 參將으로 일본에 파견된 박제순도 열강 공동보증 하의 중립화안 혹은 다각적 국방동맹안을 교섭했지만 실패로 돌아갔다.[55]

---

52) 『한영외교사관계자료집』 9, 동광출판사, 1997, p.312, No.159, 1900년 9월 18일.
53) *Korean-American Relations* Ⅲ, pp.69-70, No.284. 1900년 10월 2일 ; pp.71-72, No.479, 1900년 10월 1일 ; 미국무부, 한철호 역, 『미국의 대한정책 1834-1950』, 한림대학교 아시아문화연구소, 1998, 25쪽.
54) 『일관기록』 16, 295쪽, 기밀 제9호.
55) 『일관기록』 16, 73-75쪽, 기밀 제119호.

한동안 수면 아래 가라앉았던 중립화안은 러시아의 용암포조차 요구
로 러·일 간의 갈등과 대립이 고조되자 다시 거론되었다. 1903년 6월 만
한교환설 혹은 한국분할설 등 러일협상설이 파다하게 퍼지자 고종은 주
일공사 고영희에게 그 진상을 신속하게 보고하라고 지시하였다. 고영희
로부터 러·일 양국이 만주와 한국에서 자유행동을 인정하는 협정에 곧
조인할 것이라든가[56] 혹은 양국의 개전이 임박했다는 등의 상반된 보고
를 받은 고종은 8월 현영운·현상건을 일본·유럽에 각각 파견하여 중립화
가능성을 타진함과 동시에 주일·주러공사에게 양국 정부로부터 한국의
중립에 대해 보장을 받아내라는 훈령을 보냈다.[57] 개전 전에 중립을 희
망한다고 선언하고 러·일 양국이 한국을 중립국으로 간주해달라고 요구
함으로써 전쟁에 연루되는 비극을 방지하며, 전쟁이 일어나더라도 한국
영토 내에서 작전이 일어나지 않도록 확답을 받아내라는 것이다.[58]

9월 3일 고영희는 고무라 외무대신에게 러·일 양국이 한국의 중립을
인정함으로써 부득이 개전하더라도 한국의 국경을 침범하지 않겠다고
보장해달라는 조회서를 제출하였다. 그러나 9월 26일에야 비로소 고무라
는 한국정부가 러·일의 대립을 바라지 않는다면 먼저 러시아의 용암포조
차 요구를 단호히 거부하라면서 이처럼 중대한 문제를 단순히 항간의 풍
설에 근거해서 결정할 수 없다고 거부의사를 명백히 밝혔다. 아울러 그
는 중립국이 되려면 스스로 이를 보존할 결심과 실력이 전제되어야 하므
로 한국의 최대급무인 국력의 충실과 국가의 부강을 도모하기 위해 우선
황실평안·재정쇄신·병제개혁 등을 실시하라고 권고하였다. 그는 원래부

---

56) 『일관기록』 21, 309-310쪽, 왕전 제177호.
57) 하야시 공사는 도쿄에 정식 한국공사가 주재하고 있는데도 현영운을 특사로 파견
한 조치는 긴급상황 시 고종이 취해온 '관용정략'이라고 부정적·비판적인 반응을
보였다. 『일관기록』 21, 329쪽, 왕전 제229호 ; 345쪽, 왕전 제268호 ; 현광호,
앞의 책(2002), 68-69, 117-118쪽 ; (2007), 261-262쪽 ; 서영희, 앞의 책, 159
-160쪽.
58) 『일관기록』 20, 281-283쪽, 기밀 제137호.

터 한국황실의 영구존속을 옹호할 각오가 되어 있으며, 재정·병제를 기
꺼이 원조할 용의가 있다면서 한일동맹을 유도하는 쪽으로 몰고 갔다.[59]
일본은 시종일관 한국의 중립화를 반대했던 것이다.

한국은 정부차원에서 전쟁이 발발할 경우 국외중립을 선언하겠다는
뜻을 밝혔지만, 일본은 이를 무시한 채 한반도에서 전쟁을 원활하게 수
행하기 위하여 청일전쟁 때의 공수동맹과 같은 '한일동맹'을 맺으려 획책
하였다. 이에 대응해서 한국은 일본과 제휴할 경우 러시아의 분노를 초래
하여 결국 한국의 독립을 위태롭게 할 것이라는 논리로 협상을 늦추면서
1904년 1월 21일 '국외중립' 성명을 중국 즈푸(芝罘)에서 발표하였다.

한국의 중립화선언 사실을 접한 고무라 외무대신은 하야시 곤스케 주
한공사에게 현안인 한일밀약[한일의정서]을 체결한 뒤 중립선언의 진상
을 추궁하라고 지시하였다.[60] 이에 하야시는 서울에서 그 내막을 수월하
게 취조하기 위해 고무라에게 주일대리공사 현보운으로 하여금 한국 외
부대신에게 국외중립 선언이 과연 정당한 것인지, 또 즈푸에서 선언을
發電한 이유가 무엇인지 등을 타전해서 그 결과를 자신에게 알리게끔 해
달라고 부탁하였다.[61]

중립선언 발표 직후 현보운은 고무라 외무대신에게 면회를 요청한 데
이어 1월 24일 공식적으로 한국의 중립화를 인정해달라는 문서를 제출
하고 재차 면회를 요구하였지만 받아들여지지 않았다. 고무라는 한일 관
계가 특별하며 "시국문제에 관해 일본은 당사국이므로 제3국인 영국 등
과는 입장이 크게 다르다"는 인식 아래, 한일동맹밀약을 교섭하고 있는

---

59) 『일관기록』 19, 303쪽, 래전 제134호 ; 『일관기록』 20, 336-338쪽, 기밀송 제
   77호 ; 『東京日日新聞』, 1903년 9월 4일자, 「韓國公使の外相訪問」 ; 『일외서』
   36:1, 724-725쪽, #700 ; 725-726쪽, #701.
60) 고무라 외무대신은 이지용 외부대신이 임시대리공사 현보운에게 보내는 중립 선
   언에 관한 전보 사본을 입수하였다. 『일관기록』 21, 222쪽, (80) #43 ; 『일외서』
   37:1, 312쪽, #335.
61) 『일외서』 37:1, 313쪽, #337.

하야시 공사의 상황 보고를 받은 다음 일본의 의견을 직접 토로할지 여부를 결정하겠다는 방침을 세워두었기 때문이다. 일본의 의견이란 1903년 9월 고무라 외상이 당시 주일공사 고영희에게 표명했던 입장, 즉 한국의 중립화에 반대하며 한국의 개혁을 요구하는 것이었다.[62]

1월 25일 하야시 공사는 고무라 외무대신에게 밀약의 체결이 실패로 돌아갔다는 사실을 보고함과 아울러 한국이 압록강안의 실례(實例)처럼 러시아에게만 일방적으로 편의를 제공하고 있으므로 일본정부는 한국의 중립화를 승인해주기 어렵다는 의미를 현보운으로 하여금 한국정부에 통보케 해달라고 건의하였다. 이에 1월 28일 고무라는 현보운에 대한 회답을 4-5일간 더 보류하겠다고 하야시에게 알려주었다.[63] 그러나 하야시는 일본정부의 사정에 따라서 현보운에게 회답할 필요가 없으며, 한국의 태도 여하에 관계없이 빨리 정책을 결행하라는 의견을 내놓았다. 어차피 한국의 태도는 일본이 실력을 발휘하면 일본 쪽으로 기울어질 것으로 판단했기 때문이다.[64]

따라서 일본은 중립화 선언에 전혀 개의치 않고 군대를 파견하였다. 이 소식을 접한 고종은 대부대가 서울에 주둔치 않기를 희망하면서 서울만이라도 중립지대로 보장받으려고 러시아와 프랑스공사관 측에 제의했다가 거절당하였다. 오히려 2월 8일 일본군이 인천에 상륙한 후 곧바로 서울을 점령해버리자 집권세력은 한일동맹조약 교섭을 재개한 끝에 23일에는 표면상 양국의 친교 유지, 동양평화의 확립, 대한제국의 독립 및 영토 보전 등을 내세운 한일의정서를 맺고 말았다. 그러나 이 의정서의 실질상 목표는 한국의 내정과 외교를 장악하고 군사적으로 강점할 수 있는 법적 근거를 확보하는 데 있었다. 이후 일본은 한편으로 러일전쟁을

---

62) 『일외서』 37:1, 314쪽, #339 ; 316쪽, #341, 342.
63) 『일외서』 37:1, 317쪽, #343, 344.
64) 金正明 編, 『日韓外交資料集成』 5, 巖南堂書店, 1967, 33쪽, 90호, 1904년 1월 28일.

벌이면서 다른 한편으로 「대한방침」·「대한시설강령」·「대한시설세목」 등 세부 계획을 확정한 뒤 한국에 대한 침략을 주도면밀하게 진행시켜 나갔다.

이 과정에서 주일공사들은 일본공사 혹은 고문관들의 지나친 간섭이나 월권행위에 대해 일본정부 측에 항의하는 외교를 펼쳤다. 하야시 공사가 한일의정서의 체결을 가장 강력하게 거부했던 이용익을 납치하려는 계획을 세우자 1904년 2월 23일 고종은 대리공사 현보운으로 하여금 일본정부의 대한방침에 대해 일본공사·서기관 및 공사관부 무관의 설이 각자 달라 믿을 수가 없으므로 고무라 외무대신에게 확실하게 알아보라는 훈령을 보냈다. 그러나 고종의 시도는 하야시에게 사전에 탐지되어 고무라 외상에게 통보되었을 뿐 아니라 2월 25일 계획대로 이용익이 강제로 일본으로 납치당했기 때문에 수포로 돌아가고 말았다.[65]

또한 1905년 6월 24일 조민희 공사는 메가타(目賀田種太郎) 재정고문의 월권행위에 관해 항의하라는 고종의 전보를 직접 받고 이토에게 면회를 신청하여 회견을 가졌다. 이 자리에서 그는 메가타 고문이 탁지부 고문으로 용빙되었음에도 실제로 내장원(內藏院)의 사무에도 간여하는 것은 용빙의 취지와 어긋나며, 이용익으로 하여금 내장원의 사무를 관장케 하고 가토 마스오 고문으로 하여금 이를 보조케 하려는 고종의 생각을 전달한 다음 메가타가 내장원에서 손을 떼게 해달라고 의뢰하였다. 그러나 이토는 원래 메가타의 내장원 사무 간여는 전적으로 고종의 의뢰에 따른 것인데, 이제 와서 고종이 사실을 망각한 채 그로 하여금 내장원에 간여하지 말라는 것은 매우 온당치 못한 처사이므로 응할 수 없다는 입장을 밝혔다. 오히려 이토는 메가타가 궁중의 재정을 공고히 할 목적으로 내장원의 사무를 정리하고 있는 때, 이용익이 이에 간여하려는 것은 적당치 못하다고 오히려 조민희를 설득하였다.[66] 결국 조민희는 고종

65)『일외서』 37:1, 340-341쪽, #377.

의 의사를 관철시키지 못한 채 이토의 입장을 전보로 알려주었고, 고종은 메가타 고문에게 궁중의 재정정리 전체가 아니라 내장원 사무 가운데 단지 외국교섭안건만을 위임했을 뿐이라는 견해를 하야시 공사에게 전달하였다.[67]

　8월 9일에도 조민희는 고종의 명령에 따라 가쓰라(桂太郎) 외상에게 메가타의 행동에 제재를 가해달라고 요청하였다. 고종이 백동화교환문제로 발생한 공황를 구제하기 위해 30만 원의 내탕금을 지출하되 이를 제일은행에 의탁된 인삼판매대금으로 충당하기로 결정하였는데, 메가타가 이의를 제기하는 바람에 상인들이 매우 곤궁에 처했기 때문이다. 일본정부가 메가타에게 내탕금 지출에 동의하도록 명령을 내려달라는 조민희의 요청에 대해 가쓰라는 고종의 자순을 직접 받은 메가타가 의견을 내놓은 만큼 어떠한 조치도 취할 수 없다는 뜻을 고종에게 전달해달라고 답하였다. 심지어 가쓰라는 조민희에게 고종의 고식적인 조치로는 도저히 문제를 해결할 수 없을 뿐 아니라 국가재정의 기초를 위태롭게 만들 수 있으며, 용빙계약을 어기지 말고 메가타를 신뢰하여 그 의견을 들어 재정문제를 처리하라고 권고하였다.[68] 조민희는 가쓰라의 답변을 고종에게 보고하면서 메가타를 전적으로 믿고 상하 협의하는 것이 좋겠다는 의견을 피력하였다.[69] 이처럼 주일공사들은 일본의 강압적인 한국정책에 대해 직접 일본 수뇌부에 항의하였지만, 고종을 비롯한 정부의 위정자들조차도 일본의 압력에 저항할 수 없었던 상황에서 별다른 성과를 거두지 못하고 말았다.

66)『일외서』38:1, 734쪽, #573 ; 734-735쪽, #574 ;『일한외교자료집성』5, 497쪽, 596호 ;『주일공관일기』, 1905년 6월 24일자.
67)『일외서』38:1, 735쪽, #574.
68)『일외서』38:1, 739-740쪽, #582.
69)『일외서』38:1, 740-741쪽, #583.

5. 맺음말

대한제국기에 한·일 양국의 관계는 상호 대등하게 전개되기보다는 일본의 한국정책에 의해 일방적으로 좌우되었다고 할 수 있다. 그나마 대한제국 성립 직후에는 러·일 양국의 세력균형이 어느정도 이뤄졌던 상황에서 고종은 자신의 황제권 유지·강화에 걸림돌이 되었던 의화군과 망명자들의 송환을 강력하게 요구하였다. 그러나 일본의 거부로 망명자들의 송환은 실제로 단행되지 않았기 때문에, 양국의 긴장은 지속되었고 일본에 대한 고종 등의 견제와 경계심도 수그러들지 않았다,

1900년 이후 러·일 양국간의 군사적 충돌 위기가 고조되고 세력균형이 점차 무너지면서 고종을 비롯한 집권세력은 청일전쟁 당시 조선이 전쟁터가 되고 일본군의 의해 왕궁인 경복궁이 점령되는 등 막대한 피해를 입었던 기억을 상기하지 않을 수 없었다. 그러나 열강들의 국권침탈에 대항할 만한 군사력을 갖추지 못했던 고종과 집권층은 아관파천의 경험을 되살려 외국공사관 피신을 꾀하기도 했고, 러·일 양국의 동향을 살피면서 한일동맹과 중립화노선을 추진하였다.

특히 1903년 7월 용암포사건으로 러·일간의 개전 조짐이 나타나자 고종 등은 열강의 공동간섭에 의존해서 독립을 유지하기 위해 국외중립을 선언하는 데 심혈을 기울였다. 그리하여 러일전쟁이 발발하기 직전인 1904년 1월 21일 즈푸에서 전시중립을 선언하였다. 고종 등은 러일전쟁의 본질조차 제대로 파악하지 못한 채 중립선언에 대단한 기대를 걸고 있었던 것이다. 고종은 영·불·독 등이 선언의 접수를 통보하자 독립불가침을 승인받은 것으로 오해하고 한일동맹에 더 이상 관심을 보이지 않았다.

또한 고종의 측근들도 중립선언을 통해 한국이 전쟁의 위험에서 벗어나거나 러일전쟁이 양국간의 문제이므로 한국은 무사할 것으로 예측했

으며, 열강들의 중립 인정으로 전쟁이 발생해도 두려울 게 없다고 낙관하기도 했다. 그러나 한국인들은 중립적 행동이 전쟁 중에 영토를 보전케 해줄 것이라는 오해를 갖고 있다는 알렌의 지적처럼, 자위력이 뒷받침되지 않은 중립선언은 한낱 고종과 집권층의 착각이자 공염불에 지나지 않은 것이었다.

실제로 일본은 한국의 중립화선언을 무시한 채 군대를 파견해 서울을 점령한 뒤, 한일동맹조약 교섭을 재개한 끝에 한일의정서를 맺음으로써 한국의 내정과 외교를 장악하고 군사적으로 강점할 수 있는 법적 근거를 확보하였다. 이후 일본은 한편으로 러일전쟁을 벌임과 동시에 한국침략을 주도면밀하게 진행시킨 끝에 전쟁의 승리를 기반으로 한국의 외교권을 박탈하고, 마침내 한국을 병탄하기에 이르렀다.

마지막으로 외교권을 박탈당한 을사늑약 이전에 과연 대일외교의 실무를 담당했던 한국공사관이 제대로 운영되고 있었는가를 살펴볼 필요가 있다. 예컨대 주일 한국공사관의 경우, 공사관이 설치되었던 1887년 8월부터 1905년 12월까지 약 18년 4개월여 동안 주일공사가 부임해서 근무한 기간은 기껏해야 1/3정도인 6년 9개월밖에 되지 않았다. 주일공사들이 장기간 자리를 비우는 바람에 주일공사관은 설치 초기부터 자연히 대리 혹은 서리공사에 의해 운영되지 않을 수 없었다. 심지어 주일공사관원 중 가장 말단인 번역관·서기생이 대리 혹은 서리공사직을 맡은 적도 있었다. 이처럼 주일공사관은 매우 파행적으로 운영되고 있었기 때문에 당시 대외관계에서 가장 중요했던 일본 국내의 동향을 광범위하고 체계적으로 파악하거나 각종 현안에 대해 일본정부와 적극적으로 협상을 벌이는 외교관의 가장 기본적인 업무조차 제대로 수행할 수 없었다. 이는 대한제국의 외교 시스템이 제대로 작동하지 않았다는 점을 단적으로 보여준다.

토론문

須川英徳[*]

　本研究報告は、大韓帝国時期における対日外交交渉で外交上の課題とされたいくつかの懸案事項、すなわち王妃閔氏殺害に加担した者たちをはじめとする政治亡命者たちの送還、日本との同盟可否、韓国中立化をめぐり、日本に派遣された公使たちの外交活動について紹介したものである。本研究での研究視角のポイントは、大韓帝国の外交とは、どのように方針決定され、どのように実施されたのかを解明しようとすることにある。まず、従来の二つの対立する見解、「日本の侵略本質をきちんと把握できないまま、皇帝権を守護する次元にとどまったという批判的立場」と、「列強の勢力均衡と変化を最大限活用した高宗の主権守護外交として展開されたが、日本の圧倒的に優越した軍事力に屈服したという肯定的立場」があると紹介する。それに続けて「大韓帝国の各種外交政策がどのような背景で、どのような意図で構想され具体的に展開されたのか、さらに対日外交を主導したシステムは何であり、それがはたしてきちんと作動したのかについての研究はいまだに十分ではない」と指摘する。それを解明するために、「大韓帝国の政策立案および決定、それに従った駐日韓国公使たちの対日交渉、ならびに日本政府の対応」を、先に示した三つの外交課題に即して論じたものである。討論者としても、韓教授が指摘し課題とした研究視角にたいし、賛同したい。

---

* SUKAWA Hidenori Yokohama Ntl.Univ.

　そこで、敢えて討論者としての責任を全うするために、いくつ
か気にかかる点を指摘しよう。「5. 結び」の部分で、「外交権を剥奪
された乙巳勒約以前にはたして対日外交の実務を担当していた韓国公
使館がきちんと運営されていたのかを調べてみる必要がある」と
し、「公使館が設置された1887年8月から1905年12月まで約18年4カ月
余りのあいだ、駐日公使が赴任して勤務した期間はたかだか1/3程度
である6年9カ月にしかならなかった。　[中略]　当時の対外関係にお
いてもっとも重要であった日本国内の動向を広範囲かつ体系的に把
握したり、各種の懸案について日本政府と積極的に交渉を展開する
という外交官のもっとも基本的な業務さえ、きちんと遂行できな
かった。これは大韓帝国の外交システムがきちんと作動していな
かったという点を端的に見せてくれる」とある。これは、外交官を
相手国に常駐させることの意味、すなわち外交、経済、通商、軍事
などの情報を収集して報告するとともに、それに基づいて本国政府
は長期的な外交戦略を立て、それに従って関係国に働きかけていく
という近代的外交政略を、大韓帝国は十分には実施できていなかっ
たことを示す。むしろ、それ以前の事大交隣的な外交方式、つま
り、不定期に発生する重要事案、すなわち慶賀、弔問などの儀
礼、あるいは世系辦誣のような特定目的の使節派遣の方式で、その
度に必ずしも外交専任者ではない使節を派遣して外交交渉を行う方式
を想起させる。過渡的な方式と言わざるをえない。駐日公使館だけ
でなく、他国に派遣された公使たちの場合とも、今後ぜひ比較検討
してほしいところである。

　次に、「高宗の側近たちも、中立宣言を通じて韓国が戦争の危険か
ら免れられるとか、日露戦争が両国間の問題であるから韓国のこと

は無視するものと予測し、列強の中立認定により戦争が発生しても
恐れることはない、と楽観したりもしていた」とあるが、高宗皇帝
と側近たちはそこまで楽観的であっただろうか。韓半島をめぐる情
勢は、列強の勢力均衡が破綻した北清事変(1900年)以後、日露対立を
基軸とする対立へと変化し、韓国政府内にも危機意識は高まったは
ずである。1903年から、急速な軍備拡大を試みたことは、その表れ
であろう。韓教授が明らかにしたように、対日外交で亡命者送還に
拘りつづけた結果(高宗の報復感情や後継問題など高宗個人の意思が反
映したと考えられる)、決断の時宜や有利な外交関係の構築の機会を
逸してしまったと言えるのではないか。国家の存亡が掛った危機状
況にさいしても君主や宮中の意向が影響していたと言える。しか
し、日本との関係強化は甲午改革時における宮中・府中の分離による
君主の政治的無力化を想起させ、皇帝専制を確立した高宗には、絶対
に避けるべき事態であったはずである。

　日本の対韓政策にはいくつかの段階があった。日本は清国との戦
争には勝利したが、韓国における親日的政権の維持や保護国化には失
敗した。そのため、列強と共同歩調を取り特定の一国(とくにロシア)
が韓半島において絶大な権益を獲得することに反対する、という対
韓政策を取っていた。しかし、北清事変にさいして満洲に進駐した
ロシア軍がそのまま満洲占領を継続したために、遼東半島の旅順・大
連に続き、鴨緑江以南の韓半島に、ロシアが有力な権益や軍事施設を
獲得することを日本は大いに危惧し、韓国がロシア側に附くことを
絶対に阻止することが日本外交の至上課題になる。他方、満洲地域の
不安定な政情と緊張を反映して大韓帝国国家予算に占める軍事費比率
は明瞭に増大している。しかし旧態依然の財政制度では武装中立が可

能な軍備を保有することは困難だった。

　ロシアの駐兵継続によって日本の外交選択肢は、伊藤、山県など
の元老政治家の推す日露協商や満韓交換論すなわち対露有和路線、あ
るいは桂、小村など新世代が主張する日英同盟論と対露撤兵要求、と
いう二つに収斂された。1901年9月には桂首相、小村外相就任、1902
年1月には日英同盟締結にいたる。桂首相は当初から韓国保護国化を
政綱としていたとされるが、1901年10月に来日した朴斉純外部大臣
にたいし、日本側は二国間の秘密攻守同盟案を提示したが朴外相は交
渉権限が無いとした。このとき韓国側は清国も含めた公然の多国間
攻守協約もしくは中立化案を模索していたようであるが、清国はも
はや東アジアの外交主体ではなかった。ロシアは1902年4月に段階的
な撤兵を約束しており、日露間の緊張は緩和した。この時点での日
本はロシアとの開戦決意にまで至っておらず、韓国には対日外交上
の有利な条件での秘密同盟あるいは列強との中立化交渉の余地は残っ
ていたはずである。森山重徳は、政府内ことに宮中内の対立で政策
に一貫性を欠いたとしている。

　1903年に入るとロシアは満洲占領維持を方針とし、日本の秘密攻
守同盟提案も進捗しないまま、英・米・日vs露・仏・独という列強を二分
した対立構図ができてしまう。情報不足と内部対立、君主の意向な
どで大韓帝国の対応は時宜を逸し、1904年2月、日露開戦後、日本軍
占領下での一方的な協力と従属を定めた日韓議定書が強要されるにい
たった。

일본의 대한제국 인식과 그 정책

오가와라 히로유키(小川原宏幸)*

1. 머리말

본고는 러일전쟁을 계기로 일본의 식민지 지배가 본격화된 보호국 시기를 중심으로 일본의 대한제국 인식이 어떠했으며, 그런 인식에 기초해서 어떠한 정책이 수행되었는지를 밝히려는 것이다. 이 때 해당 시기만이 아니라, 전근대 이후 오래 전부터 일본의 조선관이 어떻게 형성·변천되었고, 그 중핵을 이룬 사유구조가 어떠한 것이었는지를 시야에 두면서 검토한다.

근대 일본의 조선인식에 대해서는 하타다 다카시(旗田巍)의 『일본인의 조선관(日本人の朝鮮觀)』을 비롯해 많은 연구가 이루어졌지만, 본고의 방법적 시각으로서 유의해야할 세 가지 점을 지적해두고 싶다.

먼저 타자인식은 자기인식과 표리일체로 형성된 것이고, 고찰대상이 직면한 역사적 상황과의 상관관계 속에서 타자인식(본고의 경우는 조선인식)을 추출할 필요가 있다는 점이다. 이런 시점을 등한시해서 타자인

* 도시샤대학(同志社大學) 글로벌 지역문화학부 조교(hogawara@mail.doshisha.ac.jp)

식이 지닌 역사성을 사상(捨象)한 언설분석으로만 일관한다면, 관념론적인 분석에 불과할 뿐 더 이상 역사학의 대상이라고 말할 수 없다. 타자인식이 형성된 역사적 배경을 명확히 밝힘과 동시에 그런 타자인식의 변천과정을 염두에 두면서 고찰할 필요가 있다.[1]

두 번째는 일본의 한국인식을 그려낼 때, 그 고찰대상인 조선관만을 추출해서는 실제로 있는 그대로의 조선관을 바라보지 못하는 위험이 있다는 점이다. 이에 관해서는 예를 들어 야마다 쇼지(山田昭次)는 요시노 사쿠조(吉野作造)의 조선관을 추출할 때, 그 대외인식만이 아니라, 요시노의 사상편력 총체에서 조선이 어떻게 위치 지워지는지를 파악하는 것이 중요하다고 환기시켰다.[2] 요컨대 요시노라는 사상가가 '조선'과 어떻게 만나 사상을 형성했는가를 묻지 않으면 안 된다는 것이다. 텍스트로부터 조선과 관련된 서술만을 끌어내는 천박한 언설분석에 그칠 것이 아니라, 그 사유구조에서 조선이라는 '장(場)'이 지니는 위상을 살펴보는 것이 필요하다. 대상을 세분화해 파악하는 것은 과학의 기본적 방법이지만, 그런 방법론 때문에 잘못하면 고찰대상의 전체상을 잘못 바라볼 수도 있다. 고찰대상 총체의 타자인식에서 조선관이 어떠한 위상을 차지하는지를 밝혀내기 위해서는 세분화와 더불어 종합화라는 왕복관계에서 접근하는 것이 중요하다.

더욱이 지적한다면 사회 및 매스미디어의 타자인식과 실제 정치 담당

---

1) 일본 식민지사 연구자인 야나기사와 아소부(柳澤遊)는 1990년대 후반에 일본에서 영국제국사 연구를 중심으로 전개된 '제국의식' 연구의 연구사 정리에서 "식민지 지배의 구체적 규명과 이를 뒷받침한 '제국의식'의 해명을 (그 방법적 순서는 별도로) 상호 관련시켜 제국사를 고찰하는 것의 중요성"이 공통의 시각이 되었고, 식민지 지배-피지배의 '장(場)'에서 발효·형성된 '제국의식'을 그 사회경제적 기반과의 관련에서 동태적으로 분석할 필요성을 강조하고 있다(柳澤遊,「帝國主義と在外居留民」『現代思想』29-8, 2001). 본고 또한 이러한 문제의식을 계승하고 있다.

2) 山田昭次,「金子文子と吉野作造の朝鮮觀」『朝鮮史硏究會論文集』36, 1998.

자의 인식을 구별하면서 파악해야 할 것이다. 물론 양자는 밀접한 상호
의존관계를 지니고 있지만, 그렇다고 해서 완전히 일치하는 것은 아니다.
각각의 타자인식이 표명된 역사적 배경을 살펴본 다음, 양자의 관계성과
그 차이에 유의하면서 고찰할 필요가 있다.

　　본고는 이상의 방법론적 시각을 염두에 두면서 19세기 말에 성립된
대한제국의 역사적 위치를 일본과의 관계 위에서 규명하자는 '<대한제
국>과 한일 관계'라는 이번 기획에서는 일본의 조선침략이 본격화하는
과정에서 그때까지 형성된 조선인식이 어떻게 변천되어갔는지를 살펴보
고자 한다.

2. 근대 일본의 조선 인식 - 청일전쟁 전후까지

　　일본의 대한제국 인식을 검토하기에 앞서, 선행연구를 참조해 대한제
국 성립까지 근대 일본의 조선 인식 변천에 대해 간단히 정리해둔다.[3]

　　소위 웨스턴 임팩트(western impact)에 의한 중화문명에서 근대문명으
로라는 문명관의 전환이 일어나기 이전, 동아시아에서는 중화세계를 중
심으로 한 '문(文)'의 가치관이 공유되었다. 전근대 일본에서 특징적인
것은 중국이나 조선과 일본을 대비·차별화할 때, 이 가치관을 공유하면
서도 병영국가로서의 근세 일본에서는 특히 무사층에서는 항상 '무위(武
威)'가 의식되었다는 점이다. 조선과 일본의 관계는 이런 문맥에서 '문'
과 '무위'의 양의적인 문맥에서 '문'과 '무'의 상관관계로 많이 파악되었
다. 예를 들면 통신사 외교를 통해 일본의 유학자 중에는 '문'의 나라인
조선에 대해 일종의 열등감을 품은 사람도 있었고, 다른 한편으로는 바

---

3) 이하는 鈴木文, 「近代日本の朝鮮觀」, 趙景達編, 『近代日朝關係史』, 有志舍,
　2012 참조.

로 그 때문에 조선을 '문약(文弱)'하다고 멀리하고 일본의 무위를 강조함으로써 착종된 우월감을 품은 사람도 있었다.[4] 일본의 무위는 문(→문약)의 나라 조선과의 대비를 통해 보다 강조되었기 때문이다. 조선을 긍정적으로 인식하는 틀은 근대에 들어와 곧바로 소멸되지 않았다. 앞에서 말한 '문'과의 관계에서 조선을 평가하는 사고 축은 이후에도 계속되었다. 그러나 '무'의 나라 일본이라는 자기인식은 '문'에 대한 양의적인 평가 축과 뗄 수 없는 관계로서 일본의 조선관을 계속 규정했다.

소위 개국 이후 웨스턴 임팩트의 영향을 받아 일본이 문명개화라는 이름의 '서구화'로 나아가는 과정에서 종래의 중화문명으로부터 근대문명으로의 가치의 전환이 생겨났고, 이 가치의 전환은 일본의 조선관에도 큰 영향을 미쳤다. 이것을 단적으로 나타낸 것이 후쿠자와 유키치(福澤諭吉)로 대표되는 '문명'과 '미개'라는 척도이다(『文明論之槪略』). 메이지 초기에는 일본이 '문명'의 담당자임이 자명하다고 말할 수 없지만, 문명개화의 진전 속에서 서양에 대한 열등감을 매개로 열등감에서 생겨난 부(負)의 측면을 타자인 조선에 투영한 일본형 오리엔탈리즘이라고 말할 수 있는 자타인식이 형성되었다. 이후 시대가 지남에 따라 일본형 오리엔탈리즘에 바탕을 둔 자타인식에 기초해서 일본은 아시아의 '지도자'를 자처하기에 이르렀다.

아시아의 지도자라는 자기인식을 단적으로 나타낸 것은 자유민권운동과 아시아주의라는 두 가지 동향이다. 자유민권운동은 국내에서는 민권론을 주장하면서 대외적으로는 국권론을 주장한 점이 특징인데, 조선관은 근대문명주의와 지도자 의식에서 비롯되었다. 아시아주의 또한 자유민권운동과 똑같이 근대문명주의에 바탕을 둔 지도자 의식을 갖고 있었다. 자유민권가 나카에 쵸민(中江兆民)과 아시아주의자로서 우익의 거두인 도야마 미츠루(頭山滿)가 빈번하게 상호 교류한 사실에서도 상징되

---

4) 渡辺浩,『日本近代思想史[17-19世紀]』, 東京大學出版會, 2010 참조.

듯이, 양자는 사고적 틀로서 공통된 토대를 갖고 있고 인적으로도 많이 중첩되어 있다.[5] 아시아주의는 전근대부터의 문화권적 공통성에 대한 인식을 토대로 서양과의 대비 속에서 생겨났지만, 근대에 들어와서 아시아라는 인식은 구미 열강의 위협에 대항하는 이념적인 근거가 되었다. 1880년에 결성된 흥아회(興亞會)와 1881년에 탄생한 현양사(玄洋社) 등의 활동은 구미 열강에 대항하는 아시아로서의 일체감을 기초로 하면서도 그들이 추구하는 방향성은 아시아에서 어떻게 근대적 문명화를 이루어낼 것인가에 있었다. 그리고 신속하게 '문명'화를 이루어낸 일본이 맹주가 되어야 한다는 일본 맹주론과 대아시아주의의 인식이 형성되었다. 근대문명주의를 모반(母斑)으로 삼은 아시아주의는 아시아의 지도자라는 자기의식을 정자(梃子)로 대외팽창에 대해 자기비판의 시선을 지닐 수 없었다. 아시아주의가 지니는 근대문명주의와 지도자 의식의 결합을 두고 계몽운동가·후쿠자와 후키치를 아시아주의자로 일찍이 규정한 것은 다케우치 요시미(竹內好)인데 실로 혜안이다.[6]

갑신정변에서 청일전쟁에 이르는 시기에는 갑신정변 당시의 일본인 살해사건 등이 보도 등을 통해 일본 사회에 널리 알려지면서 일본 '국민'으로서의 자각이 광범한 계층으로 급속히 확대되었다. 이런 움직임과 상관관계를 지니면서 조선인과 중국인에 대한 부정적인 이미지가 일본 사회에 유포되었다. 또 이 시기에는 국가주의의 고양과 더불어 탈아적 발상이 더욱 선명해졌다. 후쿠자와 유키치의 저명한 「탈아론」이 발표된 것은 갑신정변 직후인 1885년 3월 16일인데, 이 글을 집필하게 된 직접적 계기는 갑신정변에 의한 조선개혁론의 좌절이었다. 1880년대 후쿠자와의 조선개혁론은 「탈아론」과는 달리 일관되게 근대문명주의에 기초한 것이었다.[7] 그러나 갑신정변에 의해 조선 '문명화'라는 목표가 좌절되자,

---

5) 竹內好, 『日本とアジア』, ちくま學芸文庫, 1993 참조.
6) 위와 같음.

후쿠자와는 조선은 주체적으로 '문명화'라는 진보의 길을 걸을 수 없다
는 정체론적 조선관을 고정화시켰고, 그런 이해는 청일전쟁을 '문명' 대
'야만'의 대항이라는 문야(文野)의 전쟁이라는 도식으로 계승되었다. 청
일전쟁 시기의 조선관은 청국과의 관계에 기초해서 독립 혹은 개혁 대상
으로서 자주 등장하지만, 그런 논조는 스스로 '문명화'할 수 없는 조선이
라는 타율적 인식에 기조로 한 것이었다. 청일전쟁에서 모든 일본인이
일률적으로 전쟁에 찬성한 것도 아니고 또한 '야만'이라는 상투형
(stereotype)을 모든 일본인이 받아들인 것은 아니다. 그러나 이런 틀에 박
힌 조선 인식은 니시키에(錦繪)나 신문 등을 통해 일본 사회에 광범하게
뿌리내렸다.

3. 대한제국 성립에 대한 일본 신문의 논조

갑오개혁에서는 이미 종속관계의 폐지, 청으로부터의 독립선언 등 중
화적 질서로부터의 이탈이 도모되었다. 1897년 10월에는 국왕 고종의 황
제즉위가 이루어졌고 동시에 국호를 대한으로 삼아 대한제국이 성립했
다.[8] 국제법 질서에서 국가 원수가 황제가 될 필요는 없었지만, 고종의

---

7) 吉野誠,「福澤諭吉の朝鮮觀」『朝鮮史研究會論文集』 26集, 1989年.
8) 본고의 과제와는 별개이지만, 종래의 대한제국 연구의 문제점에 대해 한마디 지
   적해둔다. 해방 이전에는 일본에 의한 식민지 통치를 이론적으로 뒷받침하기 위
   해 조선을 타율성론 혹은 정체성론에서 접근해 역사적 주체성을 인정하지 않는
   것이 일반적이었다. 따라서 전후 역사학 혹은 해방 후 역사학에서는 말할 필요도
   없이 타율성사관을 어떻게 타파할 것인가가 가장 중요한 연구과제가 되었다. 대
   한제국의 역사적 성격에 대해서는 일본의 조선사 연구에 대해 말한다면, 경제사
   분야에서는 전후 비교적 빠른 단계부터 정체성사관의 극복이 추구되어 많은 성
   과가 축적되었다. 또 정치사에서는 모리야마 시게노리(森山茂德)에 의해 황제 고
   종의 '세력균형정책'이라는 분석 축으로 조선측의 주체성을 추적하려는 틀이 제
   시되었다(森山茂德,『近代日韓關係史硏究』, 東京大學出版會, 1987). 한편 최

황제즉위는 군주의 지위가 청국 황제와 일본 천황과 대등하다는 것을 명
시하려는 의도를 지닌 것이고, 일본과 구미 열강과의 외교관계에서 청국
과의 종래의 종속관계를 어떻게 처리할 것인가라는 과제와 밀접히 관련
되어 있다.[9]

근 대한제국의 역사적 성격을 둘러싸고 벌어진 한국에서의 논쟁은 일본에서도
주목을 받고 있다(趙景達, 「危機に立つ大韓帝國」『岩波講座 東アジア近現代通
史 2』, 岩波書店, 2010, 참조). 대한제국을 근대국가로 바라볼 것인지 전제군주
국가로 바라볼 것인지를 둘러싸고 전개된 이 논쟁의 핵심적 논점은 대한제국기
의 정치세력인 독립협회, 광무정권(고종 측근 그룹)의 대일 자세를 볼 때 그들이
어느 정도 자주적인 근대화를 진전시킬 수 있었는가라는 점에 있다. 이런 이항대
립적인 이해는 자칫하면 평가 축이 같으면서도 서로 평가를 반전시키기 십상이
지만, 보고자가 바라보건대 이 논쟁 또한 그러하다. 서구적인 근대주의(본 논쟁의
경우는 '일본적 근대주의'라고 말해야 하는데)를 평가 축으로 삼으면서 그 달성
의 가부를 기준으로 논쟁이 전개되고 있다고 말할 수 있다. 요컨대 평가 축의 타
당성 자체는 의심되지 않는다. 이런 논쟁의 추세에 대해 허동현은 대한제국의 성
립과정을 동시대적으로 파악할 때 러시아 모델에 따른 근대화 혹은 국민국가화
를 상정할 필요성을 제창했다(許東賢, 「試論─大韓帝國のモデルとしてのロシア」,
明智大學校國際韓國學研究所學術大會, 2005). 러시아 모델이라는 관점을 도입
한다는 타당성은 예를 들어 대한제국 성립 이후의 첫 행차인 홍릉(명성황후[민
비]의 능묘)으로의 행차 당시 러시아식 의장병이 채용됨과 동시에 가마 주위를
러시아병이 호위한 것 등을 생각하면 수긍할 수 있다(『駐韓日本公使館記錄』
12, 169쪽). 허동현의 견해는 대한제국의 근대화를 한일 관계에서만 파악해 친일
과 반일이라는 틀에서 외세 의존적인지 아닌지를 평가하는 기존 연구의 애로점
을 타개했다는 면에서 중요한 지적이다. 다만 러시아에 대한 외세의존성을 강조
하는 허동현의 평가도 결국 서구적 근대를 가치기준으로 삼는 발상에 빠져 있어
대한제국의 주체성을 파악할 수 없다. 대한제국의 역사적 전개를 분석할 때 서구
적 근대화를 가치기준으로 삼겠다는 발상이 여전히 강하다는 점이야말로 문제이
다. 모더니즘의 도그마에 빠지지 않고 있는 그대로의 대한제국상을 제시할 필요
가 있다. 일본에서는 정치문화의 추세에 주목하면서 대한제국기의 정치사를 파악
한 조경달(趙景達)과 신창우(愼蒼宇) 그리고 필자의 연구 등이 조금씩 축적되고
있다(趙景達, 앞의 논문; 愼蒼宇, 『植民地朝鮮の警察と民衆世界』, 有志舍,
2008 ; 小川原宏幸, 『伊藤博文の韓國併合構想と朝鮮社會』, 岩波書店, 2010).
본고의 시점은 대한제국의 역사적 성격을 본격적으로 재검토하려는 것이 아니기
때문에 이에 대한 본격적 검토는 다른 글에서 다루겠다.

이런 대한제국 성립과 관련된 일련의 동향에 대해 앞에서 지적했듯이, 일본은 조선을 여전히 타율성론적인 시선으로 바라보았다. 일본의 대한제국 인식에 대한 연구는 러일전쟁 하에서의 대한제국 인식으로 대표되는 것이 대부분이고 필자의 연구 또한 그러하다. 청일·러일 양 전쟁 사이의 일본의 신문·잡지 등의 논조에 관한 연구는 청일전쟁 이후의 일본의중국인식과 더불어 조선인식을 논한 이토 유키오(伊藤之雄)와 아동잡지의 조선인식을 언급한 오다케 기요미(大竹聖美)의 연구 등이 이루어졌을 뿐으로,[10] 이 분야의 연구는 앞으로 본격적으로 이루어질 필요가 있다. 여기에서는 대한제국 성립에 즈음하여 일본의 논평이 연구사적으로 거의 언급되지 않은 상황을 감안해, 약간 길지만 후쿠자와 유키치의 논설 「사실을 봐야 한다(事實を見る可し)」를 인용하겠다.[11]

그런데 지금 조선국의 상황을 보건대 독립이란 이름뿐으로 그 내실이 없다. 그 뿐만 아니다. 더욱이 적절한 말을 사용하면 국가의 모습을 이루고 있지 못하고 있다. 국가 그 자체가 아니라고 말할 수 있다. 실제로 최근의 소식에 따르면 이전부터 풍설대로 존호의 토의도 드디어 결정되었다. 조선국왕은 앞으로 조선황제 폐하라 부르겠다는 몹시 놀랄 소식도 있다. 국왕이라 부르건 황제라 부르건 그것은 타인이 마음대로 정하는 문제로 어떻게 부르더라도 상관없다. 그러나 그 황제폐하가 지배하는 제국의 모습은 어떠한가 말하자면, 밖에서 바라보건대 거의 국가의 모습을 이루고 있지 못하다. 실제로 국왕은 최근까지 타국의 공사관을 빌려 거주할 정도였다. 일신의 거주조차 정하지 못한 그 국왕이 갑자기 황제라 칭한다 하더라도 안팎으로 어떤 위엄을 내보일 수 있을까. [중략] 어린아이의 장난도 너무나 지나쳐 서로 다툴 일이 아니다. 이 하나를 보더라도 그 나라의 사정을 알 수 있지만, 본래 조선인은 수백 년 동안 유교의 중독중에

9) 月脚達彦, 『朝鮮開化思想とナショナリズム』, 東京大學出版會, 2009 참조.
10) 伊藤之雄, 「日露戰爭以後の中國·朝鮮認識と外交論」 (『名古屋大學文學部研究論集(史學)』 40, 1994); 大竹聖美, 「明治期少年雜誌に見る朝鮮觀」 (『朝鮮學報』 188, 2003).
11) 『時事新報』 1897년 10월 7일자 사설.

빠져있는 인민이다. 항상 입으로는 도덕과 인의를 말하면서 그 충심의 부패와 추잡함은 이루 말로 다할 수 없다. 상하 일반 모두 위선적인 군자의 소굴로 단 한사람이라도 신뢰하기에 충분한 자가 없다는 것은 우리의 최근 경험을 보더라도 명백하다.

그렇다면 이러한 국가의 인민에게 어떠한 약속을 맺더라도 배신과 위약은 그들의 타고난 천성으로 조금도 마음에 둘 일이 아니다. 이미 종래의 국가 간 교제를 통해 자주 경험한 바에 따르면, 조선인을 상대로 한 약속이라면 처음부터 무효라고 각오하여 사실상 스스로 그 내실을 거둘 수밖에 없다. 조선에 대한 각오는 이것 이외에는 없다. 그런데 그 조선에 대한 다른 상등국의 관계는 어떠해야 하는가. 사건의 상태를 보건대 스스로 약속할 필요가 없다. 즉 러일협상과 같은 것은 어쩔 수 없는 필요에서 나온 것으로 이제 와서 그 득실을 논할 필요는 없다. 가능한 일은 하겠지만, 무엇보다 그 약속의 목적물은 즉 앞에 기술한 조선인으로 하여금 배신과 위약과 같은 것은 아무렇지도 않게 생각하는 인간이라고 한다. [중략] 예를 들면 텐진조약과 같은 것도 본래는 청일 양국이 조선에게 평화를 보증한다는 정신에서 맺어진 것임에도 불구하고 그 평화의 보증도 실제로는 조금도 유효하지 못하다. 필경 조선인에게는 스스로 자립하려는 마음이 없고, 단지 눈앞의 세력에 현혹되어 바람이 부는 대로 방향을 바꾸어 오로지 지나(支那) 한편에게만 의뢰하여 결국에는 그들이 내정에 간섭하는 거동을 연출하기 위한 것에 불과하다. 조선인을 목적으로 한 약속은 실제로 기대할 수 없다는 것을 알아야 한다. [중략] 오늘날이야말로 그들은 오로지 러시아에 매달리기에 여념이 없지만, 실제로는 집권자 2-3명의 개인적인 사정(私情)에 따라 나온 것으로 결코 영속될 수 없다. 조만간 바람이 불어 더욱이 우리나라에 의뢰할 때가 올 것으로 의심치 않는다. 그 때가 오면 협상조약의 어려움을 알아 용병을 운운하는 것은 그 정신에 배치되는 것이다. 명백히 의의를 정해두는 일은 오히려 스스로 운동을 속박하는 것일 뿐이다. 조선의 모든 것에 관해서는 그 상대가 누구이건 약속의 공문에 중점을 두지 않고 후일 실제로 실익을 거두겠다는 각오야말로 중요하다. 우리가 용병문제를 가볍게 바라보며 일부러 어려운 이야기를 하지 않는 이유이다.

후쿠자와는 러일협상(니시-로젠 협정, 1898년 체결) 체결교섭과 대한제국의 성립, 칭제(稱帝) 문제에 대해 논평하면서, 1896년 초두에 실시된

아관파천 이후의 역사적 경위로 상징되듯이 조선왕조가 외국세력에 의존하고 있다고 비판하고, "그 황제폐하가 지배하는 제국의 모습은 어떤가하면, 밖에서 본다면 거의 국가의 모습을 이루고 있지 못하다.", "바람이 부는대로 방향을 바꾼다."며 타율성론적인 시각에서 대한제국 성립을 부정적으로 바라보았다. 대한제국의 성립은 국가적 독립에 지상가치를 둔 후쿠자와 일본의 조선 인식에 별 다른 변화를 가져오지 못했다. 오히려 '외세' 의존적인 정책에 의해 친일정권의 와해를 경험한 일본에게, 아관파천은 타율성론적 성격을 강화시킨 조선관을 예전보다 더 유포시키는 계기가 되었다고 판단한다. 러일전쟁 하의 한국에 대한 정책 입안에 즈음해 문관과 무관 모두 한국 황제·한국 정부에 주체성을 인정하지 않겠다는 입장을 표명했는데, 이런 견해 또한 아관파천에 의거해 타율성론을 주창했기 때문이다. 단지 조선의 '외세' 의존적 정책으로 인해 대한제국 정부가 친일으로 쉽게 휘두르는 것도 상정되었고, 러일교섭을 실행함에 있어서도 조약에 따른 형식적 측면의 정비보다 후일의 실익을 얻는 것을 우선해야 한다는 점을 제창하고 있다. "백권(百卷)의 만국공법은 수문(數門)의 대포에 미치지 못한다."(『通俗國權論』)고 간파한 후쿠자와의 모습이 잘 나타나있다. 이 논설에서는 친일정책을 구체적으로 어떻게 추진할 것인가에 대해서는 언급되어 있지 않지만, 그러한 친일정책을 정당화하는 논리 또한 타율성론의 귀결로 이루어진 것이라는 점을 확인해두고 싶다.

앞에서 살펴보았듯이, 전근대의 일본은 동아시아의 문적(文的) 가치관과 문명적 선진성에 기초해서 긍정적 평가를 내린 반면, 또 다른 한편에서는 문이 지니는 양의성에 기초해 일본의 '무위'를 강조함으로써 부정적으로 파악하는 상반된 조선관을 지녔다. 웨스턴 임팩트 이후 일본은 서구화주의에 입각해 근대문명을 수용하는 과정 속에서 문명과 야만이라는 근대문명주의의 척도에 기초해 조선을 파악하면서, 구미열강과의

대항관계에서는 아시아의 지도자 의식을 강하게 자임했다. 갑신정변과
아관파천 등의 일본의 조선 '개혁' 구상이 실패로 끝나자 이런 역사적
사건에 규정받아 일본의 지도자 의식이 조선정체성론을 더욱 강화해 나
갔다.

4. 러일전쟁 하의 대한제국관

러일전쟁 발발 이후 일본의 조선침략이 전면적으로 전개되었다. 그
때까지의 대한정책과는 차원이 다른 단계에 들어갔다. '소극적 조종정
책'을 추진할 수밖에 없던 그때까지의 대한정책과는 차원이 다른 '성의
적 강제수단에 의한 간섭정책'을 실행하는 단계로 들어갔다.[12] 그렇다면
그런 정책적 전개와 대한제국에 대한 인식은 어떻게 연결되었을까. 이하
에서는 일본이 한국 내정간섭 정책을 실행할 때 문무관 각각이 대한제국
의 통치 구조를 어떻게 인식했는지 확인해두자.

주한공사 하야시 곤스케(林權助)는 1903년 말부터 진행되던 한일밀약
체결교섭에 즈음해 "이번에 제국정부가 신속하게 한국 내, 적어도 경성
에 우리 병력을 증가시켜 한정(韓廷)으로 하여금 실력상 우리를 신뢰하
는 정략을 취하지 않으면, 한정은 풍설처럼 도읍을 다른 곳으로 옮기거
나 혹은 다른 나라 공사관으로 도찬(逃竄)할지도 모르겠습니다. [중략]
한정으로 하여금 우리에게 가까워지게 만들려는 정략도 결국에는 수포
로 돌아갈 염려가 있습니다."[13]라고 외무대신 고무라 주타로(小村壽太
郞)에게 상신했다. 한국 황제의 외국공사관 피난, 요컨대 '아관파천'의

---

12) 「韓國ニ對スル帝國將來ノ國是」, 國立國會図書館憲政資料室所藏, 『柴田家門
　　文書』 15.
13) 『日本外交文書』 37-1, 439쪽.

재현을 방지하기 위해 군사력을 증강하고 한국 궁중을 견제해야 한다는 의견이다. 여기서도 또한 1896년 2월의 아관파천에 의해 일본의 대한정책이 크게 후퇴한 경험을 되돌아보게 되었다.

그렇다면 '아관파천' 재현을 저지하고 황제를 일본의 세력 아래 두어야 한다는 인식은 한국 권력구조의 파악과 어떻게 연관되었을까. 이것은 러일전쟁 개전 이전인 1903년 12월, 이토 히로부미(伊藤博文), 가쓰라 다로(桂太郎), 데라우치 마사타케(寺內正毅)가 한국 문제 등에 대해 의견을 나누었을 당시 이토의 인식을 보면 알 수 있다. 이토는 "왕을 끌어안는 것이 절대로 필요하다."는 점을 강조하고, 더욱이 그 의견은 일본의 영향 아래 이루어진 갑오개혁에 언급한 "1893-1894년의 역사에 미친다."[14]고 말했다. 일본이 대한정책을 펼칠 때 한국 황제의 확보를 절대조건으로 위치지운 것은 황제만 제압하면 한국 통치가 가능하다고 인식했음을 의미한다. 한국의 권력구조에 대한 기본적인 인식이 전제국가관에 기초했다는 것이고, 따라서 한국 황제를 어떻게 일본의 지배 아래 두면서 이용·억제할 것인가라는 과제가 대한정책의 근간을 이루었음을 의미한다.

그러나 이 단계에서는 황제 고종이 일본에 강한 불신을 품고 있었기 때문에 황제를 일본의 지배 아래에 두는 것이 실제로는 곤란했다. 하야시는 한국 정부에서의 친일세력의 확대에 노력했지만, 러일 개전 그리고 '한일의정서' 체결 직후의 한국 정계를 관찰하는 과정에서 "현재 각원(閣員)이 오로지 믿는 바는 우리의 실력뿐임으로 현재 당지에서의 우리 병력의 많고 적음은 곧바로 그들의 지위에 영향을 미치는 것이 돌아가는 정세"라며 재한일본군의 신속한 증설(4개 대대 정도의 설치)을 요구했다.[15] 러일 개전에 앞서 한국에 파견된 제1군이 전선을 북상시켜 서울 근변의 군사력이 부족해진 것에 대한 조치로서 1904년 3월 10일 한국

---

14) 山本四郎編, 『寺內正毅日記』, 京都女子大學, 1980, 190쪽.
15) 『日本外交文書』 37-1, 469쪽.

주차대는 한국 주차군으로 재편되었다.[16) 하야시는 대한정책을 수행할 때 군사력의 충실이 필요불가결하다는 것을 명확히 인식하고 있었고, 이는 후술하는 일본 무관에 의한 무관통감론과 이론적으로 동일한 것이다.

왜 군사력을 통해 한국의 통치 권력을 제어할 필요가 있다고 인식했을까. 이것은 '한일의정서' 체결과 당시 한국 내각에 반대하는 대관과 보부상 등의 세력이 "음모와 밀계 등 모든 수단을 사용해 서로 배제하기에 이르렀다. 이번 음모에 관해서도 폐하는 은근히 이것을 교사하는 것처럼 보여 각신(閣臣) 등 일반에게 공포심을 일으킨다는 의심을 지울 수 없다."고 판단했기 때문이다.[17) 한국 내각과 일본에 반대하는 세력이 활발한 활동을 펼쳤는데 이것을 고종이 뒤에서 조종하고 있다고 인식했으며, 황제를 억제함과 동시에 한국의 각 정치세력에 대해 약체인 한국 내각을 유지하기 위해서는 군사력을 배경으로 할 필요가 있다고 판단했다.

하야시는 "모든 비정(批政)은 한제(韓帝)를 중심으로 한 궁중에 있고 정부와 국민과는 매우 격절"되어 있다고 생각하고, 기회 있을 때마다 한국 황제를 견제했다.[18) 하야시는 일본에 의한 '시정 개선'의 진전을 저해하고 있는 것은 황제를 중심으로 한 한국 궁중이며, 한국 정부와 한국 민중은 오히려 일본의 이해자라고 인식한 것이다. 따라서 어떻게 한국 궁중의 관여를 저지하고 일본이 진행하려는 '시정 개선'을 한국 정부에게 실행시킬 것인가라는 대한정책상의 과제를 군사력에 의한 위압을 통해 실행에 옮기려했다. 즉 문관과 무관을 불문하고 군사력을 전면에 내세워 대한정책을 실행해야 한다는 인식은 일치되었다. 요컨대 일본 측은 군사력에 의한 통제 없이는 한국 황제를 중심으로 한 한국의 통치 권력을 제어할 수 없다고 인식한 것이다.

---

16) 「滿密大日記 明治37年3月」(アジア歴史資料センター―C03020058500).
17) 『日本外交文書』 37-1, 469쪽.
18) 위의 책, 285쪽.

그러나 러일 개전을 전후한 단계에서 일본 정부는 황제권을 억제하려는 움직임에 대해 오히려 소극적이었다. 급속한 제도개혁이 황제의 반발을 불러일으켜 오히려 궁중으로부터 한국 정부에 대한 간섭이 강화될 수밖에 없다는 것을 염려했고, 동시에 "특히 세상 사람들은 이런[한국 정부의 관제개혁을 말함-오가와라] 개혁 또한 나의 조언에 의거한 것이라고 오해를 품는" 것을 두려워했기 때문이다.[19] 한국 정부의 급진적 개혁이 궁중에 의한 반발과 더불어 한국내의 반일감정을 고양시킬 수밖에 없다는 것을 우려한 지시였다. 재한일본공사관 내에서도 '한일의정서' 제1조에 규정된 '시정 개선'을 진행하기 위해 여러 개혁을 실행할 필요가 있다는 점은 인정했지만 황제와 '한국 인민'의 반발을 불러일으키지 않도록 어디까지나 점진적으로 진행해야 한다고 인식했고,[20] 본격적인 '시정 개선'은 러일전쟁 종결 후에 통감부에 의한 시정개시 이후에 이루어졌다.

5. 무관통감론의 계보

한편 재한일본군 내에서는 러일 개전 전야에 무관을 중심으로 한 통일적 식민지 통치기관의 설치구상이 검토되었다. 그 대표적인 것은 재한 공사관 부속 무관 이치지 고우스케(伊知地幸介)가 러일 개전 직후인 2월 17일에 대본영(大本營)에 제출한 '반도 총독부 조례'안이다.[21] 재한일본군은 이후에도 주한공사에 우월한 군 중심의 대한통치기관의 설치를 참모본부에 상신했다. 예를 들어 1904년 8월에 한국 주차군 참모 사이토 리키사부로(齋藤力三郎)는 참모본부에 상신서를 보냈는데, 동 의견서는

---

19) 위의 책, 473쪽.
20) 위의 책, 347쪽.
21) 防衛省防衛研究所所藏, 『鷄林日誌』(「戰役—日露戰役—五九」), 谷壽夫, 『機密日露戰史』, 原書房, 1966, 72쪽.

당시 추진되던 이토 히로부미의 한국 고문 취임이 중지된 것에 찬의를 표시하면서 "유래 한국은 문관들로는 도저히 통치할 수 없습니다. 필히 육군 장관(將官)으로 하여금 친히 보직을 맡은 자 또는 궁가에 한정한다는 어리석은 생각을 품고 있다. 유래로 한국을 조종하는 자는 병력을 지닌 대관으로 국왕의 신임을 얻은 자로 한정된다."[22]며 문관에 의한 대한정책의 수행을 배척하고 있다. 대한정책을 수행할 때 무관을 중심으로 해야 한다는 것은 "문관들로는 도저히 통치할 수 없다.", 즉 군사력을 전면에 내세워 통치하지 않으면 안 된다고 바라보았기 때문이다.

　제2차 '한일협약'에 의한 한국 보호국화에 즈음해 한국 주차군에서 주창된 무관통감론은 이런 구상의 연장선상에 있다. 한국주차군은 '한국 경영에 관한 소감 적요', '한국 경영기관의 수뇌에 대해서'라는 의견서를 작성해 참모본부에 상신했고, 특히 후자는 이토에게도 제출되었다.[23] 두 의견서는 한국 주차군의 무관통감론의 핵심을 제시한 것인데, 이하에서는 '한국 경영기관의 수뇌에 대해서'를 검토하면서 무관통감론의 내용을 고찰하겠다.

　의견서의 요점은 주한공사, 주차군사령관이 병립해 대한정책을 수행하고 있는 현 제도를 바꾸어 제2차 '한일협약' 체결 후에 통일적 한국 통치기관을 설치해야 한다는 것이었는데, 통치기관의 수뇌는 "적어도 과도기에는 무관이 아니라면 능숙하게 이 [대한정책의 해결이라는] 희망에 부응할 수 없기" 때문에 무관으로부터 채용하지 않으면 안 된다는 점에 있다. 요컨대 무관통감론을 정당화하기 위한 정책의견서이다. 향후 대한정책의 근본방침은 "한국을 능히 굴복시켜야 하며 회유해서는 안 된다"는 무단적 통치에 두었다. 이는 "항상 강국 사이에 끼여 사대주의를 지키

---

22) 長岡外史文書硏究會編, 『長岡外史關係文書 書簡·書類篇』, 吉川弘文館, 1989, 161-162쪽.
23) 위의 책, 75-81쪽. 이하에서는 특별한 부분을 제외하고 『長岡外史關係文書 書簡·書類篇』으로부터의 인용이다.

고 수서양단(首鼠兩端, 결단을 내리지 못하고 망설임-옮긴이)을 통해 가까스로 사직을 지킬 수 있었던 수백 년 그들의 역사"와 러일전쟁 하의 정세를 비추었을 때, "한국의 황실과 정부를 용이하게 억눌러 다스리는 공로를 거두려면 병마의 실권을 장악한 무관으로 하여금 동시에 경영기관의 수뇌로 삼아 그들로 하여금 망동의 여지를 없애는" 것이 요구되기 때문이다. 또 "그 지식의 정도에서 국가적 관념을 지니지 못하고 강자 숭배의 열성(劣性)으로 만민(蛮民)의 경계를 벗어나지 못한" 일반 관민에 대해서도 "압력(壓力)을 동반하지 않은 수단은 도저히 효과를 거둘 수 없는" 것으로 판단했다. 요컨대 무력의 시위를 통해 한국 황제와 한국 정부만이 아니라 일반 관민도 통제할 수 있다고 바라보았다.

여기에 명확히 드러나듯이 무관통감론의 기저에는 조선 사대주의관, 즉 조선 정체성론과 조선 우민관이 밑바탕에 흐르고 있는데, 이는 앞에서 말한 이토 등 문관의 조선관과 맥을 같이하고 있다. 그러나 '과도기'의 경영기관으로서 "여전히 무단적 수단을 취하지 않고 그 외견상 온미(穩美)한 피아 합의적 방법으로 조선인을 대하는 것은 완고하고 무지한 완미불령(頑冥不靈)한 것으로 사리에 맞지 않는다. 더욱이 다방면에서 조금도 성의를 갖지 않고 천연고식(遷延姑息)을 교묘히 획책하는 한관(韓官) 등은 순식간에 그 관용수단을 주물러 해를 시도해 결국에는 우리에게 예전의 한국에 대한 정사(政史)의 실패를 반복시킬 것"이라고 파악함으로써 문관 중심의 통치기관의 설치를 명확히 부정한 점은 중요하다. 갑오개혁 당시의 주조공사 이노우에 가오루(井上馨)에 의한 조선 내정개혁 실패의 전철을 밟지 않기 위해서도 '피아 합의적 방법' 즉 '문화정치'가 아니라 '무단적 수단을 원만하게 실현시킬 수 있는 방법'을 채용해야 한다고 주장한 것이다.

한편 강원, 충청, 경상 각 도에서 일어난 의병은 "필히 빈번하게 8도에 발생할 것이라고 각오"하지 않으면 안 된다는 전망이 제시되었다. 따라서 일본이 한국 경영을 실행할 때 "오늘날 신속히 형극을 벗어나 장애를 제거하고, 안전한 경로를 제공해 확고한 기초를 쌓을" 필요가 있지만, 간헐적이고 광범위한 의병의 탄압을 적절하게 실행하기 위해서 "지휘자인 무관은 널리 전반의 상황을 잘 파악하고 경영시설의 기도와 계획에 상세함과 동시에 용병에 있어서도 그 원칙으로 조금이라도 다른 사람의 간섭을 받지 않을 필요가 있다"고 주장했다. 즉 '치안유지'를 최우선시해야 할 한국에서 원활하게 한국 통치기관을 운영하기 위해서도 역시 무관통감론이 정당화되었다. 이처럼 무관통감론의 논거는 ①조선사대주의관에 의거해 군사력을 통해 한국 황제와 한국 정부의 방해를 제압할 수 있다는 것, ②간헐적으로 발발하는 의병진압이라는 '치안' 상의 필요성 두 가지로 구성되었다.

그리고 한국 주차군사령관 하세가와 요시미치(長谷川好道)와 참모장 오타니 기쿠죠(大谷喜久藏)는 제2차 '한일협약' 체결교섭을 위해 한국을 방문한 이토에게 앞의 의견서를 제시하면서 무관통감론을 주장했다. 오타니의 관찰에 따르면 이토를 수행한 추밀원 서기관장 츠즈키 게이로쿠(都筑馨六)와 주한공사 하야시 곤스케(林權助)는 다른 의견을 표명했지만, 이토는 무관통감론으로 기울어졌다고 한다.[24] 이 사실은 특히 ①에 대해서는 군사력에 의할 것인지의 여부는 별도로 삼더라도 위에서 말한 무관통감론의 두 가지 논거 그 자체에는 이토가 반대하지 않았다는 것을 시사한다. 앞에서 말했듯이 이토는 한국 황제와 한국 정부를 제어하고 이용하면 한국 통치가 가능하다고 바라보았기 때문이다.

또 일본 육군의 원로인 야마가타 아리토모(山縣有朋)는 러일 전후의 대한정책에 대해 "갑자기 문명국의 정돈된 재정제도를 강제하는 것이 과연 득책이라고 말할 수 있겠는가"라며 의문을 표명했고, 더욱이 "역사를 뒤돌아보지 않고 풍속과 습관을 고려하지 않으며 실행될 수 있다는 기대

---

24) 위의 책, 85-86쪽.

도 분명하지 않은 새로운 법령을 그들에게 강제하고, 열국이 바라보는 와중에 자칫 잘못해 그들의 반항을 불러일으키는 것을 가장 경계해야 할 일에 속한다."고 생각했다. 한국 보호국화를 향해 일본의 정치지도자가 가장 경계한 것은 열강의 간섭이었지만, 한국의 치안악화는 그 간섭을 초래할 수밖에 없는 것이고, 치안악화는 일본이 "급하고 조급하며 오로지 성공만을 서두른 결과 한국의 상하 모두가 번뇌를 참을 수 없는" 결과 초래된 것으로 야마가타는 바라보았다.[25] 즉 문관을 중심으로 수행되는 급진적인 여러 제도의 개편이야말로 근본 원인이 있다고 판단했고, 일본의 대한정책이 '치안악화'를 초래했다는 측면에서 야마가타의 관찰은 정곡을 찌르는 것이었다. 그러나 문명주의적인 관점에서 비추어진 그의 시야에는 조선민중의 자율적인 동향은 역시 가려져 있었고, 일본의 정책을 이해하지 못하는 조선인이라는 인식이 관철되었다.

6. 이토 히로부미의 대한제국인식

일본에 의한 한국 보호정책을 통감으로서 수행한 이토 히로부미는 대한제국의 통치구조를 어떻게 인식하고 어떠한 정책을 수행하려 했을까.

앞에서도 말했듯이 이토는 대한제국을 전제군주국가로서 인식했다. 그런 인식은 일본이 한국을 완전히 보호국으로 삼은 제2차 '한일협약' 체결교섭에서 잘 나타난다.[26] 황제 고종은 제2차 '한일협약' 체결을 다 그친 이토에게 "짐일지라도 어찌 그 이치를 모르겠는가. 그러나 이 사안은 중대한 일에 속한다. 짐은 지금 혼자서 이것을 재결할 수 없다. 짐이 정부 신료에게 자문을 구하고 또한 일반 인민의 의향도 살필 필요가 있

---

25) 大山梓編, 『山縣有朋意見書』, 原書房, 1966, 284쪽.
26) 『日本外交文書』 38-1, 507-511쪽.

다"고 얼버무렸지만, 이에 대해 이토는 다음과 같이 반박했다.

　폐하가 정부 신료에게 자문을 구하는 것은 지당하십니다. 저 또한 군
이 오늘 결재를 구한다는 뜻이 아닙니다. 그러나 <u>일반인민의 의향을 살피
겠다는 분부는 기괴하기 짝이 없습니다.</u> 왜냐하면 귀국은 헌법정치가 아
닙니다. <u>천하의 정치는 모두 폐하가 친히 결재하는 소위 군주전제국이지
않습니까.</u> 그래서 인민의 의향을 운운하지만, 이는 마치 인민을 선동해
일본의 제안에 반항을 시도하려는 생각으로 받아들여집니다. 이는 용이
하지 않은 책임을 폐하 스스로 떠안게 될 수 있습니다. 왜냐하면 귀국 인
민은 유치하고 원래부터 외교 사정에 어두워 세계의 대세를 알 수 있는
도리가 없기 때문입니다. 과연 그렇다면 이는 단지 쓸데없이 일본에 반대
하려는 것에 불과하다. [밑줄은 오가와라]

　대한제국은 황제의 재결에 의거한 전제국가이고, 인민의 의향을 듣겠
다는 것은 일본의 제안을 거절하는 방편에 불과하다고 일축했다. 조선의
정치문화인 공론정치를 "유치하고 원래부터 외교 사정에 어두워 세계의
대세를 알 수 있는 도리가 없다."는 판단 아래 명확히 부정한 것이다.

　일본의 조선식민지화의 진전에 대항해 국권회복운동의 성격이 강한
애국계몽운동과 의병투쟁을 비롯한 광범한 저항운동이 전개되었고, 조선
민중의 저항 또한 각계 계층에서 강화되었다. 그러나 이토는 이런 동향
에 대해 근대문명적 시책을 전개해 수익계층의 확대를 도모하면서,[27) 한
편으로는 한국 황제의 권위를 이용하고 또 한편으로는 군대와 경찰과 같
은 물리적 폭력 장치를 확충해 탄압을 강화했다. 이토는 시정 당초부터
무력에 의한 탄압방침을 일관되게 멈추지 않았고, 제3차 '한일협약' 체결
후의 반일의병투쟁의 고양에 대해서도 "그들의 자포자기는 마침내 우리
에게 정복할 수밖에 없도록 만드는 우려를 품게 한다."[28)며 탄압방침을
굽히지 않았다. 요컨대 이토는 근대문명주의적인 시책을 전개해 지배의

---

27) 森山茂德, 『日韓併合』, 吉川弘文館, 1992 참조.
28) 『駐韓日本公使館記錄』 30, 456쪽.

합의형성을 도모함과 동시에 그 반대자에 대해서는 철저한 무력진압을
불사했다.

이토의 대한정책의 특징은 황제권을 축소시키는 한편, 그 권위를 한
국 통치에 이용하려 했다는 점을 들 수 있다. 이것을 단적으로 보여주는
것이 1907년의 헤이그 밀사사건의 선후책이다. 이토는 주한 무관 사이에
서 제기된 한국 황제 폐지론을 물리치고 고종을 퇴위시킴으로써 한국 황
제의 권위를 이용하면서도 권한을 억제하는 수동적 군주를 전제로 한 황
제 이용책을 전면적으로 전개했다. 이토가 황제를 존치시킨 것은 의병의
진압을 위해 칙지와 선무사(宣撫使)를 파견하거나 혹은 재가기관으로서
황제를 위치지운 사실을 감안하면, 이데올로기 장치로서의 한국 황제를
중시했기 때문이었다. 이토는 한국 통치를 실행할 때 근대문명적 정책의
전개와 더불어 한국 전제국가관의 입장에서 한국 황제를 옹립하는 것을
절대조건으로 삼은 것이다. 이토가 지배 이데올로기로서 중시한 것은 갑
오개혁 이후에 함양된 조선사회의 '충군' 의식이었다.[29] 군주의 자의적
인 권력행사를 억누르는 한편, 그 권위를 이용한 통합원리를 창출하려는
한국의 '근대'적 통치 시스템 구축의 동향은 일본의 일군만민론적 천황
관의 형성과정과 대응한 것이었다.

이처럼 근대주의적 입장에서 한국을 전제국가관으로 바라보는 한, 민
의의 조달이라는 정치적 회로는 당연히 경시된다. 이토는 유교적 민본주
의에 의거한 조선의 전통적인 공론정치를 근대주의적 관점에서 명확히
부정했다. 공론정치에 대한 평가를 둘러싸고는 예를 들어 1906년 7월에
단행된 '궁금숙청(宮禁肅淸)' 책에서 이토와 고종의 의견대립이 현저하게
나타났다. 7월 27일에 이루어진 알현에서 이토는 유생들의 의견을 앞으
로 받아들이지 않을 것을 고종에게 요구했다. 이토는 "설령 어떤 학자가
심산유곡의 끝에 서식해 그 수목과 대좌하더라도 어찌 세계의 대세를 달

---

29) 前揭月脚達彦, 『朝鮮開化思想とナショナリズム』 참조.

관하고 국가를 요리할 수 있는 탁식을 지녔다고 말할 수 있겠는가.”라며
유교적 민본주의에 의거한 고종의 정치방식을 시대착오라고 받아들여
비판했다. 이에 대해 고종은 “산림 유생에 대해 말하면 우리 국풍은 그들
을 높이 존경한다. 짐이 정부대신을 접견할 때에는 반드시 일어나 앉을
필요가 없지만, 단지 산림 유생에 대해서는 짐이 자리에서 일어나 그를
맞는다. 이 때문에 정부대신도 그를 장석(長席)이라 부른다.”며 산림유생
들의 의견을 받아들이는 것은 전통적인 정치수법이라고 반론했다.[30] 재
지유생의 의견을 정치에 반영시킬 필요성을 강조한 고종에 대해 이토는
그런 민의조달방식을 강하게 부정한 것이다. 1905년의 「형법대전」에서
상소는 법적으로 금지되었는데, 상소라는 조선왕조 이래의 민의조달책을
고종이 여전히 지키려 했다는 것을 함께 고려할 때,[31] 설령 표면적일지
라도 정무를 집행할 때 산림유생의 의견을 경청할 필요가 있다는 고종의
정치관을 간과할 수 없다. 그러나 이토는 이런 상소라는 민의조달을 한
국 황제 전제군주관과 의병투쟁과의 인과관계에서 명확히 부정했다. 이
에 대해 이토는 알견에 앞서 한국 대신회의에서 “자신이 이 땅에 내임
(來任)한 것은 한국을 세계의 문명국으로 만들고 싶기 때문이다. 만약 산
림으로부터 태공여망(太公呂望)과 같은 자가 나와서 한국의 군신이 그의
말을 듣는다면 자신은 조속 귀국할 것이다.”[32]며 ‘문명국’의 명분 아래
상소의 단절을 도모했다. 정치적 변혁은 일반적으로 새로운 정치문화를
제시하고, 그것이 일정한 합의를 형성해나가는 역사적 과정으로 바라볼
수 있지만,[33] 황제의 권위를 이용하는 한편 그 권한의 축소를 도모하기
위해 이토가 도입한 ‘궁금숙청’책과 사법권의 독립과 같은 근대적 정치
시스템의 도입은 결과로서 원리적으로 민중과 황제가 상소라는 형태로

---

30) 金正明編, 『日韓外交資料集成』 6上, 巖南堂書店, 1964, 313쪽.
31) 原武史, 『直訴と王權』, 朝日新聞社, 1996), 201-205쪽, 참조.
32) 前揭, 『日韓外交資料集成』 6上, 247-248.
33) 柴田三千雄, 『近代世界と民衆』, 岩波書店, 1983, 참조.

결부되어 '일군만민'적 민본주의를 담보한 정치적 작법을 부정하게 되었다. 즉 이토가 실행한 일련의 정책은 민의조달의 회로를 스스로 단절시킨 측면을 갖고 있었다.

또 조선의 유교적 민본주의를 경시해 황제독재국가로만 파악하는 것은 민중을 객체로 바라보는 시각과 표리일체이다. 실제로 이토는 1909년에 이루어진 순행 당시 각지의 환영회에서 일본의 보호국 하에서 한국의 개발이 이루어진 것, 그리고 황제의 의사는 한일 간의 융화와 한국의 부강에 있기 때문에 한국 국민 또한 그 성의에 따라야 한다는 연설을 반복했다. 이토는 당시 "국민으로서 한 개인은 한 개인의 생각이 있다. 그러나 통감은 개개인의 의견에 귀를 기우릴 수 없다. 본 통감은 지금 진심으로 피력하건대 여러분이 한황(韓皇) 폐하의 성지에 복종할 것을 권고한다. 한국인이라면 모름지기 전국에 걸쳐 그 방향을 일변할 수 있도록 노력해야 한다."[34]며 공론정치를 부정했다. 여기에는 근대문명주의와 지도자 의식 그리고 이와 표리일체인 조선정체성론과 우민관이 농후하게 표출되었고, 제국주의자 이토의 진면목이 여실히 나타난다고 말할 수 있다.

7. 맺음말

이상 살펴보았듯이 전근대의 중화세계적인 문명관에 의거한 문(文)의 가치관의 양의성에 규정되면서 일본에서는 상반된 조선 인식이 형성되었다. 그러나 웨스턴 임팩트 이후 일본이 서양적 근대주의를 내면화하는 과정에서 조선관은 조금씩 변화하기 시작했다. 그리고 아시아에서 앞서 근대화(=서구화)를 이루어낸 일본이야말로 아시아와 연대하면서(=아시아주의) 아시아를 지도한다는 자기인식을 지니게 되었고, 그런 자기인식

---

34) 『統監府文書』 9卷, 27쪽.

의 반대편에는 지도하고 보호되어야 하며 또한 개혁되어야 할 조선이라
는 인식이 확대되었다. 그런 인식을 확대시킨 하나의 계기가 된 것은
1884년 갑신정변, 1896년 아관파천이었다. 조선과의 관계에서 일본의 근
대문명적인 우월의식이 '확인'됨과 동시에 스스로의 손으로 문명화할 수
없는 후진적인 조선이 '실증'되었다는 역사적 사실은 자유민권운동과 청
일전쟁에 따른 국민의식의 형성과 맞물려 정체성과 타율성을 강조한 상
투적 언설로 확산되었다. 이런 조선·한국 인식은 대한제국에 이주하는
일본인이 비약적으로 증대한 러일전쟁, 한국 보호통치에서도 재검증되지
못하고 오히려 그런 틀이 박힌 한국 인식에 규정되면서 정책이 입안·수
행되었다.

　그렇다면 대한제국 시기에 일본의 한국 인식이 변용하는 계기는 없었
을까. 최근의 연구에 따르면 안중근에 의한 이토 히로부미의 암살사건이
그 계기가 될 수 있었다.[35] 종래 이토 히로부미의 대한정책은 조선인 본
위라며 재한일본인 사회로부터 강한 비판을 받았지만, 이토 암살에 대해
일본에서는 반한감정이 고양되어 한국에 대한 '대영단(大英斷)'을 촉구
하는 목소리가 높아졌다.[36] 이토가 마지막에 남긴 말과 더불어 이토 암
살이 한국 병합을 초래했다는 속설이 널리 유포되었기 때문이다. 그러나
실제로는 안중근의 발언 등이 신문을 통해 일본 국내에 전해지자 종래의
타율적인 조선 인식은 일부지만 수정되어, "국가적 관념과 도의적 의분
그리고 열광적 정조가 모자랐기 때문에 충과 의에 죽고 사랑의 희생이
되는 것은 역사적으로 생각해 그 현재의 사회 상태를 보건대 매우 희유
한 일에 속한다."[37] 같은 긍정적인 견해가 제시되었다. 국가 관념이 없는

---

35) 見城悌治, 「近代日本の「義士／義民」表彰と朝鮮觀」(『朝鮮史硏究會論文集』 45
　　集, 2007), 野村美和, 「新聞における朝鮮蔑視觀の展開」(『學術論文集 (朝鮮奬
　　學會)』 27, 2009), 참조.
36) 『朝鮮』 3-8.
37) 위와 같음.

조선인이라는 이해가 되물어지고, 또 그런 조선관의 흔들림은 러일 전후의 '국민도덕론'에서의 국민관념의 동요에도 일정한 영향을 미쳤다고 생각할 수 있다. 이러한 동요는 가능성이 매우 적었지만 일본사회에 다양한 조선인관을 만들 수 있는 촉매가 될 수 있었다.

그러나 이 단계에서는 스테레오 타입의 조선인식의 재검토가 이루어지지 않았다. 왜 그랬을까. 물론 그 동요 자체는 아주 작은 가능성에 불과한 것에 틀림없다. 그러나 또 한편으로 무시할 수 없는 것은 한반도에 가까운 규슈에서는 사건에 이어 조선으로부터 암살자가 도항한다는 풍문이 신문지상에 보도되었다는 점이다. 이런 조선인에 대한 공포는 한국병합에 의해 일본 사회 내에 정착되어 '불령' 조선인관으로 연결되었다. 일본사회가 안고 있던 조선인에 대한 공포심이야말로 관동대지진 당시의 조선인 학살을 불러일으킨 원인(遠因)이라고 평가하는 것은 무리일까. 이처럼 안중근에 의한 이토 히로부미 암살사건을 계기로 생겨난 조선관의 동요도 결국 스테레오 타입의 조선 인식이 기껏해야 범죄자 취급이라는 타자인식으로 수렴되고 말았다.

갑신정변과 아관파천, 이토 히로부미 살해사건에 공통하는 것은 조선·한국의 공격적 내셔널리즘에 일본이 노출되어 있다는 공포감이고, 그런 공포감에서 생긴 피해자 의식에 의거해 피상적이면서 단순화된 타자의식이 재생산된다는 과정이다. 그리고 우리가 다양한 타자인식을 형성하고자 할 때, 이를 저해하는 메커니즘으로서 기능하는 것이 근거 없는 공포심이라고 말할 수 있을 것이다.[38] 그러나 이러한 공포심은 타자를 보다 깊이 알려고 하지 않기 때문에 형성된다는 점을 잊어서는 안 된다. 현대 일본에서 혐한류(嫌韓流)와 재특회(在特會) 문제 등으로 대표되는 협애한 타자인식이 여전히 횡행하고 있다. 이러한 상황을 바라보았을 때, 근대 일본의 조선관이 형성·전개된 과정을 되묻고 타자의 다양성을 역사

---

38) テッサ·モーリス゠スズキ, 『批判的想像力のために』, 平凡社, 2002, 참조.

적으로 재인식하는 일은 피상적이고 단순화된 자타인식의 재생산을 막
기 위한 중요한 작업의 하나일 것이다. [옮긴이-이규수]

日本の大韓帝国認識とその政策

小川原宏幸

1. はじめに

　本稿は，日露戦争を契機として日本の植民地支配が本格化した保護國期を中心に，日本の大韓帝國認識がどのようなものであり，そうした認識にもとづいてどのような政策が遂行されたのかを明らかにしようとするものである。その際，当該期のみならず，前近代以來のやや長めのスパンから日本の朝鮮觀がどのように形成・変遷し，その中核となっている思惟構造がどのようなものであるのかを射程に据えて檢討を行う。

　近代日本の朝鮮認識については旗田巍『日本人の朝鮮觀』をはじめ多くの研究がなされてきたが，本稿の方法的視角として留意すべき3点を押さえておきたい。まず，他者認識は自己認識と表裏一体で形成されるものであり，その考察対象が置かれた歴史的状況との相關關係のなかで他者認識 (本稿の場合は朝鮮認識)を抽出する必要があるという点である。こうした点を等閑視し，他者認識が帯びる歴史性

を捨象した言説分析に終始する限り，そこから導かれるのは観念論的
他者像としかなり得ず，もはや歴史學が對象とすべきものではない。
その他者認識が形成される歴史的背景をあとづけるとともに，そう
した他者認識の変遷過程を射程に入れた考察を行うことが求められ
る1)。

　2点目は，日本の對朝鮮認識を描く際，その考察對象の朝鮮觀のみ
を抽出してしまっては，實際には等身大の朝鮮像を見逃す危險を冒
しかねないという点である。この点に關し，たとえば山田昭次は，吉
野作造の朝鮮觀を抽出するに際し，その對外認識のみならず，吉野の
思想遍歴總体において朝鮮がどのように位置づけられているのかを
把握することの重要性を喚起した2)。つまり吉野という思想家が
「朝鮮」とどのように出會い，思想形成を行ったのかをこそ問わね
ばならないということである。テキストから朝鮮にかかわる叙述
のみを取り出すような淺薄な言説分析にとどまることなく，その思
惟構造において朝鮮という「場」がもつ位相を見極めることが必要
なのである。對象を細分化して把握するのは科學の基本的方法であ
るが，そうした方法論ゆえに，ともすると考察對象の全体像を見誤っ
てしまいかねない。考察對象總体の他者認識において朝鮮觀がどの
ような位相を占めているのかを見極めるためには，細分化とともに

---

1) 日本植民地史研究者の柳澤遊は，1990年代後半に日本でイギリス帝國史研究を
　中心に展開された「帝國意識」研究の研究整理において「植民地支配の具体
　的究明と，それをささえた「帝國意識」の解明とを，(その方法的手順は別として)相
　互に關連づけて帝國史を考察していくことの重要性」が共通の視角となっており，
　植民地支配─被支配の「場」において發酵・形成される「帝國意識」を，その
　社會経濟的基盤との關連において動態的に分析することの必要性を強調している
　(柳澤遊，「帝國主義と在外居留民」『現代思想』29-8，2001)。本稿もまたこう
　した問題意識を継承している。
2) 山田昭次，「金子文子と吉野作造の朝鮮觀」『朝鮮史研究會論文集』36，1998。

總合化を往復關係で図っていくことが重要である。

　さらに付け加えるなら，社會およびマス・メディアの他者認識と政事担当者のそれとを區別しながら把握すべきであろう。もちろん兩者は密接な相互依存關係をもっているが，だからといって完全に一致するわけではない。それぞれの他者認識が表明される歴史的背景を押さえた上で，兩者の關係性およびその違いに留意しながら考察を進めることが求められる。

　本稿は，以上の方法論的視角を念頭に置きながら，19世紀末に成立した大韓帝國の歴史的位置づけを日本との關係からとらえ返すことを目的とした「〈大韓帝國〉と韓日關係」という本企畵のもと，日本の朝鮮侵略が本格化するなかでそれまで醸成されていた對朝鮮認識がどのように変遷していくのかをあとづけようとする試みである。

2. 近代日本の朝鮮認識—日清戦争前後まで

　日本の大韓帝國認識を檢討するに先立ち，大韓帝國成立までの近代日本の朝鮮認識の変遷について先行研究にもとづいて簡單にまとめておく[3]。

　いわゆるウェスタン・インパクトによる中華文明から近代文明へという文明觀の轉換が起きる以前，東アジアにおいては中華世界を中心とした「文」の価値觀が共有されていた。前近代の日本において特徴的なのは，中國や朝鮮と日本とを對比・差異化する際，こうし

3) 以下, 鈴木文「近代日本の朝鮮觀」趙景達編『近代日朝關係史』有志舍, 2012, 參照。

た価値観を共有しながらも，兵營國家としての近世日本においては特に武士層においてつねに「武威」が意識された点である。そして朝鮮と日本の關係は，こうした「文」と「武威」のアンヴィバレントな文脈において「文」と「武」の相關關係で把握されることが多かった。たとえば通信使外交を通じて日本の儒者のなかには「文」の國である朝鮮に對してある種の劣等感を抱く者もいる一方で，それゆえに朝鮮を「文弱」と退けるなかで日本の武威を強調し，倒錯した優越感を抱くこともあった4)。日本の武威は，「文」(→文弱)の國・朝鮮との對比において，より強調されることとなったからである。朝鮮を肯定的に認識する枠組み自体は，近代に入って容易に消滅したわけではなく，上述した「文」との關係で朝鮮を評價する思考軸はその後も殘り續けたが，「武」の國日本という自己認識は「文」に對する兩義的な評価軸と不卽不離な關係として日本の朝鮮觀を規定し續けたのである。

　いわゆる開國以降，ウェスタン・インパクトの影響を受けて日本が文明開化という名の「歐化」に進むなかで，從來の中華文明から近代文明への価値の轉換が生じた。こうした価値の轉換は，日本の朝鮮觀にも多大な影響を及ぼすこととなる。それを端的に表すのが，福澤諭吉に代表される「文明」と「未開」という尺度である（『文明論之概略』）。明治初期にあっては，日本が「文明」の担い手であるというのは必ずしも自明ではなかったが，文明開化の進展のなかで，西洋に對する劣等感を媒介としながら，そうした劣等感から生じる負の側面を他者である朝鮮に投影する日本型オリエンタリズムとも呼びうる自他認識が形成されていく。その後時代が下るにつれて，そうした日本型オリエンタリズムにもとづいた自他認識にもとづ

---

4) 渡辺浩『日本近代思想史[17〜19世紀]』，東京大學出版會, 2010, 參照。

いて，日本はアジアの「指導者」を自處するに至る。

　こうしたアジアの指導者という自己認識を端的に表すのが自由民權運動とアジア主義という2つの動向である。自由民權運動は國內においては民權論を主張しつつも，　對外的には國權論を主張した点が特徴的であるが，そこで表出した朝鮮觀は近代文明主義と指導者意識に裏打ちされたものであった。アジア主義もまた自由民權運動同樣に，　近代文明主義にもとづく指導者意識を有していた。自由民權家・中江兆民とアジア主義者にして右翼の巨頭である頭山滿とが頻繁に相互交流を繰り返した事實に象徴されるように，　兩者は思考的枠組みとして共通する土台をもっており，人的にも大きく重なっていた[5]。アジア主義は，前近代からの文化圏的共通性についての認識を土台として西洋との對比のなかから生まれたが，近代に入ると，アジアという認識は歐米列强の脅威に對抗する理念的な據り所とされた。1880年に結成された興亞會や1881年に誕生した玄洋社などの活動は，歐米列强に對抗するアジアとしての一体感を基礎としながらも，その目指すべき方向性は，　アジアにおいていかに近代的文明化を成し遂げるかというものであった。そして，いち早く「文明」化を成し遂げた日本が盟主となるべきだとする日本盟主論，そして大アジア主義の認識が形成されることとなる。近代文明主義の母斑を押されたアジア主義は，　アジアの指導者という自己意識を梃子に對外膨脹に對して自己批判のまなざしをもつことができなかった。アジア主義のもつ近代文明主義と指導者意識の結びつきから，　啓蒙運動家・福澤諭吉をアジア主義者にいちはやくなぞらえたのは竹內好であるが，けだし慧眼である[6]。

---

5) 竹內好『日本とアジア』，ちくま學芸文庫，1993，參照。
6) 同上。

　　甲申政変から日清戰爭に至る時期において，甲申政変時の日本人殺害事件などが報道等で日本社會に廣まるなかで，　日本「國民」としての自覺が廣範な層に急速に擴大していく。そしてこうした動きと相關關係をもちながら，　朝鮮人や中國人に對する否定的なイメージが日本社會に流布されるようになる。またこの時期には，　國家主義の高揚とともに脱亞的發想がさらに鮮明となった。福澤諭吉の著名な「脱亞論」が發表されたのは甲申政変直後の1885年3月16日であり，同論考執筆の直接的契機は甲申政変による朝鮮改革論の挫折であった。1880年代における福澤の朝鮮改革論は，「脱亞論」を例外として，近代文明主義に依據するものだったという点では一貫していたが[7]，甲申政変によって朝鮮「文明化」という目標が挫折させられた福澤は，　朝鮮は主体的に「文明化」という進步の道をたどることができないという停滯論的朝鮮觀を固定化させていった。そしてそうした理解は，日清戰爭を「文明」對「野蛮」の對抗ととらえる図式にも継承された。日清戰爭期の朝鮮觀は，　清國との關係にもとづきながら，獨立あるいは改革の對象として語られることが多いが，そうした論調は，みずから「文明化」することのできない朝鮮という他律的認識を基調としていた。日清戰爭においてすべての日本人が一律に戰爭に賛成したわけではなく，また「野蛮」というステレオタイプをすべての日本人が受け入れたわけではないが，こうしたステレオタイプな朝鮮認識が，錦繪や新聞などを通じて日本社會の廣範な層に根付いていった。

---

　7) 吉野誠「福澤諭吉の朝鮮觀」『朝鮮史研究會論文集』26, 1989。

3. 大韓帝国成立に対する日本新聞の論調

甲午改革においてすでに宗屬關係の廢止，對淸獨立宣言など中華
的秩序からの離脱が図られ，1897年10月には國王高宗の皇帝卽位が行
われるとともに，國号を大韓として大韓帝國が成立した[8]。國際法秩

---

8) なお，本稿の課題からは外れるが，從來の大韓帝國研究における問題点について
一言しておく。戰前（解放前）においては，日本による植民地統治を理論的に裏づ
けるためにも朝鮮を他律性論あるいは停滯性論でとらえ，歴史的主體性を認めない
のが一般的であった。したがって，戰後歷史學あるいは解放後歷史學においてはそ
の他律性史觀をいかにして打破するのかというのが最重要の研究課題となったこと
は言うまでもない。大韓帝國の歷史的性格については，日本の朝鮮史研究につい
て言えば，經濟史の分野では戰後比較的早い段階から停滯性史觀の克服が目指
され，多くの成果が積み上げられてきた。政治史においては，森山茂德によって皇
帝高宗の「勢力均衡政策」という分析軸で朝鮮側の主體性をとらえようとする枠
組みが提示された（森山茂德『近代日韓關係史研究』(東京大學出版會，1987
年)。
　一方，大韓帝國の歷史的性格をめぐって近年，韓國において論爭が繰り廣げられ，
日本でも注目されている（趙景達「危機に立つ大韓帝國」（『岩波講座東アジア近
現代通史 2』岩波書店，2010年，參照)。大韓帝國を近代國家ととらえるのか專
制君主國家と見なすかをめぐって繰り廣げられた同論爭の核心的論点は，大韓帝
國期の政治勢力である獨立協會，光武政權（高宗側近グループ)の對日姿勢を
もって，かれらがどれほど自主的な近代化を進展し得たかという点にあった。こうした
二項對立的な理解は，得てして評價軸を同じにしながら，互いの評價を反轉させたも
のに陷りがちであるが，報告者の見るところこの論爭もまた同様である。西歐的な
近代主義（本論爭の場合は，「日本的近代主義」と言うべきだが)を評價軸としな
がら，その達成の可否をもって論爭が展開されているといえよう。つまりその評價軸
の安當性自體は疑われることがない。こうした論爭の趨勢に對して許東賢は，大韓
帝國の成立過程を同時代的に考えるにあたり，ロシア・モデルによる近代化あるいは
國民國家化を想定する必要性を提唱している（許東賢「試論─大韓帝國のモデ
ルとしてのロシア」(明智大學校國際韓國學研究所學術大會，2005年)。ロシア・モ
デルという觀点を導入することの安當性は，たとえば大韓帝國成立後初めての行幸
である洪陵（明成皇后（閔妃)の陵墓)への幸行においてロシア式の儀仗兵が採用
されるとともに，輦駕の周圍をロシア兵が護衞したことからも首肯できる（『駐韓日本

序において國家元首が皇帝となる必要は必ずしもなかったが，高宗
の皇帝卽位は，その君主の地位が淸國皇帝や日本の天皇と對等である
ことを明示しようとする意図をもつものであり，日本や歐米列强と
の外交關係において淸國との從來の宗屬關係をどのように處理する
のかという課題と大きくかかわっていた9)。

　こうした大韓帝國成立にかかわる一連の動向に對しても日本は，
上述したような朝鮮に對する他律性論的な眼差しを依然として注ぎ
續けた。ただし，日本の大韓帝國に對する認識についての研究は日
露戰爭下での大韓帝國認識に代表させたものがほとんどであり，筆
者の研究もまた同樣であった。日淸·日露兩戰間期の日本の新聞·雜誌
等の論調に關する研究は，日淸戰爭以後の日本の中國認識とあわせて
朝鮮認識を論じた伊藤之雄や子供雜誌の朝鮮認識を取り上げた大竹聖
美の研究等がわずかにあるのみであり10)，この分野の研究は今後本

公使館記錄』12, p.169)。許の見解は，日韓關係でのみ大韓帝國の近代化をと
らえて親日·反日という枠組みでのみ外勢依存的か否かを評価する研究が陷った隘
路を打開する上で重要な指摘である。ただし，ロシアへの外勢依存性を强調する許
東賢の評価も結局，西歐的近代を価値基準とするという發想に陷っており，大韓帝
國の主體性をすくい上げ得ないものとなっている。大韓帝國の歷史的展開を分析
するにあたって，西歐的近代化を価値基準とするという發想が依然强いという点こそ
が問題なのであり，今後の研究においては，モダニズムのドグマに陷ることなく等身
大の大韓帝國像を描き出すことが求められる。日本では，政治文化の趨勢に注目
しながら大韓帝國期の政治史をあとづけた趙景達や愼蒼宇，小川原による研究な
どが少しずつ蓄積されている (趙景達前揭論文，愼蒼宇『植民地朝鮮の警察と民
衆世界』有志舎，2008年，小川原宏幸『伊藤博文の韓國併合構想と朝鮮社
會』岩波書店，2010年)。本稿の射程は，必ずしも大韓帝國の歷史的性格を再檢
討しようとするものではないため，その本格的檢討は別途行うこととする。
9) 月脚達彦『朝鮮開化思想とナショナリズム』(東京大學出版會，2009年)，參照。
10) 伊藤之雄「日露戰爭以後の中國·朝鮮認識と外交論」『名古屋大學文學部研究
論集 (史學)』40, 1994, 大竹聖美「明治期少年雜誌に見る朝鮮觀」『朝鮮學
報』188, 2003。

格的に行われる必要がある。ここでは大韓帝國成立に際する日本で
の論評が研究史的にほとんど取り上げられていない状況にかんが
み，　やや長くなるが福澤諭吉の論説「事實を見る可し」を引用す
る11)。

　　さて今の朝鮮国のありさまを見るに，　独立とは名のみにして，そ
の実なきのみか，さらに適切の語を用いれば国の体を成さずして，国
その国にあらずというも可なり。現に近来の報知によれば，　かねて
噂の通り尊号の議もいよいよ決して，　朝鮮国王は今後朝鮮皇帝陛下と
称するよし，驚き入りたる沙汰にこそあれ，国王と称するも皇帝と称
するも他の勝手にして，いずれにしても差し支えなけれども，その
皇帝陛下の支配せらるる帝国のありさまは如何というに，外より見れ
ばほとんど国の体を成さず，現に国王の如きこの程までは他国の公使
館に借住したるほどの次第にして，一身の居住さえ定めがたきその国
王が，にわかに皇帝と称したりとて，内外に対して如何なる威厳を加
うべきや。[中略]小児の戯れもあまりに程を過ぎて取り合うものはあ
るべからず。この一事をもっても彼の国情を知るべきものなれども，
本来朝鮮人は数百年来儒教の中毒症に陥りたる人民にして，常に道徳仁
義を口にしながら，その衷心の腐敗醜穢ほとんど名状すべからず，上
下一般共に偽君子の巣窟にして，一人として信を置くに足るものなき
は，我輩が年来の経験に徴するも明白なり。
　　されば，かかる国人に対して如何なる約束を結ぶも背信違約は彼
等の持前にして，毫も意に介することなし。既に従来の国交際上にも
しばしば実験したる所なれば，朝鮮人を相手の約束ならば最初より無
効のものと覚悟して，事実上に自から実を収むるの外なきのみ。対
朝鮮の覚悟は右の外なしとして，さて，その朝鮮に対ずる他の上等国
の関係は如何すべきやというに，事の行掛りよりして自から約束の
必要のあらん。即ち日露協商の如き，行掛上止むを得ざる必要に出で
たるものにして，いまさらその得失を論ず可きにあらず。出来たる
ものは致し方なけれども，第一にその約束の目的物は，即ち前に記し
たる朝鮮人にして，背信違約のごとき何とも思わざる人間なりと云

11)　『時事新報』1897年10月7日付社説。

ふ。[中略]たとえば天津条約[1885年，　日清間で締結──小川原]の如き
も，　本来は日清両国が朝鮮に対して平和を保証するの精神に成りたる
ものなりしかども，　その平和の保証も実際に毫も無効なりし。その次
第は畢竟朝鮮人に自身自立の心なく，　単に目前の勢に幻惑し，風の吹廻
し次第に方向を転じて支那（ママ）の一方のみに依頼し，　遂に彼をして
内政に干渉するの挙動を演ぜしめたるがためにほかならず。朝鮮人
を目的としての約束は，　実際，　当てにすべからざるを知るべし。[中
略]今日こそ彼等はひたすら露国に取りすがりて余念なきが如くなれ
ども，　実際は二三執権者の私情に出づるものにして，　決して永続すべ
きにあらず。早晩風の吹廻しにて，　さらに我国に依頼するの時あるや
疑うべからず。その時に至れば協商条約を窮屈に解して傭兵云々はそ
の精神に背くものなりなど明白に意義を一定し置くは，　むしろ自ら運
動を牽束するの不利を見るのみなれば，　すべて朝鮮のことに関して
はその相手の誰彼にかかわらず約束の空文に重きを置かずして，他日
の実際に実益を収めるの覚悟こそ肝要なれ。我輩が傭兵問題を軽くみ
てあえて窮屈の論をなさざる所以なり。

　福澤は，　日露協商（西＝ローゼン協定：1898年締結）締結交渉およ
び大韓帝國の成立，称帝問題について論評を加えるにあたり，1896年
初頭に實施された露　（俄）館播遷以降の歴史的経緯に象徴されるよう
に，　朝鮮王朝が外國勢力に依存していると批判しながら，「その皇帝
陛下の支配せらるる帝國のありさまは如何というに，　外より見れば
ほとんど國の体を成さず」，「風の吹廻し次第に方向を轉じ」るのだ
と，他律性論的な眼差しから大韓帝國成立を否定的にとらえた。國家
的獨立に至上価値を置く福澤，そして日本において，大韓帝國の成立
はその對朝鮮認識に変化を生じさせるものではなかった。それど
ころか，露館播遷という「外勢」依存的政策により親日政權の瓦解を
経驗した日本にとって，この事件は，従来以上に他律性論的性格を強
めた朝鮮觀を流布させるきっかけとなったように思われる。後述
するように，　日露戰争下の對韓政策立案に際し，　日本において文官，

武官問わず韓國皇帝・韓國政府に主体性を認めない立場は共通してい
たが，こうした見解もまた露館播遷にもとづきつつ他律性論の立場
から唱えられていたからである。ただし，朝鮮の「外勢」依存的政
策ゆえに大韓帝國政府が親日に容易に振れることも想定されており，
日露交渉を行ううえでも，條約にのっとった形式的側面の整備より
も，他日の實益を得ることを優先すべきことを提唱している。「百
卷の万國公法は數門の大砲に若かず」（『通俗國權論』）と看破した福
澤の面目躍如である。この論說では親日化政策を具体的にどのよう
に進めるべきかについては言及していないが，そうした親日策を正
当化する論理もまた他律性論の歸結として導かれたものであること
を確認しておきたい。

　以上，前章と本章で見てきたように，前近代において日本は，東ア
ジアの文的価値觀に依據しながら，一方で文明的先進性にもとづい
た肯定的評価を行う半面，他方で文のもつ兩義性にもとづく日本の
「武威」の强調による否定的に把握するというアンヴィバレントな
朝鮮觀をもっていた。それがウェスタン・インパクト以降，歐化主義
にもとづく近代文明を日本が受容するなかで，文明と野蛮という近
代文明主義の尺度にもとづいて朝鮮を把握するとともに，歐米列强
との對抗關係においてアジアの指導者意識を强く自任するように
なっていった。しかし日本の朝鮮「改革」構想は，甲申政変や露館
播遷のような一連の歴史的事件によって失敗に終わる。そうした日
本の指導者意識は，「改革」構想失敗の挫折感のなかで他律性論へと
反轉し，朝鮮停滞性論が形成されていったのである。

4. 日露戰爭下の大韓帝国観

日露戰爭勃發以降, 日本の朝鮮侵略が全面的に展開された。「消極的操縱政策」を進めるほかなかったそれまでの對韓政策とは次元を異にする「誠意的强制手段による干涉政策」を行う段階に入ったのである12)。それでは, そうした政策的展開と大韓帝國に對する認識とはどのように結びついていたのであろうか。以下, 日本が韓國内政干涉策を行っていく上で, 文武官それぞれが大韓帝國の統治構造をどのように認識していたのかについて檢討する。

駐韓公使林權助は, 1903年末より進められていた日韓密約締結交涉に際し,「この際帝國政府において速に韓國内, 少なくとも京城における我兵力を増加し, 韓廷をして實力上我れに信賴するの政略を取らざるにおいては, 韓廷は風說の如く都を他に移し, もしくは他國公使館に逃竄するに至らんも測られず。[中略]韓廷をして我れに昵近せしめるの政略も遂に水泡に歸するに至るの虞れあり」13)と外務大臣小村壽太郎に上申した。韓國皇帝の外國公使館避難, つまり「露館播遷」の再現を防ぐために軍事力を増强し, 韓國宮中を牽制すべきであるという意見である。ここでもまた露館播遷によって日本の對韓政策が大きく後退した経驗が顧みられることとなる。

では,「露館播遷」再現を阻止し, 皇帝を日本の勢力下に置くべきであるとする認識は, 韓國權力構造の把握とどのようにつながっているのだろうか。これを示唆するのが, 日露開戰前の1903年12月, 伊藤博文, 桂太郎, 寺内正毅が會見して韓國問題等について意見を交わ

---

12)「韓國ニ對スル帝國將來ノ國是」國立國會図書館憲政資料室所藏『柴田家門文書』15。
13)『日本外交文書』37-1, p.439。

した際の伊藤の認識である。伊藤は,「王を擁し置くを絶体の必要」
という点を強調し,さらにその意見は,日本の影響下において行われ
た甲午改革に言及した「[明治]廿七八年の歷史に及」[14]んだとい
う。日本が對韓政策を進める上で韓國皇帝の確保を絶對條件と位置
づけたことは,皇帝さえ押さえれば韓國統治が可能であると認識さ
れていたことを意味する。これは,韓國の權力構造に對する基本的
な認識が專制國家觀に下支えされていたということであり,した
がって韓國皇帝をどのように日本の支配下に置き,利用・抑制するか
という課題が對韓政策の根幹となるということを意味する。

　しかしこの段階では,皇帝高宗が日本に強く不信を抱いていたた
め,皇帝を日本の支配下に置くことは實際には困難であった。林は,
韓國政府における親日勢力の擴大に努めていたが,日露開戰そして
「日韓議定書」締結直後の韓國政界を觀察するなかで,「現閣員の專
ら恃むところは,我實力に外ならざるをもって,現在當地における
我兵力の多寡は直ちに彼等の地位に影響するは理勢」であるとして,
在韓日本軍の速やかな增設　(四個大隊程度の設置)を求めていた[15]。
日露開戰に先立って韓國に派遣された第1軍がその前線を北上させ,
ソウル近辺において軍事力が手薄になったことに對する措置であ
り,1904年3月10日,韓國駐箚隊が韓國駐箚軍に再編された[16]。林は,
對韓政策を遂行する上で軍事力の充實が必要不可欠であることを明
確に認識しており,これは後述する日本武官による武官統監論と論理
的に同一のものである。

　では,なぜ軍事力によって韓國の統治權力を制御する必要がある

---

14) 山本四郎編『寺內正毅日記』,京都女子大學,1980,p.190。
15)『日本外交文書』37-1,p.469。
16)「滿密大日記　明治37年3月」(アジア歷史資料センターC03020058500)。

と認識されたのであろうか。それは,「日韓議定書」締結や韓國現內
閣に反對する大官や褓負商などの勢力が「陰謀密計あらゆる手段を
採って互に相排擠するに至る次第にて, この度の陰謀に關しても陛
下は內々これを敎唆せられおるやに見え,閣臣等一般に恐怖心を起こ
し,疑懼措く能わざるものの如し」ととらえていたからである[17]。
韓國內閣や日本に反對する勢力が活動を活發化させているが, それ
を高宗が裏で操っているという認識であり, 皇帝を制肘するととも
に,韓國の各政治勢力に對して弱体である韓國內閣を維持するために
は,軍事力を背景とする必要があるととらえていた。「すべての批
政は韓帝を中心とする宮中にありて, 政府および國民とは甚しく隔
絶」していると見た林は, 折に触れて韓國皇帝を牽制していた[18]。
日本による「施政改善」の進展を阻害しているのは皇帝を中心とす
る韓國宮中であり,韓國政府および韓國民衆はむしろ日本の理解者で
あると林は認識していたのである。したがって,いかにして韓國宮
中の關与を防ぎ,日本が進めようとする「施政改善」を韓國政府に行
わせるかという對韓政策上の課題を軍事力による威壓によって實行
に移そうとしたのである。すなわち軍事力を前面に押し出して對韓
政策を行うという点に關しては,文官,武官問わずその認識は一致し
ていた。逆に言えば,軍事力による統制によらなければ,韓國皇帝を
中心とする韓國の統治權力を制御できないと日本側は認識していた
のである。

　しかし日露開戰を前後した段階では, 日本政府は皇帝權を抑制し
ようとする動きに對してはむしろ消極的であった。急速な制度改革
が皇帝の反發を買い, かえって宮中から韓國政府への制肘が強化さ

---

17)『日本外交文書』37-1, p.469。
18) 同上, p.285。

れかねないことを懸念するとともに,「殊に世人は, 右[韓國政府の官制改革を指す――小川原]等の改革もまた, 我助言に基くものなりとの誤解を懷くべき」ことを恐れたからである[19]。韓國政府の急進的改革が, 宮中による反發とともに, 韓國內の反日感情を高揚させかねないことを憂慮しての指示であった。そして在韓日本公使館內でも「日韓議定書」第1條に規定した「施政改善」を進めるために諸改革を行う必要があることは認めていたが, 皇帝および「韓國人民」の反發を招かないよう, あくまでも漸進的に進めるべきものと認識しており[20], 本格的な「施政改善」は日露戰爭終結後に統監府による施政開始以降となった。

5. 武官統監論の系譜

一方, 在韓日本軍內では, 日露開戰前夜において武官を中心とした統一的植民地統治機關の設置構想が檢討されていた。その代表的なものが, 在韓公使館附武官伊知地幸介が日露開戰直後の2月17日付で大本營に提出した「半島總督府條例」案であるが[21], 在韓日本軍はその後も, 駐韓公使に優越する軍中心の對韓統治機關の設置を參謀本部に上申していた。1904年8月に韓國駐箚軍參謀齋藤力三郎が參謀本部にあてた上申書がそれであるが, 同意見書は, 当時進められていた伊藤博文の韓國顧問就任が中止されたことに贊意を示しながら,「由來韓國は文官連にては到底治まらざるべく存候。是非共陸軍將官にして

---

19) 同上, p.473。
20) 同上, p.347。
21) 防衛省防衛研究所所藏『鷄林日誌』(「戰役—日露戰役—五九」), 谷壽夫『機密日露戰史』, 原書房, 1966, p.72。

親補職の連中歟又宮家に限る儀と愚考仕居候。由來韓國の操縱は兵力
を有する大官にして國王の親信を得る者に限る儀と存候」22)と， 文
官による對韓政策の遂行を排している。對韓政策を行うにあたって
武官を中心としなければならないのは，「文官連にては到底治まら
ざるべく」， すなわち軍事力を前面に出した統治を行わなければな
らないととらえていたからであった。

第2次「日韓協約」による韓國保護國化に際して韓國駐箚軍で唱え
られた武官統監論は，こうした構想の延長線上にある。韓國駐箚軍は
「韓國経営に關する所感摘要」，「韓國経営機關の首腦に就て」という
意見書を作成し，參謀本部に上申，後者については伊藤にも提出され
た23)。兩意見書は韓國駐箚軍における武官統監論の核心を示すもの
であるが，以下，「韓國経営機關の首腦に就て」を檢討し，武官統監論
の內容を考察する。

意見書の主眼とするところは，駐韓公使，駐箚軍司令官が並立して
對韓政策を遂行している現制度を改め， 第2次「日韓協約」締結後に
統一的韓國統治機關を設置すべきであるが， その統治機關の首腦は，
「少なくも過渡時代にありては武官にあらざれば能くこの[對韓政
策の解決という]希望に副うこと能わざる」ため，武官から採用しな
ければならないという点にある。つまり武官統監論を正当化するた
めの政策意見書である。今後の對韓政策の根本方針は「韓國は能く
威服せしむべし， 懐柔すべからず」と武斷的統治に置かれた。それ
は「常に強國の間に介して事大主義を執り，首鼠兩端もって纔かに社
稷を保持し得たる幾百年來の彼れの歴史」および日露戰爭下の情勢

---

22) 長岡外史文書研究會編『長岡外史關係文書 書簡·書類篇』，吉川弘文館，1989，
　　pp.161-162。
23) 同上，pp.75-81。以下，特に斷らない限り，『長岡外史關係文書 書簡·書類篇』か
　　らの引用である。

に照らすとき，「韓國の皇室および政府に對して容易に制馭の功を收めんと欲せば，兵馬の實權を掌握せる武官をして同時に経營機關の首腦たらしめ，彼等をして妄動の余地なからしめ」ることが求められたからである。また，「その知識の程度に於て，その國家的觀念を有せざる点において，その強者崇拜の劣性に於て，蛮民の境を距ること遠からざる」一般官民に對しても，「壓力の伴わざる手段は到底効果を奏すること無き」ものと觀念された。つまり武力の示威により韓國皇帝，韓國政府のみならず一般官民も統御することが可能であると見通されていた。ここに明らかなように，武官統監論の基底には朝鮮事大主義觀，すなわち朝鮮停滯性論と朝鮮愚民觀が横たわっていたが，この点は先述した伊藤ら文官の朝鮮觀と軌を一にする。しかし「過渡期」における経營機關として「なお武斷的手段を取ることなくその外見の穩美なる彼我合意的方法をもって韓人に臨むは，頑冥不靈にして事理に通ぜず，弥弥百端毫も誠意を有せず，遷延姑息を策するに巧みなる韓官等はたちまちその慣用手段を弄して防(ママ)害を試み，遂に我をして已往における對韓政史の失敗を反復せしむる」ものととらえ，文官中心の統治機關の設置を明確に否定した点が重要である。甲午改革時の駐朝公使井上馨による朝鮮内政改革の失敗の轍を踏まないためにも，「彼我合意的方法」すなわち「文化政治」ではなく，「武斷的手段を円滿に實現せしむるの方法」を採用しなければならないと主張したのである。

　一方，江原，忠淸，慶尙各道で起きている義兵は「必ず頻繁に八道に發生することあるべしと覺悟」しなければならないとの見通しが示されている。したがって日本が韓國経營を行う上で，「今日において速かに荊棘を拔き，障碍を除き，安全なる徑路を与え，確乎たる基礎を得せし」める必要があるが，斷續的かつ廣範囲に及ぶ義兵

の彈壓を適切に行うために，「指揮者たる武官は普く全般の狀勢を知悉し経営施設の企図計畫を詳かにし，同時に用兵上に就ては其原則として毫も他の掣肘を受くることなきを要す」ることが期されたのである。すなわち「治安維持」を最優先しなければならない韓國において円滑に韓國統治機關を運営するためにも， やはり武官統監論が正当化されることとなる。このように，武官統監論の論據は，①朝鮮事大主義觀にもとづき，軍事力によって韓國皇帝および韓國政府の掣肘が可能であるととらえたこと， ②斷續的に勃發する義兵鎭壓という「治安」上の必要性の2点から構成されていた。

そして韓國駐箚軍司令官長谷川好道および參謀長大谷喜久藏は，第2次「日韓協約」締結交渉のために韓國を訪れた伊藤に上の意見書を示しながら武官統監論を主張した。大谷の觀察では，伊藤に隨行した樞密院書記官長都筑馨六および駐韓公使林權助は異論を挾んだが， 伊藤は武官統監論に傾いたという[24]。この事實は， 特に①については軍事力によるか否かは別にしても，右に述べた武官統監論の2つの論據自体には伊藤が反對しなかったことを示唆する。それは， 先述したように伊藤は韓國皇帝および韓國政府を制御・利用すれば韓國統治が可能であると考えていたからである。

また，日本陸軍の最長老である山縣有朋は，日露戦後の對韓政策について，「俄かに文明國の整頓せる財政制度を強制せんとするか如き， 果して策を得たるものと云ふを得へき乎」と疑問を呈し， さらに「歴史を顧みず風俗習慣を慮からずして實行の望みも確かならさる新法新令を彼れに強制し， 列國環視の中においていたずらに彼れの反抗を招くは最も戒むへきの事に屬す」と見ていた。韓國保護國化に向けて日本の政治指導者が最も警戒したのは列強の干渉であっ

24) 同上，pp.85-86。

たが，韓國の治安惡化はその干渉を招來しかねないものであり，その治安惡化は，日本が「急行躁進ひたすら成功を急くの結果韓國の上下をして煩累に堪えさらしめ」た結果，招來したものと山縣は觀察していた[25]。すなわち文官を中心に遂行されている急進的な諸制度改編にこそ根本原因があるととらえており，日本の對韓政策が「治安惡化」を招いたという限りでは山縣の觀察は正鵠を射ていた。しかし，文明主義的な眼差しからなされるその視野には，朝鮮民衆の自律的な動向はやはり收められておらず，日本の政策を理解しない朝鮮人という認識は貫徹していた。

6. 伊藤博文の大韓帝国認識

　それでは，日本による韓國保護政策を統監として遂行した伊藤博文は大韓帝國の統治構造をどのように認識し，どのような政策を遂行しようとしたのであろうか。

　先述したように，伊藤は大韓帝國を專制君主國家として認識していた。そうした認識は日本が韓國を完全に保護國とした第2次「日韓協約」締結交渉によく現れている[26]。皇帝高宗は，第2次「日韓協約」の締結を迫る伊藤に對して「朕といえども，豈その理を知らざらんや。然りといえども事重大に屬す。朕，今自らこれを裁決することを得ず。朕が政府臣僚に諮詢し，また一般人民の意向をも察するの要あり」とはぐらかしたが，それに對して伊藤は次のように反駁した。

25) 大山梓編『山縣有朋意見書』，原書房，1966, p.284。
26) 『日本外交文書』38-1, pp.507-511。

　　陛下が政府臣僚に諮詢せらるるは御尤にして，外臣もまた，あえ
て今日に御決裁を乞わんこととの意にはあらず。乍去，<u>一般人民の意
向を察する云々の御沙汰に至っては奇怪千万と存す</u>。何となれば貴国
は憲法政治にあらず。<u>万機総て陛下の御親裁に決すという所謂君主専
制国にあらずや</u>。しかして人民意向云々とあるも，定めてこれ人民
を煽動し，日本の提案に反抗を試みんとの御思召と推せらる。これ容
易ならざる責任を陛下自ら執らせらるるに至らんことを恐る。何と
なれば貴国人民の幼稚なる，固より外交の事に暗く，世界の大勢を知
るの道理なし。果して然らば，唯だこれをして，いたずらに日本に
反対せしめんとするに過ぎず。[下線は小川原]

　大韓帝國は皇帝の親裁にもとづく專制國家であり，人民の意向を
聞こうというのは日本の提案を拒絶する方便に過ぎないと一蹴し
た。朝鮮の政治文化である公論政治を，「幼稚なる，固より外交の事
に暗く，世界の大勢を知るの道理なし」との判斷の下で明確に否定
したのである。

　日本の朝鮮植民地化の進展に對し，國權回復運動の性格を强く帶び
た愛國啓蒙運動や義兵鬪爭をはじめとする廣範な抵抗運動が展開さ
れ，朝鮮民衆の抵抗もまた各種階層で强まっていったが，伊藤はこう
した動向に對し，近代文明的施策を展開して受益層の擴大を圖り[27]，
また，韓國皇帝の權威を利用する一方，軍隊および警察といった物理
的暴力裝置を擴充して彈壓を進めた。伊藤は，施政当初から武力によ
る彈壓方針を一貫して崩さなかったのであり，第3次「日韓協約」締
結後の反日義兵鬪爭の高揚に對しても「彼等の自暴自棄は，ついに我
をして征服の止むを得ざるに至たしめざるかと憂慮を懷かしむ」[28]
と彈壓方針を崩さなかった。つまり伊藤は近代文明主義的な施策を
展開して支配の合意形成を図ろうとするとともに，その反對者に對

27) 森山茂德『日韓併合』，吉川弘文館，1992，參照。
28) 『駐韓日本公使館記錄』30，p.456。

しては徹底的な武力鎭壓を辭さなかったのである。

　伊藤の對韓政策の特徵として，皇帝權を縮小させる一方で，その權威を韓國統治に利用しようとした点をあげることができる。それを端的に示すのが，　1907年のハーグ密使事件の善後策である。伊藤は，駐韓武官のなかにあった韓國皇帝廢止論を退け，高宗を退位させることによって，　韓國皇帝の權威を利用しながらも權限を抑制する受動的君主を前提とした皇帝利用策を全面的に展開していった。伊藤が皇帝を存置させたのは，　義兵の鎭撫のために勅旨や宣撫使を出させたり，　あるいは裁可機關として皇帝を位置づけたりした事實を勘案すると，　イデオロギー装置としての韓國皇帝を重視していたためであった。伊藤は韓國統治を行うにあたって近代文明的政策の展開とともに，韓國專制國家觀の立場から韓國皇帝を擁立することを絶對條件としていたのである。伊藤が，　支配イデオロギーとして重視していたのは，甲午改革以降に涵養された朝鮮社會における「忠君」意識であった[29]。君主の恣意的な權力行使を抑える一方，その權威を利用した統合原理を創出しようとする韓國における「近代」的統治システム構築の動向は，日本における一君万民論的天皇觀の形成過程と對応したものであった。

　このように近代主義的立場から，　韓國を專制國家觀でとらえる限り，　民意の調達という政治的回路は当然ながら輕視されることとなる。伊藤は，儒教的民本主義にもとづく朝鮮の傳統的な公論政治を近代主義的觀点から明確に否定していった。この公論政治に對する評価をめぐっては，たとえば1906年7月に斷行された「宮禁肅淸」策における伊藤と高宗の意見對立に顯著に現れた。7月27日に行われた內謁見で伊藤は，　儒生らの意見を今後取り入れないよう高宗に要求し

29) 月脚達彦前揭書, 參照。

た。伊藤は、「たとえ如何なる學者が深山幽谷の辺に棲息しおるにせ
よ、その樹木と對座するも、いずくんぞ世界の大勢を達觀し、國家を
料理するの卓識を有するの理あらんや」と、儒教的民本主義にもと
づく高宗の政治手續きを時代錯誤ととらえて批判したのである。こ
れに對して高宗は「儒生中、山林の如きに至っては、我が國風は大に
これを尊敬し、朕が政府大臣を引見するに当り、必ずしも起座するを
要せざるも、獨り山林に至っては、朕、座を起ちてこれを迎えるを例
とす。故に政府大臣も彼を呼んで長席と称す」と、山林儒生らの意見
を取り入れるのは伝統的な政治手法であると反論した[30]。在地儒生
の意見を政治に反映させる必要性を強調する高宗に對し、伊藤は、そ
うした民意調達方式を強く否定したのである。1905年の「刑法大
全」で上疏は法的に禁止されていたが、上疏という朝鮮王朝以來の民
意調達策を高宗が依然保持しようとしていたことをあわせ考えると
き[31]、仮に建て前であったとしても、政務を執る上で山林儒生の意見
を傾聽する必要があるとする高宗の政治觀を見逃すことはできな
い。しかし伊藤はこうした上疏という民意調達を、韓國皇帝専制君主
觀および義兵闘爭との因果關係において明確に否定した。この点に
ついて伊藤は、内謁見に先立つ韓國大臣會議で「自分のこの地へ來任
せるは、韓國を世界の文明國たらしめんと欲するが故なり。もし山
林より太公呂望の如き者出て來て、韓國の君臣、これに耳を仮すが如
きことあらば、自分は早速歸國するの外なし」[32]と、「文明國」の名
分の下に上疏の斷絶を期していた。政治的変革は一般的に、新たな政
治文化を提示し、それが一定の合意を形成していく歴史的過程として

---

30) 金正明編、『日韓外交資料集成』6上、巖南堂書店、1964、p.313。
31) 原武史、『直訴と王權』、朝日新聞社、1996、pp201-205、參照。
32) 前揭、『日韓外交資料集成』6上、pp.247-248。

とらえることができるが[33]，皇帝の權威を利用する一方で，その權
限の縮小を図るために伊藤が導入した「宮禁肅淸」策や司法權の獨
立といった近代的政治システムの導入は，結果として，原理的に民衆
と皇帝とが上疏という形で結びつき，「一君万民」的民本主義を担保
していた政治的作法を否定することになったのである。すなわち
伊藤が行った一連の政策は，民意調達の回路を自ら斷ち切っていった
という側面をもっていた。

　また朝鮮における儒敎的民本主義を輕視して皇帝獨裁國家とのみ
把握するのは，民衆の客体視と表裏一体である。實際伊藤は，1909年
に催行された巡幸に際し，各地の歡迎會で，日本の保護國下において
韓國の開發が行われていること，　そして皇帝の意思は日韓融和と韓
國の富强にあるのだから韓國國民もその聖意に従うべきであるとい
う演說を繰り返した。その際，「國民としては一個人は一個人の考え
あらん。然れども，この統監は個々人の意見に耳を傾くるものにあ
らず。本統監は今赤心を抜きて，諸君が韓皇陛下の聖旨に服從せんこ
とを勸告したり。韓國人たるもの，すべからく全國を擧げてその方
向を一変するに努めざるべからず」[34]と，公論政治を否定してみせ
た。ここには近代文明主義および指導者意識，　そしてそれと表裏一
体の朝鮮停滯性論および愚民觀が色濃く表れている。帝國主義者伊
藤の面目躍如と言えよう。こうして近代文明主義および指導者意識
の下，朝鮮の政治文化のあり方については一蹴されたのである。

---

33) 柴田三千雄，『近代世界と民衆』，岩波書店，1983，參照。
34) 『統監府文書』9卷，p.272。

7. おわりに

　以上見てきたように，前近代において中華世界的な文明觀に裏づけられた文の価値観の兩義性に規定されながら，日本においてはアンヴィバレントな朝鮮認識が形成されていた。しかしウェスタン・インパクト以降，日本が西洋的近代主義を內面化するなかで，その朝鮮觀が少しずつ変化しはじめる。そして，アジアにおいていち早く近代化 (＝西歐化)を成し遂げた日本こそがアジアと連なりながら (＝アジア主義)，アジアを指導するという自己認識をもつに至り，そうした自己認識の裏返しとして，指導・保護されるべき，また改革されるべき朝鮮という認識が廣まっていく。そうした認識を廣める一つの契機となったのが，1884年の甲申政変であり，1896年の露館播遷であった。朝鮮との關係において日本の近代文明的な優越意識が「確認」され，そして自らの手で文明化することができない後進的な朝鮮が「實証」されるという歴史的事實は，自由民權運動や日淸戰爭にともなう國民意識の形成とも相まって，停滯性や他律性を強調したステレオタイプな言說となって擴散していった。そして，こうした朝鮮・韓國認識は，大韓帝國に移り住む日本人が飛躍的に増大した日露戰爭，韓國保護統治においても再檢証されることなく，むしろそうしたステレオタイプな朝鮮認識に規定されながら政策が立案・遂行されていった。

　それでは，大韓帝國期に日本の韓國認識が変容する契機はなかったのであろうか。近年の研究が教えるところでは，安重根による伊藤博文暗殺事件がその契機となりうるものであった[35]。從來，伊藤

---

35) 見城悌治，「近代日本の「義士／義民」表彰と朝鮮觀」『朝鮮史研究會論文集』45, 2007 ; 野村美和，「新聞における朝鮮蔑視觀の展開」『學術論文集 (朝鮮奬

博文の對韓政策は，朝鮮人本位であるとして在韓日本人社會から強く
批判されていたが，伊藤暗殺に對して日本では反韓感情が高揚し，韓
國に對する「大英斷」をうながす聲が高まった[36]。伊藤が今わの際
に發したとされる言葉とともに，伊藤暗殺が韓國併合をもたらした
という俗說が廣く流布するゆえんである。しかし實際には，安重根
の發言等が新聞を通じて日本國內に傳えられると，從來の他律的な朝
鮮認識に一部ながら修正が施されるようになり，「國家的感(ママ)念
に乏しく，又道義的義憤に乏しく，熱狂的情操に乏し，故に忠に死し，
義に死し，愛の犠牲となると云ふ如きは，共(ママ)歷史に考へ，其現在
の社會狀態に見るに，甚だ稀有の事に屬す」[37]といった肯定的な見
解が見られるようになった。國家觀念なき朝鮮人という理解が問い
直され，またそうした朝鮮觀にぶれが生じたのである。そしてそう
した問い直しは，日露戰後の「國民道德論」における國民觀念の搖ら
ぎにも一定の影響をもたらしたと考えうる。この搖らぎは，わずか
な可能性ではあるが，日本社會に多樣な朝鮮人觀を生じさせる觸媒と
なりうるものであった。

　しかしこの段階ではステレオタイプな朝鮮認識に再檢討は図ら
れなかった。それはいったいなぜであろうか。もちろんそれはそ
の搖らぎ自体がごく小さな可能性に過ぎなかったからであること
は間違いない。しかしその一方で見逃せないのは，朝鮮半島に近い
九州で，事件を受けて朝鮮から暗殺者が渡航するといった風聞が新聞
紙上で報道されていたことである。こうした朝鮮人に對する恐怖と
いう集団心理は，韓國併合によって日本社會內に抱え込まれ，「不逞」

　　學會)』27, 2009, 參照。
36)『朝鮮』3-8。
37) 同上。

朝鮮人觀へとつながっていくことになったと考えられる。日本社會
が抱え込んだ朝鮮人に對する恐怖心こそが關東大震災における朝鮮
人虐殺を引き起こした遠因であると評価するのは短絡に過ぎるだろ
うか。こうして，安重根による伊藤博文暗殺事件を契機に生じた朝鮮
觀の搖らぎも，結局，ステレオタイプな朝鮮認識か，せいぜいのとこ
ろ犯罪者扱いという他者認識に回收されてしまった。

　甲申政変や露館播遷，伊藤博文殺害事件に共通するのは，朝鮮·韓國
の攻擊的ナショナリズムに日本がさらされているという恐怖心で
あり，そこから生じる被害者意識にもとづいて，皮相的かつ單純化さ
れた他者認識が再生産されるという過程である。そして，われわれ
が多様な他者認識の形成しようとするとき，それを阻害するメカニ
ズムとして機能するのが根據なき恐怖心であるといえるだろ
う38)。しかしそうした恐怖心は，他者をより深く知ろうとしないが
ゆえに形成されるものであることを見逃してはならない。現代日
本において，嫌韓流や在特會問題などに代表される狹隘な他者認識が
依然として横行している。そうした狀況をかんがみるとき，近代日
本における朝鮮觀が形成·展開される過程を問うとともに他者の多様
性を歴史的に見つめ直すことは，皮相的かつ單純化された自他認識の
再生産に抗するための重要な作業となっていくはずである。

38) テッサ·モーリス＝スズキ，『批判的想像力のために』，平凡社，2002，參照。

토론문

이 규 수*

　이 글은 대한제국의 역사적 성격을 어떻게 바라볼 지를 염두에 두면서 일본의 대한제국 인식의 특징을 개괄적으로 서술한 것이다. 필자는 먼저 대한제국의 역사적 전개를 분석할 때 서구적 근대화를 가치기준으로 삼는 발상에 문제를 제기한다. 요컨대 모더니즘의 도그마에 빠지지 않고 있는 그대로의 대한제국의 역사상을 제시함으로써 '근대주의로부터의 대한제국 평가를 어떻게 극복할 것인가'를 되묻고 있다. 필자의 지적대로 타자인식과 자기인식은 표리일체를 이루는 것이기 때문에 타자인식이 형성된 역사적 배경을 명확히 밝힘과 동시에 일본의 타자인식의 변천과정을 면밀하게 고찰할 필요가 있다.

　분석의 요점을 정리하면 일본에서는 중화세계적인 문명관에 바탕을 둔 문(文)의 가치관의 양의성에 규정되면서 상반된 조선인식이 형성되었지만, 서양의 충격 이후 일본이 서양적 근대주의를 내면화하는 과정에서 조선관은 변화하기 시작했다고 한다. 그리고 동아시아에서 근대화에 성공한 일본이야말로 '아시아주의'로 상징되는 "아시아와의 연대 위에서 아시아를 지도한다는 자기인식"을 지니게 되었고, 그런 자기인식의 반대편에는 지도하고 개혁이라는 미명 아래 보호되어야 할 조선이라는 인식이 확대되었다고 말한다. 이러한 인식체계는 이후 자유민권운동과 청일전쟁에 따른 국민의식의 형성과 맞물려 정체성과 타율성을 강조한 상투적 언설로 확산되어 재검증되지 못한 채 일본의 식민지 지배체제의 구축

* 가천대

과 더불어 왜곡된 역사상으로 자리 잡았다는 것이다.

최근 대한제국을 근대국가로 바라볼 것인지 전제군주국가로 바라볼 것인지를 둘러싸고 전개된 논쟁에 대한 필자의 견해를 듣고 싶다. 당시 조선이 나라 안팎의 위기에 능동적으로 대응했고 자체적인 근대화운동의 중요성을 인식했다는 면에서는, 대한제국 선포의 자주적인 의의를 무시할 수는 없을 것이다. 그러나 토론자가 이해하기로는 대한제국은 식민지화 단계를 바로 앞둔, 결국 식민지화의 원인을 집중적으로 내포한 시기라고 볼 수 있기 때문에, 대한제국 시기의 가장 중요한 역사적 성격은 식민지화의 근본적인 원인을 규명함으로써 드러난다고 판단된다. 이에 대한 필자의 견해를 묻고 싶다.

필자는 일본의 한국인식이 전환될 수 있는 계기를 이토 히로부미의 암살사건으로 들고 있다. 사건 이후 보도된 언론의 논조에서 긍정적인 견해가 제시되었다는 것이다. 그러나 토론자의 견해로는 근대 한일 관계사의 획을 긋는 안중근의 의거에 대한 일본 여론의 전체적인 견해는 이토 히로부미의 죽음을 애도하면서, 그가 근대 일본에 남긴 족적을 회상하는 일이었다. 이토 히로부미는 '메이지의 원훈', '문명적 정치가', '평화적 정치가' 등 온갖 미사여구로 치장되었다. 일본은 안중근에 대해 '기른 개' 혹은 '미친 개'라는 표현을 서슴지 않았고, 안중근으로 상징되는 조선인의 저항에 대해서도 '괴물' 내지는 '마물'이라는 극단적인 멸시감을 유포했다. 일본 언론계는 이토 히로부미의 죽음에 대해 곧바로 당국을 향해 조선에 대해 특단의 조치를 내려야 한다고 요구했다. 이는 '배일의 광견'으로 상징되는 안중근 개인에 대해서만이 아니라, 조선에 대한 멸시감과 분노를 조장하는 형태로 이루어졌다. 과연 필자의 주장대로 이토 히로부미의 암살사건이 일본의 긍정적인 인식 전환의 계기로서 적절한지 의문이다.

'제국(帝國)'이 되기 위하여*

- 대한제국의 기념물 건립과 국가 상징의 제정과 활용 -

목 수 현**

1. 들어가는 말 - 제국으로 보여지기, 상징의 필요성

대한제국은 1897년 10월 22일에 선포되었다. 고종이 황제가 되고 국호를 조선에서 대한제국으로 바꾼 것은 이미 알려져 있다시피 근대 전환기의 대내외적인 변화에 적응하고, 그 시기 세계 변화에 걸맞게 몸을 바꿀 필요성을 느껴서였다. 조선을 제국으로 바꾸어야 할 필요성에 대해서는 여러 대신들이 올린 상소에서 역설한 바 있다.

'제국'으로 거듭나야 한다는 논리 안에는, 다른 나라와 동등하게 관계를 맺기 위해 필요하다는 언급이 들어 있다. 의정(議政) 심순택(沈舜澤, 1824-?)의 상소는 고종이 황제위(皇帝位)에 오르는 논리를 만국공법에 의거하여 주장하고 있다.[1] 또 그와 더불어 '황제'로 칭호를 높여 자주의

* 이 글은 필자의 박사학위 논문 [한국 근대 전환기 국가 시각 상징물](서울대학교, 2008)을 토대로 하여 학술대회의 주제에 맞게 수정 보완하여 구성한 것이다.
** 서울대학교 규장각한국학연구원 객원연구원
1) 『승정원일기』 광무 1년(1897) 9월 6일, '대황제의 위호를 올리는 것이 합당하므로 윤허할 것을 정청하는 의정 심순택 등의 계'.

뜻을 보일 것을 청하는 권재형(權在衡, 1854-1934)의 상소 및 여론에 따라 황제의 칭호를 올릴 것을 청하는 김재현(金在顯) 등의 상소에는 "우리나라의 강토는 한 나라와 당 나라의 옛 땅이어서 의관(衣冠)과 문물이 모두 송나라와 명나라의 남긴 제도를 따르고 있는 만큼 그 계통을 접하고 그 호칭을 답습하더라도 안 될 것은 없으니, 마치 독일과 오스트리아가 똑같이 로마의 계통을 이은 것과 같습니다. 독립과 자주는 이미 만국의 공인을 거쳤으니 황제의 자리에 오르는 것은 진실로 응당 행해야 할 성대한 의식"이라며 칭제(稱帝)를 주창(主唱)하였다.[2]

이처럼 '제국'으로 거듭나고자 한 배경에는 청일전쟁을 겪으면서 일본과 청 사이에서 겪은 자주독립의 위기에 대한 인식이 깔려 있었다. 제국이 된다는 것은 대내적인 자부심뿐 아니라 대외적으로 자주를 표방하는 것이었다. 그것은 실질적으로 독립적인 힘이 필요한 일이었지만, 대내외적으로 이를 보여줄 제국의 '상징'이 필요하게 되었다.

따라서 대한제국의 제국으로서의 상징은 이중의 세계관 안에서 자주독립하다는 것을 보여주는 장치로 작동하게 된다, 그 첫째는 우선 기존의 화이론적 세계 안에서 청과 대등한 위치로서의 모습이었다. 그 대표적인 것이 원구단(圜丘壇)의 건립과 고종의 황제로서의 의장이었다. 또한 세계는 이미 사대교린으로서만 움직이는 세상이 아니었다. 조선은 이미 미국, 영국, 러시아, 독일, 프랑스 등 각국과 외교관계를 맺고 있는 상태였다. 따라서 세계만방과도 독립적으로 교통할 수 있는 제도적 장치가 마련되어야 했다.

---

2) 『승정원일기』 광무 1년(1897)8월 29일 및 9월 4일, 9월 5일, 관학 유생인 진사 이수병 등의 상소.

2. 제국의 상징 기념물, 원구단의 건립

국가에 대한 인식을 시각적으로 확산시키는 여러 노력과 함께, 군주의 위상을 높이고 그것을 시각화하려는 여러 노력도 이루어졌다. 특히 1894년의 청일전쟁과 1895년의 을미사변 이후 국왕의 권한과 영향력이 위축되었지만, 고종은 1896년 2월의 아관파천과 이듬해인 1897년 경운궁으로 환궁함으로써 이를 정치적으로 돌파해 나가며 새로운 장을 열어가고자 하였다. 원구단을 세우고 여기에서 거행한 대한제국의 선포와 황제 즉위는 국가상(國家像)과 군주상(君主像)을 새롭게 정립하고자 한 노력이었다.

원구단은 본래 하늘과 땅, 일월성신, 산천, 자연 등에 제사를 지내는 제천단(祭天壇)의 성격을 지니고 있다. 고대 동양의 질서에서는 하늘에 제사를 지낼 수 있는 자격을 황제만이 지니기 때문에 제천단을 세우는 행위 자체가 제국의 면모를 보여주는 것이었다. 새로 만든 원구단에서 황제에 오르는 즉위식(卽位式)을 거행하고 대한제국의 성립을 선포함으로써 조선은 대한제국으로, 왕은 황제로 거듭나는 시대적 변화를 보여준 상징적인 장소가 됐다. 중국 중심의 화이론(華夷論)적 세계관을 극복하기 위해서는 먼저 중국과 동등한 지위를 갖춤으로써 중국으로부터 '독립'하는 절차가 필요했다.[3] 원구단은 국왕의 존재를 중국 천자와 동등하게 놓음으로써 그 세계에서 중심이 되기 위해 필요한 장치였다. 그런 의미에서 원구단은 전통 질서 안에서 변화를 구사하는 것이었으며, 독립국가로 거듭나기 위한 필수불가결한 선택이었다.

하늘에 제사 지내는 원구제는 고려시대에 이어 조선 세조 때까지 설행한 기록이 있었으나 조선 후기에 들어 그쳤다가 1895년 갑오개혁 때에

---

3) 이욱, 「대한제국기 환구제(圜丘祭)에 관한 연구」, 『종교연구』 30, 2003년 봄, 186-187쪽.

제도적 시행이 마련되어 있었으며 1896년 동지(冬至)에는 제천 행사를 마련하기도 했다.[4] 그러나 이때의 원구제는 하늘에 제사지내는 교외(郊外)의 남단(南壇)에서 거행한 국가 전례(典禮)의 하나일 뿐으로 대중적인 시각 효과를 지닐 수 없었다. 또한 전통적으로 행해 오던 제사의 복설(復設) 정도로는 중국과의 관계를 재정립하고 독립국가로서 다른 나라들과 어깨를 나란히 하고자 하는 효과가 대내외에 명시적으로 나타나지는 않는다. 따라서 중국, 일본은 물론 서구 열강과도 동등한 독립국가로서의 지위를 국내외에 알리되, 그것을 시각적으로 인식시킬 이벤트가 필요하였다. 그 때문에 고종이 새로 머물게 된 경운궁에서 가까운 회현방(會賢坊) 소공동(小公洞)에 원구단을 건축하고 황제에 오르는 대례(大禮)를 거행하게 되었던 것이다.[5]

원구단은 기본적으로 제천단이지만, 이 시기의 이러한 정치적 상황에 의해 황제 즉위례를 거행한 곳으로서 황제 즉위 기념물(Monument)이 되었다.[6] 원구단은 전통적 질서 안에서 중국을 넘어섬으로써 화이론적 세계관의 완성을 보여주는 것인 동시에, 만국공법적 세계관으로 진입하고자 하는 고종과 조선의 의지를 국내외에 인식시키는 시각적 장치가 되었던 것이다. 실제로 칭제의 상소가 올라올 때 중국은 물론 서구의 여러 나라들도 '칭제'가 불필요하다는 반응을 보이기도 했으나, 일단 원구단을 건립하고 황제위에 오르는 의식을 거행한 뒤에 여러 외국 공사들이

---

4) 이욱, 위의 글, 183-191쪽.
5) 이욱, 앞의 글, 191-195쪽 및 졸고, 「대한제국의 원구단 : 전통적 상징과 근대적 상징의 교차점」『미술사와 시각문화』 제4호, 2005. 10, 74-76쪽 참조.
6) 강병희는 원구단이 유교정치의 이상을 실현하고자 했던 동양 유교정신의 마지막 보루라고 평가하였다. 강병희, 「조선의 하늘제사[祭天] 건축-대한제국기 원구단을 중심으로-」『조선왕실의 미술문화』, 대원사, 2005, 412-416쪽. 반면 이욱은 환구제의 성격 변화를 시기별로 추적하며 시대 상황에 맞추어 전통적 요소를 선택적으로 수용한 근대적 측면을 지니고 있다고 보았다. 이욱, 앞의 글, 205-212쪽.

그림 1. 대한제국을 선포하고 고종이 황제위에 오른 원구단

하례를 했고 이로써 대한제국의 설립과 황제 등극을 국제적으로 인정받
을 수 있었다.[7]

원구단의 형태는 남아 있는 사진에서 볼 수 있는데, 난간석을 두른
3단의 석축을 쌓고 맨 윗단에 원추형 지붕을 얹은 모습이었다. 맨 아래
층의 가장자리에는 둥글게 석축을 모으고 돌과 벽돌로 담[墻]을 쌓았으
며 동서남북으로 황살 문을 세웠는데, 그 밖으로 다시 평면이 사각형이
되도록 담을 쌓고 문을 내었다.[8] 남쪽에는 삼문(三門)을 내고 가운데가
높은 삼도(三道)를 깔았다. 단에는 제사를 설행할 때에 필요한 동·서 무
(廡)를 설치하였고, 원구단 경내에는 황제가 머무는 어재실(御齋室) 등의
건물을 두었다. 각 단에서는 위로부터 차례로 하늘과 땅, 일월성신, 산천
및 자연에 관련된 신위를 위계에 맞게 모시고 제사를 드렸다.[9]

---

7) 황현은 『매천야록』에 이때 참석한 각국 공사 및 외교관들 34명의 이름을 기록하
고 있다. 황현에 따르면 이때 경축하는 예식의 비용으로 5만원이 들었으며, 어보
(御寶)에 금 천 냥이 들었는데 값은 4만 5000원이었다고 한다. 황현, 『역주 매천
야록』, 임형택 외 옮김, 문학과 지성사, 2005, 535-536쪽.

8) 『독립신문』 1897년 10월 12일자 논설.

9) 원구단의 체제는 황천상제(皇天上帝)의 위패가 단의 제1층에 위치하여 북면의
동편에서 남쪽을 향하고, 황지기(皇地祇)의 위패가 단의 제1층 북면의 서편에서
역시 남쪽을 향하고 있었으며, 제2층에는 대명천(大明天)과 야명성위(夜明星位)
가 각각 동·서쪽에 있고, 제3층 동쪽에는 북두칠성(北斗七星)·오성(五星)·이십팔

원구단을 감싸고 있는 외곽의 형태도 주목할 만하다. 아랫단의 바깥쪽에는 다시 담을 둘러 원구단 구역을 설정하여 보호했는데, 대한제국의 의례를 정리한 『대한예전(大韓禮典)』에 수록된 「단묘도설(壇廟圖說)」에 명확하게 드러나듯이 담장은 원형과 방형의 이중으로 되어 있었다. 이중 담장의 이러한 형태는 전통적인 우주관, 곧 '땅은 네모나고 하늘은 둥글다'는 '천원지방(天圓地方)'의 상징을 시각적으로 표현한 것이다.[10]

원구단을 지은 두 해 뒤인 1899년에 황천상제(皇天上帝)와 태조고황제(太祖高皇帝) 등의 신위를 모신 황궁우(皇穹宇)를 건립하였다. 황궁우는 원구단과 마찬가지로 중국 북경(北京)의 천단(天壇)의 구조에 의거하고 있기는 하나, 형태를 그대로 차용한 것이 아니고 8각의 평면에 3중 지붕을 올려 재구성한 것이다. 이어 1900년 10월에 황궁우 동-서 곁채와 어재실 등의 조성, 1901년의 정비를 거쳐 1903년에 주변 건물을 매입하고 주변을 정리함으로써 원구단 일곽의 건축이 완성되었다.

원구단에서 황제위에 오른 고종은 하늘에 황제가 되었음을 고하는 예를 행할 때에 12장(章)의 상징이 들어간 제복을 입었다. 기존 제후복의 9장에 황제만이 취할 수 있는 일(日), 월(月), 성신(星辰)을 더한 것이었다. 또한 예를 행한 뒤에는 상복(常服)으로 황룡포(黃龍袍)를 착용하였다. 천자의 상징인 황색을 취하게 된 것이다. 황룡포에는 역시 천자의 상징인 오조룡(五爪龍)을 수놓은 흉배를 부착하였다. 고종의 어보(御寶) 장식이, 기존의 거북에서 용으로 변화하였음을 말할 나위도 없다. 천자의 상징인 오조룡은 경운궁과 원구단 곳곳에 장치되었다. 대한제국의 법궁이된 경운궁에는 법전인 중화전의 내외에 용 조각을 설치하여 황제로서의 면모를 부각시키고자 했다. 중화전의 정문인 중화문 앞의 답도(踏道), 중

수(二十八宿)·오악(五岳)·사해(四海)·명산(名山)·성황(城隍)의, 서쪽에는 운사(雲師)·우사(雨師)·풍백(風伯)·뇌사(雷師)·오진(五鎭)·사독(四瀆)·대천(大川)·사토(司土)의 자리를 두어 배치하였다. 『高宗大禮儀軌』「儀註」'親祀 圜丘儀' 참조.
10) 『大韓禮典』 卷三 「壇廟圖說」.

화전을 오르는 계단의 답도, 중화전의 중앙 천장, 용상의 당가(唐家) 천
장에는 모두 쌍룡이 새겨져 있거나 조각되어 있다.[11] 원구단에도 황궁우
로 들어가는 문 앞의 답도에 쌍룡을 조각하였으며, 황궁우 천장에도 쌍
룡을 새겨 드리웠다.

한편 원구단의 위치는 원구단과 경운궁을 중심으로 한 새로운 정치질
서를 드러내 주기도 한다. 청계천(淸溪川)과 운종가(雲從街)보다 북쪽에
위치한 경복궁과 창덕궁, 그에 인접해 있는 종묘가 조선시대 정치와 제
사의 중심으로서 기능했다면, 러시아, 미국, 영국, 프랑스, 독일 공사관이
밀집해 있는 정동(貞洞) 지역에 이웃해 있으며 새로운 궁궐인 경운궁과
그 가까이에 있는 원구단은 새로운 정치체제의 공간으로 선택되었다. 그
곳에 원구단을 세우고, 거기에서 다른 나라들과 동등한 국가로서 인정받
기 위한 국가적 행사를 치른 것은 새로운 국제질서로의 편입을 보여주는
공간적인 의식의 표현이기도 했다. 곧 원구단의 건립은 고종의 대례 행
사와 더불어 중화적인 방식의 답습이라기보다는 화이론적 세계관을 원
용함으로써 중국과 동등한 반열에 섰음을 보여주는 동시에, 만국공법 질
서에 따라 여느 나라들과 같은 독립국으로 인정받고자 했던 근대적인 의
미를 담고 있는 것이었다.

3. 독자성을 보여주고자 한 국기의 제정

대한제국에서는 국기로 태극기를 사용하였다. 물론 국기의 제정은 대
한제국기에 이루어진 것이 아니라 개항 직후인 1883년에 공식적으로 반
포되었다. 국기의 제정이 조선이 열강에 개항하면서 일본과 청뿐 아니라

---

11) 궁궐에 표현된 용의 발톱 및 경운궁 중화전의 용 조각에 관해서는 졸고, 「대한제
국기의 국가 상징 제정과 경운궁」, 『서울학연구』 40, 2010, 170-172쪽 참조.

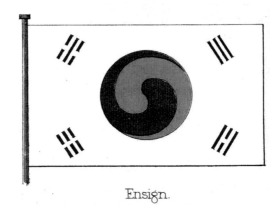

그림 2. 1882년 조미수호조규에서 교환된 것으로 보이는
미국 해군성 발행 Flags of Maritime Nations(1882)에
수록된 태극기

구미의 여러 나라들과 수교를 맺는 과정에서 이루어졌음은 이미 발표한
바와 같다.[12] 사대교린의 세계에서는 필요치 않았던 '국기'라는 제도는
미국, 영국, 프랑스, 독일 등 나라와의 수교관계에서 필요했을 뿐 아니라,
조선이 일본이나 청과 다른 독립국임을 시각적으로 드러내기 위한 것이
기도 했다.

　조선의 국기가 처음으로 공식적으로 사용된 것은 1882년 5월 22일
미국과 수호조규(修好條規)를 맺으면서였다.[13] 미국과 수호조규를 맺게

―――――――
12) 졸고, 「근대국가의 '국기(國旗)'라는 시각문화 : 개항과 대한제국기 태극기를 중
　　심으로」『美術史學報』27, 2006.
13) 일본이나 청과 수호조약을 맺을 때에는 국기를 서로 교환하지 않았으나, 구미 열
　　강 가운데 처음으로 미국과 수호조규를 맺으면서 국기의 교환이 이루어졌다. 그
　　런데 아직도 태극기에 관해서는 박영효 창안설이 일반적으로 알려져 있으나 박
　　영효가 일본으로 가는 선상에서 국기를 그렸다는 것은 1882년 9월 25일의 일로,
　　미국과 수호조규를 맺은 4달 뒤의 일이다. 또한 장지연은『萬國事物起源歷史』
　　에서 국기가 처음 사용된 것이 미국과의 수교에서였음을 밝힌 바 있다. 張志淵,

되는 과정은 물론, 태극기 도상을 제정하는 과정조차도 일본과 청, 그리
고 미국이라는 열강의 사이에서 조선이 자신의 정체성을 독립적인 것으
로 드러내고자 했던 의지를 볼 수 있다. 태극기의 제정에서 조선은 무엇
보다도 시각적으로 청의 세계관에서 독립하고자 했다. 조미수호조규의
중재자인 마젠충(馬建忠)이 당시 청이 국기로 사용하던 '황저청룡기(黃
底青龍旗)'와 유사한 '백저청운홍룡기(白底青雲紅龍旗)'를 사용할 것을
권하였지만 조선은 끝내 태극기를 국기 도상으로 제시하였다.[14]

태극기의 도상은 성리학적 질서를 숭상하는 조선의 사상적 기반을 잘
보여주는 것이었다.[15] 이는 조선이 자신의 정체성을 청과는 다른 것임을
인식시키고, 성리학에 기반한 통치질서를 지니고 사상적인 자주성을 지
닌 나라임을 드러내고자 한 것이었다고 하겠다. 태극기를 국기로 제정함
으로써 조선은 끊임없이 영향력을 주장하고자 했던 청과의 관련성을 시
각적으로 단절해 보여 주었다. 물론 일본이 국기로 채택한 일장기와도
구분되는 것이었다.

조선은 초기에는 주로 외교 관계나 통상 관계에서만 국기를 사용하였
다. 이미 알려진 대로 박영효는 1882년 9월 고베의 숙소에 태극기를 내
걸었으며, 각국의 사절들을 초청하여 연회를 베풀었을 때에 각국의 국기
와 더불어 태극기를 게양하여 국기의 독자성을 보여주었다.[16] 수호조규
를 맺은 데에 따른 보빙사(報聘使)로 1883년에 미국을 방문하였던 사절
단은 워싱턴의 호텔에 태극기를 게양하였고, 1888년 워싱턴에 공사관을

『萬國事物起源歷史』, 皇城新聞社, 1909, 91쪽.

14) 태극기의 제정과정에서 오간 논의는 조미수호조규의 정사로 활동한 김홍집이 기
　　록한 『淸國問答』(1882, 奎 20417)에 기록되어 있다. 이에 관해서는 졸고, 2006,
　　앞의 글, 312-314쪽.

15) 류자후는 태극기 도안이 김옥균이 초안을 만들어 어윤중, 김홍집, 박영효와 상의
　　하고 고종의 裁可를 받은 것으로서 김옥균이 창안하고 고종이 제정한 것이라고
　　밝혔다. 柳子厚, 「國旗考證辯」『京鄕新聞』1948년 2월 8일.

16) 朴泳孝, 『使和記略』.

마련하자 상시적으로 태극기를 게양하였다. 그러다 1895년 이후, 특히 대한제국을 선포하고 나서부터 매우 적극적으로 국기를 활용하였다.

특히 태극기가 제국의 상징으로 활용된 것은 1897년 10월 12일 고종이 황제 즉위를 선포하기 위해 원구단으로 가는 행렬에서였다. 황제의 행차임을 알리기 위해 황금빛으로 단장한 행렬을 태극기가 이끌었다.[17] 이후 명성황후의 국장 행렬은 물론, 만수성절(萬壽聖節)이나 계천기원절(繼天紀元節) 등 황실과 국가의 경축일에는 각 관청과 학교, 시전에 태극기를 걸었고, 황제의 행행(行幸)에도 국기를 앞세웠다.[18] 1901년에 거행된 명헌태후(明憲太后)의 망팔(望八) 기념 진연 및 1902년의 고종황제 망육순(望六旬) 기념 진연에도 태극기가 한 자리를 차지했다. 기존의 진연 도병과 비교해 볼 때 이 자리는 국왕의 통치권을 표상하는 교룡기가 있던 곳이었다. 제국의 상징으로서의 국기는 국왕의 통치권과 국가의 표상으로서 동시에 작동했던 것이다.

4. 국가(國歌)의 제정 : 에케르트의 〈애국가〉

시각적인 상징 못지 않게 중요한 것이 국가(國歌)의 제정이다. 국가는 무형의 것이지만 가사나 곡조로서 국민이나 민족을 통합하는 데에 중요한 역할을 하기 때문이다. 국가는 국기와 마찬가지로 근대국가 형성과 맥을 함께 하기 때문에 유럽에서도 18세기 후반-19세기에 국가가 형성되거나 제정되어 널리 불리게 된 경우가 많다. 특히 국가는 위로부터의 제정보다는 국민국가 형성기에 공동체 성원들의 열망과 자취를 담고 민간 애창곡으로 불린 경우가 많다.[19]

---

17) 『독립신문』 1897년 10월 14일자.
18) 『官報』 광무 2년(1898) 5월 5일 외.
19) 이용재, 「국민의 목소리: 유럽의 국가(國歌)들과 국민정체성」 『역사와문화』10,

국기와 마찬가지로 국가도 전통적인 조선의 의례에서는 없었던 제도이다. 대한제국기의 국가는 군악대의 설치와 함께 마련되었는데, 그것은 서구식 군대제도 및 의례의 도입과도 관련이 된다. 1896년 3월 러시아 니콜라이 황제의 대관식에 참여하였던 민영환은 유럽 여러 나라를 순방하고 10월에 귀국하여 군제개혁과 함께 군악대의 설치를 건의하였다. 민영환은 서구의 군사제도를 모방하여 군제를 개편하고, 군대의 사기를 진작시키고 군사배치와 군대지휘를 기동성 있게 하기 위해 서양나팔을 도입해서 사용할 것을 건의하였다. 이에 따라 군악대가 설치되었으며 러시아 군악기를 구입하였다.[20] 또한 독립협회에서도 애국심의 고취를 위해 국기에 대한 경례와 국가의 제정과 애국가 부르기를 촉구하였다.[21]

> 애국하는 것이 학문상의 큰 조목이라. 그런 고로 외국서는 각 공립학교에서들 매일 아침에 학도들이 국기 앞에 모여서서 국기에 대하여 경례를 하고 그 나라 임군의 사진을 대하여 경례를 하며 만세를 날마다 부르게 하는 것이 학교규칙에 제일 긴한 조목이요. …중략… 그러한즉 국기가 곧 임군이요 부모요 형제요 처자요 전국인민이라. 어찌 소중하고 공경할 물건이 아니리요. 우리 생각에는 조선정부 학교에서들 국기를 학교 마당 앞에 하나씩 세워 매일 학도들이 그 국기 앞에 모여 경례하고 애국가 하나를 지어 각 학교에서 이 노래를 아침마다 다른 공부하기 전에 여럿이 부르게 하고…

당시 독립문 기공식 등에서는 배재학당 학생들을 비롯하여 '애국가' '무궁화가' 등이 불리고 있는 상황이었다. 당시 '애국가'는 공식적인 국가가 아니라 많은 사람들이 가사를 지어『독립신문』등에 기고했으며 이때 기고된 많은 가사들이 전해지고 있다. 독립문 기공식에서 배재학당 학생들이 어떤 가사로 맞추어 '애국가'를 불렀는지는 확인되지 않지만,

2005, 191-192쪽.
20)『官報』건양 2년(1896) 3월 20일.
21)『독립신문』1896년 9월 22일자.

일반적으로 받아들여지고 있었던 것은 영국의 민요 '올드랭사인' 곡조였다.

이러한 상황에서 고종은 국민들을 하나로 묶고 애국심을 고취시킬 수 있는 애국가의 필요성을 절감하고 국가의 제정을 명하였다.[22] 고종의 명을 받아 애국가를 지은 사람은 독일로부터 군악대의 음악교사로 초빙된 에케르트(Frants Eckert, 1852-1916)였음은 알려진 바와 같다. 1901년 2월 서울에 도착한 에케르트는 50여 개의 악기를 휴대하고 들어왔으며, 3년 계약으로 군악대 음악교수를 수행했다.[23] 이는 아마도 제식 훈련에 맞추는 군악뿐 아니라 서양식 의례에 필요한 음악을 반주할 본격적인 군악대의 필요에서 비롯된 일이었을 것으로 생각된다.

애국가 악보에 실린 발문에 따르면 고종은 에케르트에게 각국의 국가를 참조하여 새로운 국가를 만들되, 우리나라 아악의 음률을 배합하여 애국가를 작곡하도록 하였다. 또한 문임(文任, 홍문관과 예문관의 제학)으로 하여금 지어바치게 한 애국가의 가사는 다음과 같다. 황제의 명에 의해 그 신하들이 바쳐 지은 가사는 아무래도 황제 중심의 국가관으로 이루어져 있다.

그림 3. 대한제국 애국가 표지

22) 『고종실록』 광무 7년(1902) 1월 27일.
23) 에케르트는 프러시아에서 군악대를 지휘하다가 1879년 일본정부의 초청으로 일본 해군의 군악대 창설에 공헌하였고, 이후 군악전습소 음악교사, 궁내성 식부직 아악부 촉탁 등으로 20여년 간 근무하였다. 또한 에케르트는 1880년 메이지 황제의 생일에 처음 연주된 일본의 국가 기미가요(君か代)를 심의하고 편곡에 기여하였다. 이지선, 「애국가 형성과정 연구 : 올드랭사인 애국가, 대한제국 애국가, 안익태 애국가」, 서울대학교 석사논문 , 2007, 52-54쪽 및 『황성신문』 1900년 12월 18일자. 「雇聘樂師」.

상제(上帝)는 우리 황제(皇帝)를 도우소서
성수무강(聖壽無疆)하사 해옥주(海屋籌)를 산같이 쌓으시고
위권(威權)이 환영(環瀛)에 떨치사
오천만세에 복록(福祿)이 일신(日新)케 하소서
상제는 우리 황제를 도우소서[24]

이 대한제국 국가는 1902년 7월 1일에 공식적으로 반포되었으며, 애국가 악보 500부가 제작되어 전국과 세계 50여개 국에 배포되었다.[25] 애국가는 주로 외교사절들을 초빙한 연회장에서 연주되었으며, 경의선 철도 시승식 등 예식에도 연주되었다.[26]

에케르트가 지휘한 양악대에서는 대한제국의 애국가뿐 아니라 일본과 영국, 미국, 프랑스, 독일 등 대한제국과 수교관계를 맺고 있었던 각 나라들의 국가, 행진곡, 가곡, 무도곡 등을 연주했다.[27] 이러한 연회를 통해 대한제국은 서구적인 의례를 갖춘 국가로서 인식될 수 있었다.

5. 황실 상징의 제정과 국가 상징물의 보급

국가를 상징하는 국기와 더불어 황실을 표상하는 상징물도 제정되었다. 대한제국 황실을 상징하는 것으로는 오얏꽃 문양을 들 수 있는데, 이는 정확히 대한제국기에 제정되었다기보다는 1892년 주화에서부터 문양

24) 『황성신문』 1904년 5월 13일자.
25) Allen, Horrace N., Korea : *Fact and Fancy, Being A Publication of Two Books Entitled "Korean Tales" and "A Chronological Index"*(Methodist Publishing House, 1904), p. 226, 이지선, 위의 글, 62쪽에서 재인용.
26) 이정희, 「개항기 근대식 궁정연회의 성립과 공연문화사적 의의」, 서울대학교 박사논문, 2010, 138-144쪽 및 『황성신문』1905년 11월 18일자.
27) 송방송, 「대한제국 시절 군악대의 공연 양상 - 최초 양악대의 공연 종목을 중심으로」『한국음악사학보』 35, 2005, 104쪽.

이 등장하였다. 그러나 이것이 황실과 관련된 것임은 1900년에 제정된 <훈장조례>에서 밝히고 있다.[28] 국기가 신성한 것으로 여겨져 주로 황제와 기념 행사 등에만 활용되어 일반인들에게는 거리감이 있었던 반면, 오얏꽃 문양은 일상생활에 활용되는 화폐와 소통체계에 사용되는 우표 등 일상적인 매체에 활용되었다.

또한 1902년에는 어기(御旗), 예기(叡旗), 친왕기(親王旗) 등을 조성하도록 명하였다.[29] 이 당시 어기와 예기, 친왕기가 어떠한 형태였는지는 현재로서는 명확히 알려지지 않았으나 국기뿐 아니라 황실을 상징하는 상징물 체계를 세우고자 했음을 알 수 있다.

오얏꽃이 하나의 문양으로 분명히 드러나는 것은 1892년에 발행된 은화에서이다. 이 은화는 조선 정부가 새로운 화폐제도를 세우고자 1883년 7월에 화폐 생산 담당 관서인 전환국(典圜局)을 설치하고서 제작한 것이다.

근대국가의 형성과정에서 화폐제도의 정립과 화폐통제권(貨幣統制權)의 장악은 필수적인 과제였다. 그것은 화폐의 공급과 유통을 국가가 관리하여 얼마나 경제를 통제할 수 있느냐의 문제이며, 자본주의 체제로 짜이면서 외국과의 무역에서도 화폐 통용의 문제가 발생되기 때문이다. 현대에도 달러(dollar)가 유통이 기준이 되는 것과 마찬가지로, 19세기 말-20세기 초에도 무역화(貿易貨)로서 통용되는 것은 매우 중요한 의미를 지녔다. 또한 근대국가에서는 화폐가 국가 정체성(Identity)을 표상하는 것으로서의 의미가 한층 강화되어, 각 나라마다 그 나라를 표상할 수 있는 도상을 채택하는 것이 일반적이었다.[30]

---

28) 『고종실록』 광무 4년(1900) 4월 17일.
29) 『官報』 광무 6년(1902) 8월 15일, 8월 20일.
30) 근대국가 성립기에 화폐의 주권과 국가 정체성에 관해서는 고병권, 『화폐, 마법의 사중주』(그린비, 2005) 및 윤여일, 「국민국가 형성과 화폐의 영토화 : 영토의 국민경제권과 영토적 화폐창출을 중심으로」, 서울대학교 석사학위 논문, 2004

1892년에 발행된 은화는 전면의 중심에 오얏꽃 문양이 놓이고, 그 양쪽으로 오얏과 무궁화 꽃가지가 도안되고, 후면에는 쌍룡이 새겨져 있다. 여기에는 오얏꽃과 무궁화라는 상징 문양이 채택되어 있다. 이 은화는 당시 무역은으로 유통되던 일본의 일엔 은화와 구성이 매우 유사하다. 그것은 전환국의 운영 및 주화의

그림 4. 오얏꽃 문장이 삽입된
1892년 발행 은화

도안 제작 과정에서 일본에 의존한 바가 컸던 당시의 상황을 보여준다.[31] 여기에서 주목할 것은 역시 서구의 주화 도안 개념을 도입한 일본에서, 흔히 황제의 초상을 넣는 유럽의 전통을 따르지 않고 상징으로서

참조. 이 논문들은 이 시기 서구에서 근대적 화폐제도의 정립은 근대 국가의 영토적 형성과 밀접한 상관관계를 지닌 것으로 보고 있으며, 특히 고병권은 이를 "화폐구성체"로 부르고 있다. 이러한 점은 다소 시기가 늦고 상황이 다르나 비서구 국가들 또한 마찬가지이다. 또한 현대 화폐와 국가 정체성에 관한 글로는 박정근, 「화폐도안과 국가 정체성」, 서강대학교 석사논문, 2003 참조.

31) 이 시기 주화의 발행 과정에는 일본 오사카 조폐국 기술진들의 조언과 기술의 영향력이 매우 크게 작용하였다. 1892년 전환국 책임자가 된 안경수(安駉壽, ?-1900)는 고종의 특사로 일본에 가서, 일본 유학 당시에 친교를 맺었던 하야시 유조(林有造, 1842-1921)를 통해 제58은행 두취(頭取)이자 화폐 전문가인 오미와 쵸베(大三輪長兵衛, 1835-1908)를 소개받았고 이어 오미와의 주선으로 당시 오사카 조폐국의 국장이던 엔도(遠藤)와 차장이던 하세가와 타메하루(長谷川爲治)에게 도안 및 제작의 자문을 구했다. 이 과정에 오사카 제동회사(大阪製銅會社) 사장인 마스다 노부유키(增田信之)가 각인기술을 제공하는 것을 비롯하여 일본 정부에서 전환국 건축비와 기기 설치비 20,700엔을 기증하였다. 한국인으로는 1891년 10월에 이형순, 하성근을 오사카 조폐국에 파견하여 9개월간 조폐기술을 익히게 하였다. 甲賀宜政, 「近代朝鮮貨幣及典圜局の沿革」 『朝鮮總督府月報』 1914.12, 14쪽(이석륜 역, 「近代韓國貨幣 및 典圜局의 沿革」 『韓國經濟史文獻資料』(6), 경희대학교 한국경제사연구소, 1975, 34쪽) 참조.

천황의 문장인 국화장을 사용하였으며, 조선에서도 이를 본따 이화장을 사용하였다는 점이다.

조선이 주화 도안의 본으로 삼았을 것으로 여겨지는 일본의 근대 화폐는 1870년에 처음 발행되었다. 일본 역시 주화에 도안을 삽입하는 것은 새로운 시도였기 때문에, 서양 주화 도안을 응용하면서도 황실 문장인 국화(菊花)와 오동꽃 문양, 일장기를 뜻하는 욱일장(旭日章)과 그것을 둘러싼 국화가지와 오동가지, 그 바깥쪽에 휘날리는 해와 달이 있는 깃발을 한 면의 도안으로 하고, 또 한 면에는 "大日本·明治三年"이라는 국호 및 연호와 함께 용 한 마리를 새겨 넣었다.[32] 그러나 경성 전환국에서 주조한 화폐와 좀더 유사한 것은 일본 국내에서 주로 통용되던 주화보다는 당시 조선에도 유입되었을 것으로 여겨지는 무역은(貿易銀)으로 쓰이던 은화이다. 이 은화는 용 문양이 있는 면에는 은화의 품위와 무게 표기가 첨가된 외에는 동일하나, 여러 문양이 있던 면은, 가운데에 "一圓"이라는 액면가 글씨가 크게 들어가고 그 옆에 "銀"이라는 인이 찍혔으며, 맨 위의 국화문장을 두고 국화꽃 가지와 오동꽃 가지가 빙 둘러 감싸며 아래에서 두 가지를 리본으로 묶은 모양으로 단순화되어 있다. 오얏꽃 문양이 들어간 은화는 국화장 자리에 이화장을, 국화꽃 가지와 오동꽃 가지의 자리에 오얏꽃 가지와 무궁화꽃 가지로 대체했다는 점에서 거의

---

32) 이 도안은 일본의 유명한 조각 기술자 카노 나츠오(加納夏雄, 1828-1898)에게 의뢰하여 만든 것인데, 이때 일본의 화폐 고문인 영국인이 대개 서구의 주화가 국왕의 초상을 화폐에 새긴 관행을 따르도록 조언했으나, 천황의 초상 대신 천자를 상징하는 용 도안을 그려 넣었다고 한다. 일본이 국화를 황실문장으로 사용한 것은 헤이안 시대에 중국에서 온 문양을 고토바(後鳥羽) 천황이 즐겨 사용한 이후라고 한다. 국화 문양을 황실문장으로 공식적으로 제정하여 일반인의 사용을 금지하도록 한 것은 메이지 2년(1869) 8월 24일이다. 오동의 경우 국화의 부문양으로, 천황의 의복에 오동, 대, 봉황, 용 등을 함께 사용하는데, 오동은 국화와는 달리 足利씨 가문의 문장으로도 쓰이는 등 널리 쓰이는 편이다. 辻合喜代太郎, 『日本の家紋』, 保育社, 1999, 28-29쪽.

유사하다고 할 수 있다. 이는 일
본의 도안을 참고하되, 그 자리에
조선/대한제국의 정체성을 알릴
수 있는 문양을 넣었던 당시의 주
화 제작 상황을 말해 준다.

주화와 함께 국가 상징물의 보
급에 활용된 것은 우표이다. 1881
년에 체신(遞信) 전담 기구인 우
정사(郵政司)를 설치함으로써 우
정제도의 기틀이 마련되었고, 1884
년에 최초의 우표인 문위우표가 발
행되었다. 그러나 갑신정변으로

그림 5. 태극기가 중심 도안이 된
태극우표

말미암아 이 우표는 거의 사용되지 못한 채 사장되었으며 10년 뒤인
1894년 갑오개혁과 더불어 우정제도가 다시 시행되면서 '태극우표'가 발
행되었다. 태극우표는 말 그대로 태극기가 도안의 중심이 된 우표로서,
국가 상징을 우표에 십분 활용한 예이다.[33] 대한제국기인 1901년에는 태
극과 오얏꽃을 함께 활용한 '이화우표'가 발행되었다. 대한제국에서는
우정제도를 재개한 뒤로 만국우편연합 가입에 노력하다가 마침내 1900
년에야 이를 시행할 수 있게 되었다. 해외 우편 발송 업무를 개시하게
되면서 고액권을 포함하여 다양한 단위의 우표가 필요하게 됨에 따라
1900년 1월부터 11월까지 사이에 2리(里)부터 2원(元)까지 가액이 다른
우표 13종을 발행하였고, 1901년 3월 15일 2전 우표 도안이 수정되어
총 14종을 발행하였다.[34] 그러나 이 우표는 명칭처럼 오얏꽃만이 문양으

---

33) 다른 우표에도 태극 문양이 쓰이기 때문에, 국기가 그대로 쓰였다는 점에서 이
　　우표를 '국기 우표'로 불러야 한다는 제안도 있다.
34) 우표의 명칭은 통칭을 따르나, 문양의 명칭은 '오얏꽃'으로 붙이겠다. 오얏꽃 문
　　양에 관해서는 박현정, 「대한제국기 오얏꽃 문양 연구」, 서울대학교 석사학위 논

로 쓰인 것은 아니다. 14종 우표의 도안은 크게 타원 구도와 원형 구도로 서로 조금씩 다르나, 대체로 태극과 오얏꽃을 기본으로 문양을 구성했였다. 만국우편연합에 가입된 이후 태극우표와 이화우표가 외국으로 보내지는 우편물에 널리 사용된 자료들이 많이 남아 있다.

이 시기 제국의 상징으로 특기할 것은 독수리 도안의 주화와 매 우표이다. 1901년에 발행된 이른바 '독수리 주화'는 앞면은 1892년에 발행된 오얏꽃 문장의 것과 동일하나 뒷면에 있던 용 대신, 왕관(王冠)을 쓰고 왼쪽을 바라보는 독수리 문양으로 바뀌었다.[35] 독수리는 머리에 왕관을 쓰고 양 날개를 활짝 벌리고 있으며 양쪽 발에 각각 왕홀(王忽, Scepter)로 보이는 봉과 지구의(地球儀)를 들고 있다. 또한 가슴 한 가운데에 음양의 조화를 보이듯이 부드럽게 원을 그리는 태극 문양이 있고, 그것을 빙 둘러 팔괘가 놓여 있다. 이 원에 이어 날개 쪽으로 각각 4개씩 작은 태극이 차례로 놓여 있다. 이러한 도안은 일본 주화에는 전혀 등장하지 않는 것이다. 이 도상은 로마제국에서부터 시작하여 독일제국-러시아제국으로 이어지는 서구 황제의 상징인 독수리를 차용한 것이다. 전통적인 통치권의 상징인 용을 서구 황제의 상징인 독수리로 대체한 것이라고 하겠다. 이 도안은 직접적으로 러시아 황제 문장과 매우 유사한데, 그러나

문, 2002 참조.
35) 이 도안은 본래 1897년에 설립되었다가 러일전쟁 이후 폐쇄된 로한은행(露韓銀行)에서 한국의 화폐를 주조할 계획으로 만든 것이었다. 로한은행은 본점(本店)을 러시아 블라디보스톡(Vladvostok)에 두고 지점(支店)을 함경북도 경성(鏡城)에 두어 러시아와 한국 사이의 무역을 뒷받침하고자 세워졌는데 한국 정부의 허가를 얻는다는 전제 하에 한국 화폐를 주조하고자 했으나, 그 계획은 현실화되지 않았다. 류자후는 이 도안이 앞면의 오얏꽃은 한국의 황실을 상징하며 뒷면의 왕관이 러시아 황제를 상징하여 한국과 러시아의 친연관계를 표상하고자 했다고 보기도 했다. 이 도안이 발행되지 못한 채 사장(死藏)되어 있는 것을, 당시 금본위제를 중심으로 한 화폐조례를 주도(主導)한 이용익(李容翊, 1854-1907)이 그대로 가져다 활용한 것이었다고 한다. 柳子厚, 『朝鮮貨幣攷』, 理文社, 1940, 645-651쪽.

러시아 황제 문장에서 독수리 가슴
의 모스크바 문장 대신 태극을 놓
고, 그 주위의 문양들 자리에 팔괘
를 둘렀으며, 양쪽 날개에 놓인 문
장들 대신에 다시 태극 문양을 배치
하였다. 러시아 황제 문장에서의 크
라운(Crown)은 대한제국의 주화에
서는 통천관에 더 유사한 모양으로
바뀌어 있다. 따라서 이 도상은 조
류 가운데 가장 강한 독수리가 지니

그림 6. 독수리가 새겨진 주화

는 패권과, 가슴과 날개에는 국표(國標)인 태극과 팔괘, 그리고 양쪽 발
에는 힘과 세계화를 상징하는 도상들로 재구성되어, 서구적인 의미의 황
제 통치권을 표상하되 대한제국의 정통성과 권위를 나타내도록 만든 것
이라고 하겠다.

　여기에서 한 발 나아가 황제의 상징으로 매 도상이 정착되었다. 매
도상이 쓰인 것은 1900년에 제정된 자응장(紫鷹章)과 1903년에 발행된
우표에서이다. 자응장은 1900년에 제정된 훈장의 하나로, 무공이 뛰어난
자에게 수여한 것이다. 군공 2등 자응장에는 가운데에 매 도상이 그려져
있으며, 훈장의 명칭 또한 '매[鷹]'를 표현하고 있다. 매가 훈장의 도상으
로 채택된 것에 관해서는 1900년에 제정한 <훈장조례(勳章條例)>의 설
명이 참조된다. 조선 태조의 고사를 들어 용맹한 사람을 매에 빗댄 훈장
을 제정한 것이다.[36] 여기에서 더 나아가 1903년에는 매가 표현된 우표

---

36) "그 다음 무공(武功)도 8등급으로 나누고 '자응장(紫鷹章)'이라 하였으니, 이것은
　고황제의 빛나는 무훈(武勳)에 대한 고사(故事)에서 취한 것이다."『고종실록』광
　무 4년(1900) 4월 17일. 태조의 무훈과 관련된 고사란 태조가 어릴 때 화령(和寧)
　에서 자랐는데, 나면서부터 총명하고 지략과 용맹이 남보다 월등하게 뛰어난 것
　을 두고, 이 고장 사람들이 매를 구할 때에는 "이성계와 같이 뛰어나게 걸출한

가 발행된 것이다.

이 우표는 만국우편연합(萬國郵便聯合) 가입을 계기로 국내뿐 아니라 국외에서도 사용될 것을 염두에 두고 각각 단위가 다른 13종을 제작하였으며 1903년 1월 1일에 발행되었다.[37] 매 우표는 전체적으로 독수리 주화의 도안을 받아들였으나 몇 가지 점에서 차이가 난다. 먼저 주화와 우표의 도상에 새의 가슴에 태극과 팔괘가 배치되어 있는 점은 다른 어느 곳에서도 볼 수 없는 독특한 도안으로, 이 두 도상이 연계성을 가지고 있음은 분명하다. 또 우표와 주화의 도안에서 독수리는 양쪽 발을 벌리고 있으며 각각 지구의(地球儀)와 봉(棒)을 쥐고 있다. 특히 양쪽 발에 무엇인가를 쥐고 있는 도안은 유럽에서 독일, 러시아, 폴란드 등 여러 나라의 문장에서 이미 널리 사용하던 방식이었으며, 정치적 상황에 따라 근대 국가에서는 노동자의 노동을 의미하는 망치와 낫으로 변형하는 등 다양하게 변주되었다. 그러나 부분적으로 다른 점도 있는데, 주화에서 독수리는 혀를 빼물고 있으며, 날갯죽지를 머리 위쪽까지 올라가도록 펼쳤으나 우표에서는 새의 머리가 작고 혀가 나와 있지 않으며 날개가 머리 아래쪽에서 수평으로 정리되어 있다. 이처럼 훈장에 표상된 조선 태조의 용맹의 상징인 매와, 서구 황제의 상징인 독수리 도상이 결합되어 매 상징이 확립되었다고 하겠다.

매 우표에 한 해 앞선 1902년에 고종의 등극(登極) 40주년을 기념하여 우리나라 최초의 기념우표가 제작되었다. 고종의 즉위 40주년과 망육

매를 얻고 싶다"고 말했다는 것이다.
37) 우표 수집가들이나 대부분의 우표 관련 책자에서는 흔히 '독수리 우표'로 부르며, 보통 우표보다 크기가 2배 정도 크기 때문에 '독수리 대형 우표'라고도 한다. 그러나 이 우표의 명칭과 관련하여 「개화기 우표문양 연구」에서 이경옥은 이를 '매 우표'로 개칭하는 것이 옳다고 주장했는데, '매 우표'라는 명칭을 처음 제시한 것은 이해청의 『세계의 진귀우표』이다. 이경옥, 「개화기 우표문양 연구」, 이화여대 석사논문, 2007 및 이해청, 『세계의 진귀우표』, 明寶出版社, 1983.

순(望六旬)을 기념하여 여러 행사가 기획
되었으며, 정치적 사회적 상황으로 대외
적인 기념행사는 실행되지 못했으나 기념
우표는 1902년 10월 18일에 발행되었
다.[38] 우표에는 황제가 강사포(絳紗袍)와
더불어 착용하는 관인 통천관(通天冠)을
중심으로 마름모꼴 네 귀퉁이에 오얏 문
양을 넣었다.[39] 같은 해에 통천관을 모티
브로 하여 등극 40주년 기념장(記念章)도
함께 제작 배포하였다.

그림 7. 매 문양이 삽입된 우표

이처럼 제국의 상징은 주화, 우표, 기
념장 등에 새겨져 널리 배포되었다. 만국
우편연합의 가입으로 대한제국의 우표는 세계로 퍼져나갔으며, 훈장과
기념장은 외교관을 비롯하여 대한제국의 국민은 물론 외국인들에게도
널리 수여되어 제국의 이미지로서 작동하였다.

6. 훈장 제정을 통한 국가 상징의 체계화

대한제국에서는 1900년에 훈장조례를 반포하고 훈장을 제정하였다.

---

38) 고종의 국왕 위상 제고 사업에 관해서는 이윤상, 「고종 즉위 40년 및 망육순 기
  념행사와 기념물」 『韓國學報』 제111집(2003 여름) 에 자세히 언급되어 있다.
39) 우표에 관한 책들에서는 흔히 이 관 모양을 '원유관'이라고 했는데, 이는 '통천
  관'으로 수정하는 것이 옳을 듯하다. 1897년 이후 고종은 황제위에 올라 복식이
  황제의 격에 걸맞는 것으로 바뀌었는데, 원유관은 9량으로 제후국의 국왕에 걸맞
  는 것이나, 황제는 12량의 통천관을 썼기 때문이다. 원유관과 통천관에 관해서는
  劉頌玉, 「影幀模寫圖監儀軌와 御眞圖寫圖監儀軌의 복식사적 고찰」 『朝鮮時
  代御眞關係圖監儀軌硏究』, 한국정신문화연구원, 1997, 147쪽 참조.

대한제국이 훈장 제도를 실시하게 되는 것은 '제국(帝國)'을 칭함으로써 독립국으로서의 지위를 강조하고 다른 나라들과 어깨를 나란히 하는 독립국으로서의 지위를 강조하는 일련의 조처 가운데 하나였다. 당시 서구를 중심으로 하여 수교를 맺는 나라들은 자국(自國)에 신임장을 지니고 온 외교관을 비롯하여 수교를 맺은 상대방 국가의 원수들에게 훈장을 수여하는 일이 많았기 때문에, 동등한 외교관계를 맺고 이같은 관계를 지속해 나가기 위해서 필요한 것이었다.

이 훈장 제도에서 대한제국이 취하였던 상징 체계가 정리되었다. 훈장은 나라에 공훈이 있는 자나, 외교관계에서 대한제국과 관련이 있는 자에게 수여하는 것으로 처음 제정 당시에는 금척장(金尺章), 이화장(李花章), 태극장(太極章), 자응장(紫鷹章)의 네 종류가 제정되었다.[40]

대한제국의 훈장 제도는 일본의 훈장문적(勳章文籍) 제도를 염두에 두고 설정한 것이라고 할 수 있다. 일본의 경우 고대부터 훈장과 유사한 제도가 있었다고는 하지만, 역시 근대에 들어서는 근대 국가 간의 교류와 외교 관계상의 필요에서 1870년(明治 3)에 훈장제도를 만들었다. 막부에서는 훈장제도의 필요성을 인식하자 여러 가지 조사를 통해 훈장 도안을 만들고 그 제작을 프랑스의 직인(職人)에게 의뢰하였다. 따라서 훈장의 기본적인 구도는 프랑스나 영국의 훈장과 같은 형태를 취했지만, 여기에 일본만의 독특한 상징체계를 대입하였다. 도안의 고안과 제작의 실험을 거쳐 1875년(明治 8)에 훈등상패의 제도가 정리되었는데, 일본 국기의 핵심 도상을 사용한 욱일대수장(旭日大綬章)을 비롯해서 훈등(勳等)에 따른 훈장제도를 정했고, 이후 국화대수장(菊花大綬章), 욱일동화대수장(旭日桐花大綬章) 등을 추가로 제정했으며, 1890년(明治 23)에 신무천황(神武天皇) 즉위기원 2550년을 기념하여 무공이 뛰어난 자에게 수여하는 금치훈장(金鵄勳章)을 제정했다. 핵심적인 도상에 일본 국기의

40)『관보』1899년 7월 6일자 및 1900년 4월 19일자.

일장(日章)과 천황가의 문장인 국화장(菊花章), 오동장(梧桐章) 등을 배치한 것은 일본이 역사적으로 지녀온 문장제도(紋章制度)를 충분히 활용한 것이다.[41)]

　대한제국에서 설정한 훈장의 기본은 태극장이었다. 태극은 국표(國標)로서, 나라에 공훈이 있는 사람에게 가장 먼저 수여하는 것이었다. 이에 견주어 무관으로서 나라에 공훈이 있는 사람에게는 자응장을 수여하였다. 문무관 중에서 태극 1등을 받은 자 가운데 특별한 훈서가 있을 때에는 이화대훈장을 수여하였다. 여기에서 이화는 국문(國文)으로서, 황실의 상징으로서보다는 국가 상징의 하나로 표상되었음을 알 수 있다. 훈장 가운데 가장 높은 것이 금척대훈장으로, 황족이나 이화대훈장을 이미 수여받은 자가 받을 수 있었다. 금척은 자응장과 마찬가지로 태조의 고사(故事)에서 연원을 가져온 것으로, 조선을 다스리는 통치권을 의미하는 것이었다.[42)] 자응장의 매에 관해서는 앞서 매 우표에서 서술한 바와 같다. 이처럼 훈장 제도를 통해서 나라의 기본 표상인 태극, 황실 문장으로서 국가 상징도 표상했던 오얏꽃, 황제의 통치권을 뜻하는 매와 금척 등이 대한제국기의 상징 문양으로 제도화되었다. 훈장 제도에서 정비된 대

----

41) 물론 일본의 훈장제도도 서구의 예를 본딴 것이다. 그 출발은 게이오(慶應) 3년 (1867)에 파리에서 열린 제5회 만국박람회에서 막부와는 따로 출품한 사츠마번 (薩摩藩)이 당시 나폴레옹 3세가 박람회장에 들렀을 때 아름다운 공패(功牌)를 만들어 증정한 것이 외교관계를 원활하게 한 데 따른 것과, 막부에서 주불공사 (駐佛公使)로 파견했던 쇼에이고로(正英五郞)가 외교관계에서 훈장제도의 중요성을 간파하고 훈장제도를 세워 외교상 수여할 필요가 있음을 역설한 건백서 (建白書)를 낸 일이 있고, 일본에 초빙한 프랑스 교관들이 가슴에 달고 있었던 훈장을 통해 훈장이 부여하는 명예를 통해 외교상의 교류를 증진할 수 있음을 파악하여 실행하게 된 것이다. 中堀加津雄, 『世界勳章圖鑑』, 東京; 國際出版社, 1963, 29-31쪽.

42) 대한제국의 훈장제도 전반에 관해서는 이강칠, 『대한제국시대 훈장제도』(백산출판사, 1999). 훈장제도의 연원에 관해서는 졸고, 「大韓帝國期 國家 視覺 象徵의 淵源과 變遷」 『美術史論壇』 27집, 2008, 289-321쪽.

금척대수장

훈공 이등 태극장

군공 이등 자응장

그림 8. 국가 상징이 새겨진
훈장들

한제국의 국가 상징은, 그 제도적인 방식은 일본의 문장훈적 제도를 본따서 실시했지만, 상징의 내용은 조선에서부터 비롯된 조선의 전통적인 상징을 의미화시키고 있음을 알 수 있다.

이같은 훈장 제정과 수여의 관리는 표훈원에서 담당했는데, 표훈원에는 표훈국(表勳局)과 제장국(制章局)을 두고 표훈국에서는 훈위(勳位), 훈등(勳等), 연금, 훈장, 기장(記章), 포장(褒章) 및 기타 상여에 관한 사항과 외국훈장, 기장의 수령 및 패용에 관한 사항을 제정하여 관장했고, 제장국에서는 훈장을 제조하는 일을 담당했다. 훈장제도를 실시하기 위해서 이미 1897년에 기술자를 파견해서 제조 기술을 익혀오도록 준비하기도 했다.[43]

훈장은 초기에는 민영환(閔泳煥, 1861-1905), 이재순(李載純, 1851-1904) 등 내국인부터 수여했으나 수교(修交)를 하게 될 때에 상대국 원수(元首)에게 증정하는 등 외교관계에 활용되었다. 또 공을 세운 외국인들에게도 수여했는데, 예컨대 1900년 파리 만국박람회의 진행에 공을 세운 프랑

43) 『駐韓日本公使館記錄』 문서번호 往121號 「한인 勳章製造見習에 관한 件」(1897-09-18), 문서번호 來80號 通常 「한인 勳章製造見習에 관한 件」(1897- 09-21),(51) 「勳章製造見習次 渡日中인 朝鮮人取扱에 관한 건」(1897-09-21) 등, 일본 外務次官 小村壽太郎과 조선 辨理公使 加藤增雄 사이에 주고받은 문서.

스인 총무대원 미므렐 백작(Comte Mimerel, 米模來), 한국위원회 부위원장 멘느 박사(Dr. Mèine, 梅人), 전시관 건축가 페레(É. Ferret, 幣乃) 등 6인에게 태극장을 수여했다.[44] 1902년에는 러시아 전권대신(全權大臣) 베베르(Karl I. Weber, 韋貝)에게 일등 태극장을 수여했고, 주한 프랑스 공사 콜렝 드 플랑시(Collin de Plancy, 葛林德, 1853-1916)에게도 1906년에 이화대훈장을 수여했다.[45] 훈장의 수여는 그 행위 자체가 외교적인 효과를 발휘한다. 대한제국은 각국의 원수 및 외교관에게 훈장을 수여함으로써 서구와 동등한 제국으로서의 면모를 보여주었다.

7. 맺는 말 - 상징 제도의 근대화 노력과 상징 의미의 전통성의 결합

대한제국의 출범은 국내외의 우려 속에서 시작되었다. 여러 어려운 여건 속에서도 제국의 면모를 띠고자 했던 것은, 청이나 일본뿐 아니라 서구 여러 나라들과 동등한 지위로서 교류하고자 한 것이었으며, 그것이 대한제국이 세계 속에서 자신의 위치를 견고히 할 수 있는 방편이라고 여겼기 때문이었다. 국기와 국가의 제정, 황실 문장의 도입, 황제 표상의 형성 등은 국가와 국왕이 국제적으로 자주(自主)임을 표출하고자 한 장치였다.

제국의 상징은 두 가지 차원에서 이루어졌는데, 첫째는 청이나 일본과 동등한 지위를 갖는 나라임을 보여주고자 한 것이었다. 원구단과 같은 제천단의 설립, 고종의 황제위 등극과 황제복 및 황제로서의 의장 등은 동아시아 질서 안에서의 자주성을 표출하기 위한 것이었다. 또 한 편

---

44) 이강칠, 앞의 책, 115-116쪽.
45) 『Souvenir de Séoul, 서울의 추억, 한불 1886-1905』, 프랑스 국립극동연구원, 고려대학교, 2006, 162-163쪽.

으로는 서구식 방식을 차용함으로써 만국(萬國)과도 동등한 교류를 하는 근대적인 국가의 면모를 보이고자 한 것이었다. 서구식 또는 근대적인 이러한 장치들을 화폐나 우표, 문서, 복식, 훈장 등 여러 매체에 활용함으로써 세계에 널리 알릴 수 있었고, 독립국이자 자주국으로서 대한제국을 인식시키는 데에 기여하였다.

제국의 상징을 제정함에서 유념할 것은 그것이 비록 청이나 일본과의 대등한 관계의 설정 및 서구제국과의 교류를 위한 방식을 도입한 것이었으나, 전통의 기반을 잃지 않고자 했다는 점이다.

국기의 도상은 조선을 지탱해 온 이념인 성리학적 사유를 도상화해 온 전통을 취한 것이었으며, 대한제국의 국시로도 이어짐을 보여주는 것이었다. 에케르트에게 국가의 작곡을 명할 때에도, 전통적인 음률에 기반할 것을 당부하였다. 황실의 상징인 오얏꽃 문장은 성씨의 의미에서 비롯한 문양을 선정하여 도상화하였다. 또한 황제의 표상으로서는 서구적인 황제의 이미지와 조선 태조의 용맹함을 뜻하는 의미를 결합하여 매 도상을 창안하였다.

상징의 제정만으로 제국이 될 수는 없을 것이다. 그러나 제국으로서 대내적인 자부심과 대외적인 자존감을 보여주기 위한 이러한 상징들은 여러 위기를 겪으며 열강의 사이에 위치했던 대한제국이 근대국가가 되기 위한 지난한 노력의 일환이었다.

토론문

김 인 덕*

목수현 선생님은 한국미술사 및 미학 관련 연구에서 독보적인 영역을 형성하고 있는 분으로 여러 학문 분야를 아우르면서 내용 있는 성과를 내고 있습니다.

본 연구는 선생님의 박사논문 「한국 근대 전환기 국가 시각 상징물」 (2008)의 핵심적인 내용입니다. 대한제국에 대한 국내 역사학 연구의 외연을 확장하는데 기여한 중요한 연구입니다.

토론자로서 논문 내용의 이해를 위해 간단히 그 내용을 정리해 보면 다음과 같습니다.

결론에서 선생님은 "상징의 제정만으로 제국이 될 수는 없을 것이다. 그러나 제국으로서 대내적인 자부심과 대외적인 자존감을 보여주기 위한 이러한 상징들은 여러 위기를 겪으며 열강의 사이에 위치했던 대한제국이 근대국가가 되기 위한 지난한 노력의 일환이었다."고 합니다.

첫째. 원구단 건립: "원구단은 국왕의 존재를 중국 천자와 동등하게 놓음으로써 그 세계에서 중심이 되기 위해 필요한 장치였다. 그런 의미에서 원구단은 전통 질서 안에서 변화를 구사하는 것이었으며, 독립 국가로 거듭나기 위한 필수불가결한 선택이었다." (발표문, 2쪽.)

그리고 "원구단의 건립은 고종의 대례 행사와 더불어 중화적인 방식

---

* 청암대 재일코리안연구소

의 답습이라기보다는 화이론적 세계관을 원용함으로써 중국과 동등한 반열에 섰음을 보여주는 동시에, 만국공법 질서에 따라 여느 나라들과 같은 독립국으로 인정받고자 했던 근대적인 의미를 담고 있는 것이었다."(발표문, 4쪽.)

둘째, 국기 제정: "특히 태극기가 제국의 상징으로 활용된 것은 1897년 10월 12일 고종이 황제 즉위를 선포하기 위해 원구단으로 가는 행렬에서였다. 황제의 행차임을 알리기 위해 황금빛으로 단장한 행렬을 태극기가 이끌었다."(발표문, 5쪽.)

셋째, 애국가 제정(에케르트의 <애국가>): "대한제국 국가는 1902년 7월 1일에 공식적으로 반포되었으며, 애국가 악보 500부가 제작되어 전국과 세계 50여개 국에 배포되었다. 애국가는 주로 외교사절들을 초빙한 연회장에서 연주되었으며, 경의선 철도 시승식 등 예식에도 연주되었다. 에케르트가 지휘한 양악대에서는 대한제국의 애국가뿐 아니라 일본과 영국, 미국, 프랑스, 독일 등 대한제국과 수교관계를 맺고 있었던 각 나라들의 국가, 행진곡, 가곡, 무도곡 등을 연주했다. 이러한 연회를 통해 대한제국은 서구적인 의례를 갖춘 국가로서 인식될 수 있었다."(발표문, 7쪽.)

넷째, 황실 상징: "국가를 상징하는 국기와 더불어 황실을 표상하는 상징물도 제정되었다. 대한제국 황실을 상징하는 것으로는 오얏꽃 문양을 들 수 있는데, 이는 정확히 대한제국기에 제정되었다기보다는 1892년 주화에서부터 문양이 등장하였다."(발표문, 7쪽.)

"주화와 함께 국가 상징물의 보급에 활용된 것은 우표이다. 1881년에 체신(遞信) 전담 기구인 우정사(郵政司)를 설치함으로써 우정제도의 기틀이 마련되었고, 1884년에 최초의 우표인 문위우표가 발행되었다."(발표문, 8쪽.)

"같은 해(1902년)에 통천관을 모티브로 하여 등극 40주년 기념장(記

旂章)도 함께 제작 배포하였다."(발표문, 10쪽.)

다섯째, 훈장 제정: "훈장의 수여는 그 행위 자체가 외교적인 효과를 발휘한다. 대한제국은 각국의 원수 및 외교관에게 훈장을 수여함으로써 서구와 동등한 제국으로서의 면모를 보여주었다."(발표문, 12쪽.)

제국으로서의 대한제국에 대한 선생님의 발표는 특히 정치사 중심의 연구에서 그 영역을 전면 재편해야 한다는 문제제기도 담고 있다는 생각 이 듭니다. 토론자로서의 역할에 따라 질의를 하고자 합니다.

첫째, 대한제국의 이해를 위한, 그리고 기념물과 국가 상징에 대한 포괄적 이해를 위한 기존 연구에 대한 문제를 지적해 주시면 좋겠습니다.

둘째, 이른바 '제국 만들기'에 대한 논의의 과정과 그 과정 속 전근대 적 관점이 근대적 관점으로 바뀌게 되는 구도는 무엇인지 궁금합니다. "심순택(沈舜澤, 1824-?)의 상소는 고종이 황제위(皇帝位)에 오르는 논리 를 만국공법에 의거하여 주장"한다는 내용 이전의 논의 구도가 우선 궁 금합니다.

셋째, 원구단의 경우 지금도 시설이 일부 남아 있는데, 이후 일제가 들어와 대한제국을 식민지로 만드는 과정에서 원구단을 어떻게 했는지? 최근에도 그리 많은 주목을 받지 못하고 있는 이유가 무엇인지요.

넷째, 제국으로 가는 대한제국의 지난한 노력의 결과와 전통적인 질 서가 붕괴된 가운데 동아시아적 질서 속에서 대한제국의 위상은 어떤 것 이었는지요.

제국의 시간, 양력이 시작되다

김 연 수[*]

1. 머리말

　현대 사회에서 시간은 개개인의 생활과 사고를 지배하는 가장 기본적인 단위이다. 지금은 너무나도 당연한 시간의 틀에 박힌 일상 속에는 우리는 모년 모월 모일을 살고 있으며, 그 날이 무슨 요일이냐에 따라서 각자의 생활이 어떠할지 또 몇시 몇분에 무엇을 할지를 세분화하여 살아가고 있다. 이러한 시간의 체바퀴는 우리의 일상을 체계적으로 보이도록 하기도 하고, 또 하나의 굴레로 인식되기도 한다.

　이러한 시간의 세세한 규칙이 지금은 너무나 당연한 일상으로 받아들여지지만, 이것이 우리에게 그렇게 받아들여진 것은 100년 남짓하다. 우리를 둘러싼 오랜 관습과 개개인의 습관이 쉽게 바뀌기 어려운 것을 알기에 그 이전의 수천 년 이어져 온 자연 순응적 시간의 체계에서 규제적 시간 체계로 쉽게 옮겨 가기 어려웠을 것임은 쉽게 추측할 수 있다. 지금까지도 여전히 구력의 설을 쇠고 생일과 제사를 음력으로 지내는 것을 보면 曆을 바꾸었던 당시의 조선인들이 받았던 충격과 이에 대한 거부감

* 문화재청

을 상상해 볼 수 있다.

조선 말기의 역서와 역법, 또한 시간에 관한 연구는 이미 1970년대부터 과학사의 한 부분으로 발표되었으며, 그 후 조선시대 생활사에 대한 관심으로 확대된 연구 결과들이 발표되었으며 사회사적으로도 연구되었다. 과학사 방면으로는 천문 역법의 발전과 이에 따른 역서들의 변화가 중심이 되었으며, 생활사와 사회사적으로는 조선시대의 시제와 시간 측정, 시보 체계, 역서의 보급, 절기와 관련된 세시풍속, 양력의 도입과 서구적 시간체계, 그리고 그에 따른 국경일의 도입 등에 대한 연구를 중심으로 하여 진행되었다.1)

이 글에서는 이러한 연구를 토대로 근대기에 우리 민족이 겪었던 근대화의 격변 속에서 지금의 시간 체계가 어떻게 시작되었으며, 어떤 과정을 거쳤는지를 그간의 연구 성과를 포괄적으로 살펴보고 그 의미를 정리해 보고자 한다.

2. 전통시대의 시간 체계와 역

전통시대에 시간은 자연의 한 부분이면서 그 자연의 권한을 부여 받은 통치자의 권한이었다. 조선은 국초부터 천문 연구와 국가 시간의 관

---

1) 이은성, 「近世 韓國의 曆」『동방학지』 제19집, 1978.9, 299-325쪽 ; 정근식, 「한국의 근대적 시간 체제의 형성과 일상 생활의 변화I-대한제국기를 중심으로」『사회와 역사』 제58집, 2000, 159-184쪽 ; 정연식, 「조선시대의 시간과 일상생활-시간의 앎과 알림」『역사와 현실』 제37호, 2000, 254-288쪽 ; 정근식, 「근대적 시공간 체제와 사회이론」『민족문화논총』 제26집, 2002, 159-185쪽 ; 정성희, 「대한제국기 태양력의 시행과 역서의 변화」『국사관 논총』 제103집, 2003.12, 29-53쪽 ; 박태호, 「『독립신문』과 시간-기계-『독립신문』에서 근대적시간-기계의 작동 양상」『사회와 역사』 제64집, 2003.12, 166-242쪽 ; 정성희, 「조선시대 양반가문 소장 역서류의 현황과 가치」『사학연구』 제86호, 2007.6, 99-133쪽.

리에 힘썼다. 현재까지 전하는 태조대에 제작된 천상열차분야지도각석에
는 상고시대부터 축적된 천문 지식이 담겨 있으며, 권근이 쓴 글에서 건
국 후에 통치의 기초로서 천문에 쏟은 관심과 노력을 살필 수 있다.[2]

아울러 당시에도 해시계와 물시계를 좀더 과학적으로 제작하여 정확
한 시간체계를 만들어 내었다. 시간의 순환원리를 밝혀내고, 이를 측정
하여 백성들의 삶을 일정하게 유지시키고 안정되게 이끄는 것은 통치자
의 권위이자 백성에 대한 보살핌의 하나였기 때문이다.

전통시대에 개개인이 시간에 대해 갖고 있던 인식은 불교적 사고의
영겁과 윤회라는 무한시간대, 육십갑자의 순환 반복, 한 사람의 일생을
10년 단위의 변화로 끊어보는 개념 등 일 분 일 초를 다투는 현재와는
다른, 매우 긴 시간 관념으로 자연과 삶을 바라보았다.

전통시대의 사람들은 삶 속에서 체득할 수 있는 대자연의 현상 중에
서 일정한 움직임을 보이는 해, 달, 별의 운행의 변화로 자연스럽게 생활
을 규준화할 수 있었다. 태양의 변화로 1년 주기를 삼아 이를 사계절의
변화로 나누고, 더 나아가 계절 마다 이른 때, 한창인 때, 늦은 때로 나누
었다. 사계절의 변화와 계절을 다시 삼등분하는 것은 결국 달의 움직임
과 유사한 한 달의 개념으로 정리될 수 있었다. 태양을 기준으로 하는
계절의 변화는 좀더 세분하여 24개의 절기로 나누어 변화의 추이를 구체
화하였다.

한 해는 12개의 달로 구분되고, 한 달은 각각의 날이 모이는데 이들
은 십간과 십이지를 연결시키거나 이 둘을 결합하여 60개의 간지로 만들
어 이를 또다른 순환체계로 사용하였다. 한 달은 열흘을 단위로 구분하
여 초순, 중순, 하순의 표현을 썼으며, 이에 맞춰 시장이 5일 단위로 서는
것이 일상화되었다.

하루에 대한 시간 구분은 2시간을 단위로 12개의 순환 방식을 기본으로하여 이것에 전통적 십이간지를 붙였다. 시작 시간인 子時는 오늘날의 밤 11시에서부터 시작되었다. 조선시대의 구체적 시간단위는 時와 刻이었다. 2시간 단위의 시(時)를 세분화해서 15분 단위의 1각으로 나누었다. 밤 시간은 부정시법(不定時法)인 오경제(五更制)로 나타내었다. 해 진 후부터 해 뜰 때까지를 다섯으로 나누어 초경-이경-삼경-사경-오경으로 구분하고 각 경은 다시 오점(五點)으로 나누었다. 따라서 밤 시간은 계절에 따라 수시로 바뀌었다. 서울 도성에서 성문을 닫고 통행을 금지하는 인정과 성문을 열고 통행금지를 해제하는 파루는 각각 초경과 오경에 속하였다.[3]

세종조부터 시간 측정을 보다 정확하게 하기 위한 기구를 고안, 제작하여 앙부일구와 자격루 같은 시계가 사용되었으며, 측정된 시간은 종각과 같은 중심지에서 타종하여 백성들에게 전달되었다. 이는 지금과 같은 분, 초 단위의 세분화된 시간체계이기 보다는 하루의 일상 속에서 개인이 활동하는 최소의 지침과 같은 것이라 하겠다. 이러한 전통시대의 시간 체계는 자연의 순환과 일치하는 것으로 이에 규칙성을 부여하여 개인이 자연스럽게 인식할 수 있는 체제였다.

전통시대의 시간 체계를 일목요연하게 정리하여 낸 것이 역이다. 역은 '인간이 보편타당한 시간단위를 구하기 위하여 천체의 주기적 현상을 택하여 만든 것'으로, 천체의 주기적 현상은 지구의 자전과 공전, 달의 삭망주기를 취하였으며, 어느 주기를 기준으로 하느냐에 따라서 태양력·태음태양력·순태음력으로 구분된다.[4] 태양력이 지구의 공전주기를 위주로 하였고, 태음력이 달의 삭망주기를 기준하였다. 이 둘의 주기가 정수배로 되지 않으므로 역이 정확하게 맞아 떨어지지 않았으며 이로 인해

---

3) 정연식, 앞글, 256-257쪽, 268-272쪽.
4) 이은성, 앞글, 299쪽.

역의 산출에 대한 여러 가지 방식이 활용되었다. 전통시대의 통치자의 권위를 상징하는 시간 체계의 통제는 산출방식에 따라 역의 정확성과 더불어 해석의 문제 또한 중요하였다.

역에 관한 전통시대의 시각은 자연관찰과 경험을 축적한 초보적 과학이자 종교적 해석을 토대로 한 신이(神異) 예측과 그에 대한 영험한 해석에서 점차 계측, 계산 등의 발전된 과학으로의 발전선상에 있었다. 즉, 한 해, 한 달, 하루의 길이 측정에서 향후의 일·월식과 같은 천문현상의 변화를 예측할 수 있는 과학으로의 발전이 그것이다.

통치자가 제시하는 역은 백성들이 먹고 사는 문제에 관련하여 중요한 것이므로, 이에 대한 기준으로서 역서를 국가가 편찬하여 반포하였다.[5] 우리나라는 조선초까지 중국과의 관계에서 독자적으로 역을 발간하지 못하고, 당시 동아시아의 맹주였던 중국의 역을 사용하였다. 조선은 고려 공민왕 때부터 사용한 명나라의 대통력을 계속하여 사용하였다.

전통시대에는 일·월식에 대한 예측이 중요한 문제였으며, 이를 정확하게 예측하기 위해 역법을 개정해 나아갔다. 중국이 청으로 바뀌면서 반청의 분위기 속에서도 효종 4년(1653년)에 기준력을 대통력에서 서양역법을 토대로 보완한 시헌력으로 바꾸었다. 시헌력은 그 후 오랫동안 조선의 역법의 기본을 담당하였다.[6] 둘 모두 태음태양력으로서, 태음력을 기본으로 태양력을 부분적으로 채용하였다. 청으로부터 받아들인 시

---

5) 정성희, 앞글, 2007.6, 102쪽.
6) 시헌력이 처음 사용되는 시점에서 이를 반대하는 상소가 있었다. 현종 임금 등극 후 전 관상감 직장 송형구은 여러 차례에 걸쳐 시헌력을 폐지하고 다시 대통력을 쓰자고 청하였으며, 결국 1667년 대통력으로 다시 변경하여 사용하였다. 대통력이 시헌력에 비해 일·월식 계산에서 정확도가 떨어짐에도 불구하고 기존의 력에 대한 보수적인 생각이 더욱 강하였던 결과라 하겠다. 그러나 대통력의 부정확성으로 인해 결국 1670년(현종11) 다시 시헌력으로 바꿔 쓰게 되었던 것으로 보인다. 『현종실록』 권4, 현종 2년(1661) 윤 7월 13일; 권13, 현종 7년(1666) 12월 10일; 권19, 현종 12년(1671) 8월 8일.

헌력은 중국에 머물던 서양 선교사들의 서양력에 대한 지식과 산출법이 영향을 준 역법이었다. 시헌력은 19세기 말 지금의 태양력이 채택되기 전까지 기준력으로 사용되었으며, 태양력 도입 후에도 명시력이라는 명칭으로 양력서와 함께 1908년까지 간행되었다.

3. 문호 개방과 새로운 시간체제로의 편입

조선은 역대로 중국 중심의 외교 노선을 유지하였으며, 일본의 경우 교린의 관계를 견지하였다. 그러나 19세기 후반부터 조선 주변에서 벌어진 여러 가지 상황들은 더 이상 이를 고집하기 어려운 상황으로 전개되었다. 일본은 무력적인 서구의 개방 압력을 버티지 못하고 앞서 개방 정책으로 전환하였으며 이를 모방하고 조선을 압박하였다.

빈번해진 서방과의 접촉은 우호적 교류로 시작되지 못하고 두 차례의 양요로 조선에는 큰 피해를 남겼다. 이와 더불어 일본으로부터의 압박으로 1876년 강화도 조약을 맺으며 문호를 개방하기 시작하였다. 그 후 조선은 1882년 미국, 영국과의 통상조약, 1883년 도이치란트, 1884년 이탈리아와 러시아, 1886년 프랑스, 1892년 오스트리아-헝가리 등으로 교류를 확대하였다. 이들은 통상을 주 목적으로 하는 조약들이지만 조선의 제도에 큰 변화를 초래하였다.

일본 및 서양과의 통상조약 체결 이후 조선은 그들과의 통상교류를 토대로 서구의 문화와 기술을 받아들였다. 특히 의학과 교육 분야에서는 서양 선교사들의 참여로 빠르게 서구방식이 수용되었는데, 서양식 체계를 토대로 한 새로운 교육 및 의료기관들을 건립하였다.

고종은 변화의 물결을 거스르기 어려움을 인식하고 적극적 수용으로 자세를 바꾸었던 것으로 보인다. 고종 임금은 신문을 발간하는 것을 지

원하여 서구로부터 밀려오는 새로운 문화를 소개하며 민중을 계몽하고
자 하였다. 1883년(고종 20년)에 창간된 최초의 근대신문 한성순보는 일
자 표기를 '조선개국(朝鮮開國) 사백구십이년(四百九十二年) 계미(癸未)
십일월(十一月) 초십일(初十日)'로 표기하고 더불어 '서력(西曆) 일천팔
백팔십삼년(一千八百八十三年) 십이월(十二月) 구일(九日)'로 양력도 기
입하였다. 신문 발간은 전통적인 시간 구분 중 하나인 열흘의 기간을 기
본으로 하였다. 그러나 1885년 한성순보가 폐간되고 1886년 일주일 단
위로 발간되는 주보(週報)로 바꾸어 발간되었다.

한성순보와 주보에는 서양의 사정을 전하는 기사를 중국과 서양의 신
문에서 인용하여 전하면서 당시 서양에서 벌어진 사건의 일시를 양력으
로 표기하였으며 해당 날짜의 요일(중국식 요일표기)도 부연하였다. 서양
인의 출항 기사에서는 그들이 쓰는 시간 표기로 오후 4시와 같은 표현을
그대로 사용하여 이를 읽는 독자들에게 24시간 체계를 간접적으로 접하
게 하였다. 아울러 기사 내용 중에는 지구의 자전 및 태양계의 운행에
관한 서양 천문에 대한 지식과 하루 24시간의 체계를 소개하는 글을 실
어 그동안 동양의 역법과 천문에 익숙하였던 조선 독자들이 자연스럽게
이를 인식하게 하였다.[7] 더욱이 당시의 근대신문들에서는 여러 가지 사
건들이 언제 일어났는지를 알려줌으로써 조선 사람들이 그 이전에 갖고
있던 시간 관념과는 달리 나날이, 또는 시시각각의 문제를 통해 근대적
시간 관념을 보다 빨리 체득하게 하였다.[8]

조선은 일본·미국과의 조약을 계기로 해관에 대한 세칙을 마련하였

7) 『한성순보』 음력 1883년 10월 11일자 기사 各國近事,11월 10일자 기사 獨逸公
　使出境 및 1884년 1월 30일자 地球圜日圖解,
8) 사회학 분야에서 근대적 시간에 초점을 맞춰 다양한 연구가 진행되었다. 박태호
　는 독립신문의 기사에서 보여주는 동시성과 현재성의 문제, 선형적 시간 구성에
　대해 살펴보며, 신문이 근대적 시간관을 형성하여 사용하도록 만드는 '시간-기
　계'로서 작동하였다고 보았다. 박태호, 앞글, 166-198쪽 참조.

다.9) 해관의 운영과 관련된 해관 세칙에는 물자가 출입되는 항만에서 입항 연월일시가 기록되어야 했으며, 이 때 일본 및 서양이 사용하는 시간 체계에 따라 행해지는 것이 불가피했던 것으로 보인다.

1882년 조미통상조약에서는 미국 상선이 조선 항구에 들어올 때 내는 船稅 납부에 대해 매 선박마다 한 분기에 한 번 납부하되 분기는 中國曆에 따르는 것으로 명시되었다. 미국은 이미 1844년 중국 청나라, 1858년 일본과의 교류에서 동양의 역법 체계에 대해 알고 있었으며 조약 상의 내용 중 일시에 대한 양국의 혼란을 피하도록 기준력을 명시하였던 것이라 하겠다.10) 조선이 미국과 조약을 체결한 후 일본이 서둘러 체결한 조일통상장정에서는 일본 상선이 조선 항구로 입항할 때에 필요한 세부적 사항들이 명시되어 있다. 내용 중에는 해관에 제출할 문서 절차에서 '닻을 내린 시각으로부터 48시간(일요일과 공무를 보지 않는 날은 계산하지 않는다)'과 같이 1일 24시간제와 요일에 대한 개념이 포함되어 있다.11) 이후 영국 등 서양과의 통상 장정도 일본과 맺은 것과 유사하다.

당시 이들과의 통상 교류 결과로, 해관을 중심으로 하여 24시간제, 요일 그리고 양력이 일찍이 사용되었으며, 더구나 해관 업무를 위하여 세무사로 서양인들이 채용되면서 서구식 시간과 역법이 빨리 정착되었을 것으로 보인다.

이외에 서양의 영향이 민간에 가장 먼저 파급된 부분은 교육과 의료였다. 1882년 미국을 시작으로 서양국가들과의 교섭이 시작된 후 이에 대한 통역관이 필요함에 따라 통역기관을 설립하게 되었으며 서양인 교사가 초빙되었다. 그 후 1886년 최초의 근대식 학교인 육영공원이 설립

---

9) 『고종실록』 20권, 20년(1883) 6월 23일, 『한성순보』 1883년 12월 20일자.
10) 『고종실록』 권19, 고종 19년(1882) 4월 6일.
11) 『고종실록』 권20, 고종 20년(1883) 6월 22일.

되었다.

　의료 부문에서는 미국인 알렌의 건의로 1885년(고종 22) 설립된 제중원이 서양 의학을 토대로 설립된 의료기관으로서 운영되었다. 제중원이 운영되면서 제정된 「공립의원규칙」에는 당시 의학교 생도들의 학업 시간을 '자오전칠시(自午前七時) 도오후사시(到午後四時)'로 하였으며, 진료시간은 '자미정지신정(自未正至申正)'으로 기재하여 두 가지 시간 체계를 혼용하였음을 알 수 있다.[12]

　이러한 서양인들이 관여된 교육과 의료기관에서의 운영의 틀은 비록 조선 땅이었으나 서양식 운영 일정이 채택되었던 것으로 보인다. 서양 선교사 아펜젤러에 의해 설립된 사립학교 배재학당에서는 학당 창설 후 4년 째 되던 1888년에 영문으로 된 학당 규칙 즉 학칙을 순한문으로 번역하여 학생들에게 주었다. 그 내용 중에는 '제 3 등교시간은 오전 8시 15분으로 11시 30분까지이며, 오후는 1시로 4시까지 하되 나오고 물러갈 때는 문란하게 느리거나 뛰고 떠들지 못한다'고 하였고, '제 19 매 일요일에는 반드시 무슨 일이나 정지한다'고 하였다. 또한 숨則에 관해서는 '제20 해가 지면 제 방에서 공부하고 밤 10시 후에는 등불을 끈다. 제 21 아침식사는 8시에 마치고 점심은 11시 45분에 마치고 저녁 식사는 5시로 6시에 마친다'고 하였다. 순한문 학칙은 1888년에 학생들에게 배포되었으나 이미 1885년 8월 3일 문을 연 후부터 이러한 학칙에 의해 운영되었을 것이며 이 당시부터 서양인들이 관여하는 부분에서 서양식의 시간 체계가 도입되었을 것으로 여겨진다.

　이는 1886년 공립 교육기관인 육영공원의 학과 설치 절목에서도 확인할 수 있다. 육영공원을 설립하면서 내무부에서 학과 설치에 대한 절목을 만들었는데, 그 내용 중에는 토요일 오후부터 일요일까지의 휴무,

---

12) 「공립의원규칙」은 규장각한국학연구원 소장 『팔도사도삼항구일기』(규18083 제 2책) 내에 실려 있다. 박형우, 『제중원』, 몸과마음, 2002, 66-69쪽 참조.

명절 및 국가 성절 이외에 서양력의 휴일(1월 1일, 2월 22일 프레지던트 데이, 7월 4일 독립기념일, 11월 20일 추수감사절)에 대해 명시되어 있다. 여기에선 일요일을 '매번 방성(房星:28수의 넷째 별자리, 동방칠수 중 하나), 허성(虛星:28수의 열한번째 별자리, 북방 7별 중 하나), 묘성(昴星:28수 중 열여덟번째 별자리) 일을 만나게' 되는 날로 표현하였는데, 이는 개화기에 선교사들이 일요일의 개념을 조선인들에게 이해시키기 위한 표현으로서 성경직해 등에 주일을 같은 내용으로 해설하였다.[13]

통신체계에 있어서는 1888년 6월 서울-부산의 남로전선이 준공된 후 일본 체신청과 판리통련만국전보약정서를 체결하였는데 그 내용 중에는 '세계 각국의 전보 및 그 응용 문서에 기재하는 월, 일은 모두 양력을 사용한다'고 하였다.[14] 이외에도 일본 등과의 조차약정서에서도 조차액 교부일을 양력으로 정하였으며,[15] <관보>에서도 1895년 4월 1일부터는 일진(日辰)을 기입하던 체계에서 요일을 병기하는 체계로 바뀌었다.[16] 1895년 윤 5월 10일부터 관청의 근무는 토요일 정오 12시부터 쉬어 일요일에는 전일 휴가하도록 변경되었다.[17]

4. 양력 시행, 근대적 시간체제로의 전환

조선의 생활은 농업을 중심으로 하여 한 해의 절기에 맞춰 씨를 뿌리고 가꾸어 거둬들이는 한 해의 계절 변화에 맞춘 생활이었다. 농사일은

---

13) 성경직해에는 주일에 대해 '성교에 매양 칠일마다 한 주일을 직희니 곳 방과 허와 묘와 성을 맛나난 날이라. 책력에 이십팔슈 중 이 네 날이라'고 설명하고 있다. 『성경직해』, 민와스딩 감준, 1897년 신판.
14) 『고종실록』 권25, 고종 25년(1888) 8월18일.
15) 『고종실록』 권27, 고종 27년(1890) 12월 12일, 월미도 부지 조차 약정서
16) 『官報』 제1호, 개국 504년 4월 1일 木曜.
17) 『官報』 제62호, 개국 504년 윤5월 12일 木曜.

아침 몇 시부터 몇 시까지가 중요한 것이 아니라 해뜨는 시각에서부터 해지는 시각까지 부지런히 일하고, 여러 해 동안 경험으로 알고 있는 계절의 감각과, 구름의 모습과 바람의 방향, 달의 기울기, 해의 위치로 지금이 한 해, 한 달의 어느 때인지 하루의 어느 만큼에 이르렀는지를 알 수 있었다. 도성에 사는 백성들 또한 다르지 않아 주변의 자연에서, 그리고 해의 길고 짧음과 달의 차고 기울음에서 때를 알 수 있었다.

조선의 백성들은 농번기엔 쉼없이 열심히 일하고 농한기에 쉬었으며, 설·단오·추석과 같이 계절 때때로 쉴거리와 놀거리를 만들어 즐겼지 지금처럼 몇 일에 한 번씩 규칙적으로 쉬는 생활과는 거리가 멀었다. 이들이 챙겨야 할 명절과 제사는 중국의 역으로도 충분했으며 이것이 불편을 준 것은 없었다.

그러나 조선은 1880년대 이후 일본과 서구와 교류를 시작하면서 상황은 달라졌다. 19세기 후반 일본과 서구 각국과의 직접 교류는 더 이상 중국 중심의 역법에 의존하기 어려운 상황으로 진행되어 갔다. 앞서 살펴보았듯이 해관 업무는 서구식 시간 관념을 일찍이 받아들일 수 밖에 없는 곳이었다. 더불어 수출입되는 물류와 사람을 실어나르는 운송체계가 마련되어야 했으며 그 결과 철도가 도입되었다. 대량의 물류와 대중을 사람이나 동물의 힘이 아닌 기계 동력으로 이동시킬 수 있는 것은 당시 조선으로서는 매우 획기적인 것이었을 것이다. 유럽에서 증기 기관차의 발명이 산업화의 상징인 것처럼 물류 운송이 긴밀하게 연결됨으로써 조선 또한 새로운 산업체제로의 전환에 접어든 것이었다.

산업화된 근대기에 시간이 의미하는 것은 이전의 농업사회에서의 시간과는 전혀 다른 것이었다. 시간은 자연의 순환과 이에 대한 순응의 결과가 아니라 규율과 통제의 수단 중 하나로, 전통시대의 통치자가 시간의 관리자로서 이를 장악했다면, 근대기의 시간 또한 정치·경제적 권력층이 피권력자들을 통제할 수 있는 중요한 수단이었다.[18]

조선이 근대서구산업사회로 진입하는 데 앞서 단행하였던 여러 개혁들 중의 하나로 이제까지의 중국력을 대신하여 양력을 채택한 것은 당연한 수순이었다고 하겠다. 일본 및 서구 세력들과의 교섭 통상이 중요한 상황에서 단일화된 시간 인식과 관리가 중요하였으며, 양력의 채택은 곧 서구의 근대적 시간 체계로의 편입을 의미하는 것이었다. 서구의 경우도 근대기 산업화 과정에서 각 나라의 물류 및 인원 수송에 주요한 철도 등에 적용될 단일화된 표준시 체제를 채택하여 유럽 국가간의 산업 경제를 통합하고자 했던 것과 같이 조선도 같은 과정에 편입된 것이라고 하겠다.[19]

조선은 일본·서구와의 교섭으로 인해 이미 1880년대부터 양력과 요일, 24시간제를 그들과 관계된 부분들에서 사용하기 시작하였으며, 이원화된 체제로 10여 년간 지속되었던 것으로 보인다. 결국 을미개혁 기간 중인 1895년(개국 504년) 9월9일에 고종은 그해 11월 17일을 개국 505년 1월 1일로 삼으라는 명을 내려 양력 사용을 선포하였다.[20] 이를 기념하여 양력을 사용하는 1896년부터 '건양(建陽:양력을 세운다)'의 연호를 사용하였다. 양력 사용을 정착시키기 위해 1897년에 학부 관상소에서는 기존에 발간하던 명시력과 더불어 활자본으로 ≪대조선건양이년력(大朝鮮建陽二年曆)≫[21]이라 명명된 양력 달력을 제작 배포하였다.

---

18) 근대적 시간관념의 양상에 대해 박태호는 시간적인 생활방식, 시간을 정해놓고 그것에 맞추어 생활하고 행동하는, 규율로서의 시간을 이야기하였다. 박태호, 앞글, 188-189쪽.

19) 유럽에서는 19세기 중반 이후 철도망이 국경을 넘어 확장되면서 표준시간의 문제가 발생하였으며, 1884년 국가간 회의에서 세계표준시각을 채택하였다. 김진균·정근식·공제욱, 1999년 봄호, 「근대적 시·공간의 사회이론을 위하여」, 『경제와 사회』 통권 제41호, 188-189쪽.

20) 『고종실록』 권33, 고종 32년(1895) 9월 9일.

21) 건양이년력의 구성을 살펴보면, 월표(月表)라 하여 양력 달(月)의 대소(大小)를 쓰고, 이어 9월표(九月表)라 하여 양력에 해당되는 음력 달의 대소를 밝히고 양력에 의한 일요표를 만들었다. 일력(日曆)은 양력 정월(正月)부터 쓰되 상단은 양

이전에 사용되던 시헌력은 명시력으로 이름을 바꾸었다. 명시력은 대한제국의 국명이 사용된 최초의 역서로, 1898년부터 1908년까지 11년간 사용되었다.[22] 명시력은 시헌력과 거의 체제가 같아서 구력을 중심으로 하고 日辰, 28수, 해당일에 해도 좋은 일과 해서는 안되는 일 등이 여전히 기록되었다. 다만 구력 하단에 양력에 해당하는 날짜와 요일을 표기한 것이 다르다. 양력 달력은 음력 달력에서와는 달리 국명과 연호에 별도의 명칭 없이 력(曆)을 붙였다. 내용 구성에서는 달력 앞쪽에 양력 달의 대소와 구력의 대소를 정리하고, 일요일에 해당하는 날을 모아 기록하였다. 매 달에는 양력 날짜에 요일을 상단에 표기하였고 그 아래에 달의 모양과 절기를 적었다. 하단에는 음력 날짜와 일진(日辰)을 표기하였다. 양력은 1908년까지 명시력과 함께 간행·배포되었으며 1909년에 이르러서야 명시력이 발간되지 않고 '대한융희삼년력'의 양력서만이 발간되었으나 일제에 의해 강제병합된 후 더이상 발간되지 못했다. 1911년 이후에는 조선총독부가 조선민력이란 이름으로 펴내었다.

양력 사용 발표는 일상 생활에서는 24절기와 같이 태양력을 토대로 한 농업을 기초로 한 생활에서는 큰 무리는 없었을 것으로 보이나 오랫동안 태음태양력에서 익숙하여 제사와 생일 등을 이에 따라 지내오던 조선인들에게 심리적인 거부감이 컸던 것으로 생각된다.

지석영이 1897년 12월에 올린 상소에는 그 당시 조선인들이 가졌던 생각이 잘 드러나 있다. 지석영은 '하나라 때 정월을 썼다'는 공자의 말씀까지 운운하며 음력 정월 초하룻날을 정월로 삼는 것이 나라의 체모를 높이는 일이라 하였다. 또한 양력의 사용이 나라의 체모를 손상시키고 민심을 현혹시키는 일이며, 이를 부끄러이 여긴다고 하였다. 이는 논리

력을, 하단은 음력 날짜와 간지(干支)를 기록하고 중간에 24절후(二十四節候)는 한행으로 잡아 시각을 표시하였다. 상단의 난 위에는 왕실의 대제(大祭)와 기진(忌辰)을 표시하였다.

22) 정성희, 앞글, 2003.12, 37-38쪽.

적 설명이라기 보다는 감정적인 거부감으로 당시 대부분의 조선 사람들이 가졌던 의식이었을 것이다. 그러나 고종은 이에 대해 의논할 것이 아니라고 단호하게 처리하였다. 지석영은 상소 내용에서 '양력을 사용한 것은 수년 동안 외국과의 교제 및 국내의 예산 사용에서 이미 관습된 것이 있어'서, '아니면 손해되는 것이 있어서'인지를 물으며 정월을 완전히 하기를 상소하였다.23)

그러나 개방 후 20년이 흐른 사이에 서로 다른 달력과 시간 체계를 사용하는 것은 외국과의 통상 교류가 점차 확대되고 통신과 교통수단이 근대화됨에 따라 이미 힘든 상황이 되었을 것이다. 여기에 일본 및 서구 열강들은 양력과 서구식 시간체계로의 전환에 대한 중요한 외적 요인이 되었을 것이다.

양력 사용이 선포되던 해인 1895년에는 학부 관제가 반포되었고, 소학교는 물론 사범학교, 외국어학교 등 전문 분야를 교육시키는 관립 학교들이 건립되었다. 학교의 교육과정은 일찍이 육영공원이나 서양 선교사들이 운영하던 사립학교들에서와 같이 등교와 하교 시간이 규정되어 교과가 시간표에 따라 운영되었다. 이에 대한 훈령을 보면, 입하일부터 입추전일까지는 오전 8시에 등교하여 오후 6시 반에 하교하였고, 춘분일부터 입하전일까지, 그리고 입추일부터 추분 전일까지는 오전 9시 등교에, 오후 5시 반 하교하였다. 입춘일부터 춘분 전일까지와 추분일부터 동지 전일까지는 오전 9시반 등교하여 오후 4시 반에 하교하였고, 입동일부터 입춘 전일까지는 오전 10시에 등교하여 오후 4시에 하교하도록 하였다.24)

양력이 공식화된 1897년 이후부터는 서양의 역법은 물론 시간 운영 체계 또한 대한제국의 사회 전반에 영향을 주었으며 국가는 세부 규정과

---

23) 『고종실록』 권 36, 고종 34년(1897) 12월 21일(양).
24) 『황성신문』, 1899년 3월 13일자.

훈령 등에서 시간 단위에 이르기까지 세세하게 적용하여 운영되도록 하였다. 1899년에 내부 직할로 병원 관제를 두고 병원 세칙을 발표하였는데, 세칙에서 병원의 진료 시간은 오전 8시부터 12시까지이고, 오후 2시부터 4시까지는 왕진을 하도록 하였다.[25]

양력 사용 이후 시간 스케줄이 운영의 핵심이 되는 철도와 전차가 개통되었다. 1899년 노량진에서 제물포까지 33.2km를 개통함으로써 철도 운송이 시작되었다. 당시 정거장은 인천, 축현, 우각동, 부평, 소사, 오류동, 영등포, 노량진, 용산, 남대문 및 경성 11곳이었다.[26] 기차가 오가는 철도 운영시간은 동절기·하절기 등 시기별로 여러 차례 개정되어 신문에 실렸다. 독립신문 1899년 10월 25일 시각 개정 기사를 보면 그 다음 날부터 오전 8시와 오후 2시에 인천을 출발하여 노량진으로 오고, 노량진에서는 매일 오전 10시 30분과 오후 4시 30분에 떠나 인천으로 가는 일정이 공지되었다.[27]

기차의 등장은 이제 본격적으로 모든 이용자를 사회적 시간 규율의 틀 속에 적응하도록 하였다. 인천과 서울을 연결하는 경인선을 시작으로 부산, 의주, 원산 등의 항구와 서울이 철도로 연결되었다. 출발지와 도착지를 철로로 연결하여 정기적으로 오가는 철도는 기차가 출발하여 정차하는 곳곳에 일정한 간격의 시간 배분이 필요한 것이다. 개인의 사정과 의지와 상관없이 정확한 시간에 기차역에 도착하지 않으면 탈 수 없는 기차는 조선인들의 시간을 자연과 이치의 산물이 아닌 규율과 통제를 위한 수단이 되도록 하였을 것임에 틀림없다.

25) 『독립신문』, 1899년 5월 16일자.
26) 센코카이, 『조선교통사』 제 1권, BG북갤러리, 2003, 39쪽.
27) (류거 시간 기뎡) 요소이는 늘이 츳츳 쌀너가고 쪼흔 일긔가 졈졈 치운 고로 경인 철도에 릭왕 ᄒᆞᄂᆞᆫ 화륜거의 운젼 ᄒᆞᄂᆞᆫ 시각을 릭일 브터 곳쳐 뎡 ᄒᆞ야 인쳔셔ᄂᆞᆫ 믹일 오젼 八시와 오후 二시에 써나셔 로량진으로 향 ᄒᆞ야 오고 로량진셔ᄂᆞᆫ 믹일 오젼 十시 三十분과 오후 四시 三十분에 써나셔 인쳔으로 향 ᄒᆞ여 가기로 작뎡 ᄒᆞᆫᆺ다더라.

전기를 도입한 후 이를 수도 한양 내의 교통 수단과 접목하여 전차가 도입되었다. 1898년에 이르러서는 고종은 전기회사를 설립지원하여 1899년 전차가 경희궁 홍화문앞에서 동대문안까지 개통되어 후에는 청량리까지 오가게 되었다. 전차 운행시각은 상오 8시부터 하오 6시까지로, 당시 황성신문에는 이에 대한 기사가 실렸다.[28] 1896년 양력 사용을 기초로 한 서양식 역법과 시간 체제는 근대식 학교, 병원, 그리고 철도와 전차가 일반인들의 생활과 밀접해지면 질수록 자연스럽게 학습되었을 것이다.

1883년 해관세칙에는 괘종시계와 손목시계가 수입품목에 들어 있으며 1884년 수입 화물에는 시계 부속품도 포함되었다. 일찍이 1863년 그려진 대원군 초상에는 자명종이 그려져 있으며, 대원군 묘소인 흥원(興園)을 옮길 때 대원군이 사용하였던 것으로 보이는 회중시계도 발견되었다. 당시 상류층에서는 시계가 시간을 보는 필수품이기보다는 신분의 격을 보여주는 사치품이었을 것이다.

시간을 보다 적극적으로 알리고 편리를 도모하도록 한성 내에 서양식 건물들에는 시계탑이 세워져 멀리서도 시간을 알 수 있게 하였다. 경복궁 건천궁 내에 1888년 건립된 관문각 옆에 서양식 시계탑이 있었으며, 1898년 세워진 한성전기회사 건물과 1907년 대한의원 건물에도 시계탑이 설치되었다.[29]

1896년 양력 사용 이후 위에서 살펴 본 학교, 병원, 철도, 전차가대한제국 하에서 생활의 일부분으로 자리 잡을 시기에 이르면 시계의 사용도 보편화되어 신문에 시계를 판매하고 수리하였던 시계포가 등장하였으며,[30] 1902년부터는 본격적으로 성행하여 신사의 필수품으로 정착되기

---

28) 『황성신문』 1899년 5월 19일자.
29) 이태진, 『동경대생에게 들려준 한국사』, 태학사, 2005, 103-106쪽.
30) 『매일신문』, 1899년 3월 17일자.

시작하였다.[31]

5. 맺음말

앞서 우리나라에서 양력의 도입이란 명제에서 우리 역사에서 음력·양력의 사용과 시간의 문제, 그리고 그와 관련된 근대사회체제로의 진입에 대해 살펴보았다.

서구 사회와 맞닥뜨리면서 조선은 이제 그들과의 일들에서 절대적 시간에 정확히 맞추어야 했으며 새로이 도입된 근대적 사회체제에서는 시간에 의해 통제되어야만 했다. 이제 시간은 관념적이기 보다는 도구적이고 규범적이었다.

우리 역사에서 근대, 특히 서구적 근대화를 논할 때 우리가 처했던 일본 및 서구 제국주의 열강과의 왜곡된 역사 전개로 인해 긍정과 부정의 시각이 공존한다. 마찬가지로 서구의 역법과 시간체계가 조선에 도입, 정착된 것은 근대화의 당연한 발전 수순이었으며 산업화·근대화되는 과정에서 시간 통제가 갖고 있는 사회학적 의미 또한 서구의 근대사회에서와 동일한 방식으로 전개되었다.

서구 사회에서는 일찍이 기독교의 영향으로 시간 통제 체제가 마련되었고 그것이 산업화 과정에서 도시와 산업 현장에서 유사하게 적용되었다. 그러나 동양 삼국에서 중국을 중심으로 한 역의 운용, 시간 개념은 매우 자연적이었으며, 이는 19세기에 들어 서구의 역법과 시간 체계가 도입되면서 급격하게 수정되었다.

조선 고종 또한 주변 국가들의 이러한 상황을 인지하였으며 실제 조

---

31) 최공호, 「'근대'는 우리에게 어떻게 다가왔나」『대한제국, 잊혀진 100년 전의 황제국』, 국립고궁박물관 엮음, 민속원, 2011, 243쪽.

선 내부에서도 그 흐름은 막기 어려웠을 것이다.

전통적인 태음태양력과 양력 달력의 체제를 비교하여 볼 때 전통 역이 개개의 날들에 무엇을 해야하고 무엇을 피해야 하는지까지 알려주던 것은 양력에서는 볼 수 없으며 양력에서는 다만 달의 모습과 낮과 밤의 길이, 지구의 공전에 따른 절기의 변화 등 과학적 데이터에 입각한 것에 기초하였다. 개방된 조선을 세계 열강 사이에서 지켜내기 위한 방편으로 대한제국을 선포하여 대등한 독립 국가로 버텨내고자 했듯이, 역법과 시간체계 또한 세계 표준화로의 흐름에 맞추어나가야 함을 인지하였을 것이다. 조선은 문호 개방 후 10여년 간의 이원적 역법 체제 속에서 이를 점차 내재화시키고 그 결과 20년 만에 양력으로의 체제변환을 공식화하였다.

양력의 사용은 서구적 시간체제로의 편입이자, 더 나아가서는 국제 경제체제, 서구 문화체제로의 편입을 뜻한다. 시간은 과학적이고 자연적으로 느껴지나 또한 매우 사회적이고 관념적인 것이다. 우리가 시간의 체계를 바꾸었던 19세기말 20세기 초에 겪었던 서구식 근대화의 힘겨운 경험은 대한제국을 선포하고 양력을 도입하여 새로운 시간체계로 들어섰던 우리의 근대사와 정확히 일치한다.

태음태양력에서 일 년 내에 한 달이 몇 일이며 또 그 하루는 어떤 간지로 어떤 별자리에 속하는지, 그 날 무엇을 해야 좋고 무엇을 피해야 하는지 좀처럼 개인이 접근하기 어려운 것을 양력이 도입됨으로써 올 해가 몇 년이고 그 속에 열두 달의 큰 달과 작은 달은 어떻게 이루어졌는지, 복잡한 간지 대신 일곱 개의 요일을 반복적으로 넣는 매우 간단한 체계로 정리되었다. 양력의 도입으로 국가가 관측하고 해석하여 반포하던 것에서 일반인 조차 원리를 알면 쉽게 예측해 낼 수 있는 것이 되었다. 서구에서 근대를 논할 때 진보, 산업화, 민주주의를 떠올리듯이 근대의 시간에서도 또한 이들이 중요하다.

다만 근대기 국제적 환경 내부에서 지니고 있는 문제는 조선이 좀처럼 피하기 어려운 것이었다. 19-20세기에 전 세계가 겪었던 질곡의 역사는 개별화된 국가를 힘의 논리로 제압하고 경제를 예속화하는 부정적 과정도 포함하고 있고 여기에 시간은 어떤 도구보다도 강력한 것이었다. 따라서 근대기 우리가 접했던 여러 개념의 혼란이 대한제국의 시간 속에 그대로 담겨져 있다.

우리의 역사를 이야기할 때 대한제국이라는 말과 근대라는 말이 공존하면서 던져주는 우리 사고의 혼란 만큼이나 양력으로 인해 우리 역사에 던져진 시간에 대한 의미 또한 단순하지 않다. 이전의 시간의 의미가 통치적, 문화적 제어를 위주로 한 것이었다면 이 시기에는 사상적이며 물질적, 사회적 측면까지 포괄하는 매우 복잡한 양상을 띠고 있다.

시간을 순환적으로 바라보았던 전통적 사고에서 직선적이고 발전적이며 퇴적의 시각으로 인식하는 계기가 바로 대한제국기의 양력을 통해서 받아들인 시간 개념이다. 양력의 시행은 바로 이러한 시간 개념을 바꾸고, 더 나아가서는 사회·문화적 관습, 우리의 가치관 등 우리가 살고 있는 이 세상을 바라보는 사고 체계를 변화시킨 역사적 전환점을 상징하는 것이라 할 것이다.

토론문

岩方久彦*

1. 본 논문의 의의

역법, 시간에 대한 연구는 필자가 밝혀 듯이 1970년대부터 과학사의 한 부분으로 연구가 시작되었다. 이은성의 「근세 한국의 역(曆)」이 대표적인 연구다. 그 후 조선시대 생활사 또는 사회사에 대한 연구까지 확대되었다. 필자는 2장에서 '전통시대의 시간 체계와 역'을 밝히고, 3장에서는 '문호 개방과 새로운 시간체제로의 편입'을 검토했다. 4장에서는 '양력 시행, 근대적 시간체제로의 전환'을 중심으로 밝히고 있다. 필자는 머리말에서 본고의 연구목적을 "이 글에서는 이러한 연구를 토대로 근대기에 우리 민족이 겪었던 근대화의 격변 속에서 지금의 시간 체계가 어떻게 시작되었으며, 어떤 과정을 거쳤는지를 그간의 연구 성과를 포괄적으로 살펴보고 그 의미를 정리해 보고자 한다."고 했다. 필자는 새로운 견해를 제시한다기보다 연구사에 대한 정리 작업을 통해 그 의의를 다시 확인하고자 한다. 김연수선생님이 하신 이번 연구를 통해 앞으로 이 분야의 연구가 활발하게 진행되기를 기대한다.

* 부천대

2. 발표문에 대한 토론자의 견해

1) 시헌력에 대한 평가문제

동아시아 사회에는 조공과 책봉이라는 동아시아국제질서가 존재했다. 동아시아에서 왕을 임명하고, 정삭(正朔)을 정할 수 있는 사람은 오직 중국황제 뿐이었다. 물론 일본처럼 중국과의 교류가 친밀하지 못했던 나라는 자발적으로 역을 발행하기도 했다. 반면 조선은 아주 모범적으로 국제질서를 준수한 나라였다. 그런데 조선은 고려 공민왕 때부터 사용한 명나라의 대통력(大統曆) 대신 1653년 국가의 공식역(公式曆)으로 원수인 청나라의 시헌력(時憲曆)을 채택한다. 시헌력은 태음력을 기분으로 하면서도 태양력을 부분적으로 채용한 것이고, 태양력 도입 후에도 명시력(明時曆)이라는 이름으로 1908년까지 간행되었다. 대한제국기의 태양력을 밝히는 것이 본 논문의 연구목적이기는 하지만, 시헌력 채택에 대한 갈등이라든지 정치적인 배경도 언급할 필요가 있다고 생각한다. 시헌력에 대한 평가가 없으면 태양력으로의 전환이라는 역사적인 사건의 의의(意義)가 다소 애매해질 수 있기 때문이다. 물론 이미 기존 연구 성과에서 충분이 밝혀진 것이라면 필자는 어떤 입장을 갖고 계시는지도 짚고 넘어가는 것이 바람직하다고 생각한다.

2) 태양력 도입 배경에 대한 검토

태양력 도입에 대한 기록은 고종32년(1895) 9월 9일 기사가 처음이다. 즉 "正朔을 고쳐 태양력을 쓰되 개국 504년 11월 17일을 505년 1월 1일로 삼으라." 이것을 통해 조선은 공식적으로 태양력을 도입하게 된 것이다. 그리고 고종32년 11월 15일 기사를 보면 "새로운 연호를 세우도록 한다."고 나온다. 고종 33년 1월 1일에는 "짐이 등극한 지 33년에 세계가 盟約을 다지는 판국을 맞아 정치를 경장하는 길을 가지 않을 수 없

234 234 대한제국과 한일 관계

다. 이에 정삭을 고치고 연호를 정했으며 복색을 바꾸고 단발을 하니 너희 백성들은 내가 새 것을 좋아한다고 말하지 말라… 배와 기차가 왕래하는 오늘에 와서는 쇄국하여 홀로 지내던 구습을 고수해서는 안 될 것이다. 짐도 선왕의 시제를 변경하기를 어찌 좋아하겠는가마는 백성들이 부유하지 못하고 군사가 강하지 않으면 선왕들의 종묘사직을 지키기 어렵다. 옛 제도에 얽매여 종묘사직의 위태로움을 돌보지 않는 것은 때에 맞게 조치하는 도리가 아니니, 어찌 그렇게 할 수 있겠는가? 너희 백성들은 또 혹시 '선왕의 시제를 고치지 않고도 종묘사직을 지킬 방도가 반드시 있다.'고 하겠지만 이것은 한 구석의 좁은 소견으로서 천하 대세를 알지 못하는 것이다."

인용문이 조금 길지만 고종은 종묘사직을 지키기 위해 대세론적인 입장에서 태양력 도입을 결정한 것을 알 수 있다. 그런데 이것은 고종의 진짜 목적인지? 태양력 도입은 을미개혁의 일환으로 이루어진 것이지만, 을미사변으로 반일감정이 고조된 상황에서 친일내각이 추진한 개혁을 국민들이 수용하기 어려웠을 것이다. 일본이 강요한 개혁이라는 심리적인 거부반응도 있었다. 그럼에도 불구하고 왜 고종은 전통과의 단절을 선포했을까? 이 시기에 태양력을 도입하려는 고종의 의도는 무엇이었는지 궁금하다. 그리고 을미개혁을 필자는 어떻게 평가하시는지 궁금하다.

발표문을 보면 양력시행에 반대한 지석영의 상소문이 나온다. 본문에서 인용되지 않는 부분도 있어서 인용하겠다. "양력을 사용한 것은 수년 동안 외국과의 교제 및 국내의 예산 사용에서 이미 관습된 것이 있어 변통하기 어렵기 때문에 그런 것입니까? 아니면 손해되는 것이 있어서 그런 것입니까? 예산을 가지고 말한다면, 평년을 12달로 나눈 것이고 윤달이 있는 경우 13달로 하면 예산에 털끝만치도 차이가 없을 것입니다. 외교문건을 가지고 말하자면, 큰 글자로 음력 정월 하루 날을 쓰고 옆에 양력 몇 월 몇 일이라고 써놓으면 외교에도 손실이 없을 것입니다. 무엇 때문에 양력 월일을 섞어 쓰고 정월을 정하지 않음으로써 나라의 체모를 손상시키고 민심을 현혹시키는 것입니까? 신은 실로 부끄럽습니다."

일본의 경우 1872년에 태양력을 채용했는데, 그 이유 중의 하나가 1873년이 윤달이라서 13개월 월급을 지급해야하기 때문이었다고 한다. (全集『日本の歷史』13권, 小學館, 2008, 182쪽) 조선의 경우 어떤가요?

3) 양력과 음력의 공존이 왜 가능했을까?

태양력이 채택 된지 이미 100년을 넘었는데, 지금도 대한민국에서는 음력은 살아 있다. 민족대이동이라 불리는 설날과 추석은 음력이다. 그리고 석가탄신일도 음력이다. 이것은 다른 동아시아 국가와는 전혀 다른 모습이다. 중국은 춘절(春節)만이 공휴일로 되어있다. 일본에서는 모든 명절은 양력이기 때문에 날씨가 더운 양력 8월 15일이 추석이다. 토론자도 일본에 있을 때 더운 8월에 고향을 찾아간 경험이 있다. 제사 날이나 생일까지 음력으로 하려는 한국 사람들을 볼 때마다 불편하게 왜 그렇게 하는지? 토론자는 생각한 적이 있다. 한국에서는 지금도 태양력 과 태음력이 공조하고 있다고 생각한다.

설날에 대한 계승범 서강대 교수의 글이 서울신문 2013년 2월21일자에 실린 적이 있다. "그 기나긴 역사의 무게. 독자적인 달력을 만들지 못하고 중국의 정삭을 받들어야 했던 한국 역사의 아픈 유산이 지금은 최대의 전통으로 살아났다." 는 내용이었다. 학술논문이 아니라서 논하기 어렵지만, 과연 음력 설을 지금도 지키는 것이 슬픈 일인지. 아니면 한국사의 전통으로 받아드려야 하는지 생각하게 되었다. 왜 한국에서는 지금도 양력과 음력을 사용하는지 한번 성찰하는 것이 필요하지 않을까?

제국의 기록, 사진이 말하다

- 도한(渡韓) 사진사 무라카미 텐신과 대한제국 황실의 표상 -

이 경 민*

1. 들어가는 말

무라카미 코지로(村上幸次郎), 일명 무라카미 텐신(村上天眞). 그는 한·일 양국에서 소수의 연구자들에게만 알려져 있을 정도로, 한일근대사 연구에서 잊힌 존재였다. 그가 알려지기 시작한 것은 명성황후 시해 사건과 관련해서인데, 명성황후의 사진을 촬영하고 그것을 경성수비대와 일본 낭인들에게 제공한 자가 바로 무라카미였다는 것이다. 명성황후 사진 진위 논란만큼이나 그가 실제로 명성황후의 사진을 찍었느냐 하는 것도 논란거리가 되고 있다. 그러나 그를 둘러싼 여러 풍설과 논란에 비해 그에 대한 연구는 거의 이루어지지 않았다. 김문자의 저서 『명성황후 시해와 일본인』(2011, 원제: 『朝鮮王妃殺害と日本人』(2009))과 논문 「전봉준의 사진과 무라카미 텐신(村上天眞) : 동학지도자를 촬영한 일본인 사진사」(2011)가 전부인 실정이다.

사실 무라카미는 1894년 청일전쟁 때 종군하여 조선에 건너온 후 한

* 사진아카이브연구소 대표

성(경성)에 남아 남산 왜성대 부근에 사진관을 개설하면서 한국 근대 사진사(寫眞史)의 한 장을 담당한 인물이기도 했다. 최근에는 우리가 그동안 보아왔던 대한제국기의 주요 인물 사진과 사건 및 행사 사진들 가운데 상당수가 그가 촬영한 사진으로 밝혀지고 있다. 그리고 당시 서양인들이 쓴 여행기에 수록된 사진 중에 무라카미의 사진관에서 구입한 사진들이 많다는 사실도 확인되고 있다. 개항 이후 조선인들의 근대 인식 형성에 중요한 영향을 미친 대표적인 시각매체가 사진이라는 점에서, 무라카미가 주로 활동했던 시기인 대한제국기를 중심으로 그의 사진 활동과 그가 남긴 사진들이 갖는 역사적 의미와 가치에 대해 살펴보고자 한다.

2. 사진술의 수용 노력과 좌절

1876년 개항 이후 조선은 자의든 타의든 근대적 세계체제에 편입되면서 표상의 공간 속에 던져졌다. 1880년 초 서구 열강과 통상조약을 맺기 시작한 조선 정부는 외교 관계가 진전됨에 따라 스스로 자주적인 독립 국가이자 근대국가임을 표상하기 위해 태극기를 비롯한 다양한 국가 상징물을 만들었으며, 국왕의 초상사진(어진)도 중요한 국가상징의 하나로 인식하였다. 특히 1897년 대한제국의 선포는 조선이 자주국이며 독립국이라는 강력한 표상을 대내외에 천명한 것이다. 이에 따라 대한제국기에 보다 강력한 국가 상징물과 상징기호들(무궁화, 환구단, 독립문 등)이 만들어졌으며, 이웃나라 일본이 천황제를 근간으로 한 국민국가 형성에 메이지 천황의 초상사진을 활용했듯이 조선도 황제를 군주로 한 근대국가 수립에 고종의 어진을 사용하고자 했다.

1872년 일본 정부가 이와쿠라(岩倉) 사절단을 미국에 파견했을 때 외교상 국가원수의 사진을 맞교환하는 관례를 좇아 메이지천황의 초상사진(어진영)을 제작했던 것과 마찬가지로, 1882년 미국과 처음으로 조미수호통상조약을 맺은 조선 정부에서도 외교적 관례에 따라 국가원수인 고종의 어진 제작의 필요성이 제기되었다. 공식적으로 확인되지는 않지만 고종은 궁중화원 출신으로서 1876년 제1차 수신사인 김기수를 수행한 김용원으로 하여금 사진술을 배우게 하여 1883년 촬영국(사진관)을 개설하고 황실사진사로서의 역할을 담당케 하려고 했건 것으로 보인다. 그러나 1884년 일본의 후원 하에 개화당에 의해 주도된 갑신정변이 실패로 돌아가자 김용원의 사진관은 친일의 표적이 되어 성난 민중들에 의해 파괴되고 말았다. 이때 김용원과 더불어 1880년대 초 사진술 도입을 위해 노력했던 황철과 지운영의 사진관도 함께 파괴되었으며, 그 결과 조선인 스스로 주체적인 사진 수용과 정착의 과정을 밟지 못하게 되었다.

이처럼 조선인에 의한 사진문화의 주체적인 수용은 갑신정변이라는 정치적 격변으로 말미암아 1907년 고종의 시종이었던 김규진이 천연당 사진관을 개설하기 전까지 공백 상태에 놓이게 되는데, 그 공백을 메운 것은 일찍이 도한(渡韓)한 일본인 사진사들이었다. 지금까지의 기록으로는 1882년 가이 군지(甲斐軍治)가 남산 왜성대 일본공사관 근처에 개관한 갑비사진관이 한성 최초의 사진관으로 알려져 있다. 나가사키 출신의 가이는 1882년 3월 김옥균이 서광범과 함께 일본 시찰을 떠났다가 귀국할 때 같이 도한 했는데, 김옥균의 주선으로 사진관을 개업하였다고 한다.

가이 군지의 뒤를 이어 한성에 사진관을 개설한 이는 혼다 슈노스케(本多修之助)였다. 요코하마의 상인이었던 그는 불경기로 가족과 함께 1880년 부산으로 건너와 사진업을 시작했으며, 1882년 인천으로 이전했다가 조선정부에 고용되어 사진 일에 종사했었다. 고용이 끝나자 한성 수표교 근처에 사진관을 개설하고 영업을 시작했으며, 김용원이 촬영국을 개설할 때 초빙되어 도움을 주기도 했다. 그러나 그의 사진관 또한 갑신정변으로 청국 군인과 조선민중들로부터 습격을 받아 파괴되었으며,

이때 목숨까지 잃게 된 불운한 사진사였다.

3. 일본인의 한성 진출에 따른 일본 사진사들의 도한

가이 군지와 혼다 슈노스케의 사진관이 한성에 진출할 수 있었던 것은 1882년 한일간 체결된 제물포조약(濟物浦條約)과 수호조규속약(修好條規續約)에 따른 결과였다. 전자에 의해서 일본 공사관의 도성 내 이전이 가능해졌고 공사관 경비를 위해 수비대 군인 200여명과 이를 따라온 어용상인 10여명도 한성에 들어올 수 있게 되었으며, 후자에 의해 일본인 외교관과 그 수행원 및 가족의 조선 내지여행권이 확보되었던 것이다. 비록 그 숫자는 많지 않았지만 이 조약들에 따라 일본인들의 한성 진출이 이루어졌고, 1883년 조일통상장정(朝日通商章程) 체결과 영사관 설치 등으로 조금씩 그 숫자를 늘려나갔다. 그러나 갑신정변이 일어나자 공사관으로 미처 피신하지 못한 40명이 조선 민중에 의해 피살되었으며, 앞서 언급한 것처럼 혼다 슈노스케도 그 중의 한명이었다. 이 일로 일본인들의 한성 진출은 잠시 좌절되었으나 일본은 다시 1885년 조선 정부와 한성조약을 맺고 남산 산록과 왜성대 일대에 일본인 거류지를 확보하게 되었다. 확고한 근거지가 마련되자 일본인 거류민들은 점차 늘어나게 되었으며, 1885년 89명에서 1886년 163명, 1887년 245명, 1888년 348명, 1889년 527명 등 매년 가파르게 증가했다.[1]

1890년대에 들어와서도 이러한 증가세는 계속되었는데, 무엇보다도 청일전쟁이 일어난 1894년은 일본인들의 한성 진출 과정에 있어서 분기점이 된 해였다. 청일전쟁에서 일본이 승리하자 그 여파로 1895년 일본

---

1) 박찬승, 「서울의 일본인 거류지 형성 과정: 1880년대~1903년을 중심으로」, 『사회와 역사통』(권 62집), 2002, 71~77쪽 참조

인 거류민의 수는 1,839명으로 전 해에 비해 2배 이상 급증했던 것이다. 이렇게 한성에 일본인 진출이 늘어나자 일본인 사진사들도 도한하여 일본인 거류지를 중심으로 자국민들을 상대로 사진관 영업을 시작하였다. 한성에 자리를 잡은 일본인 사진사에 대한 구체적인 자료는 1912년 경성거류민단(京城居留民團)에서 발행한 『경성발달사』에서 찾아볼 수 있다. 일본인들의 한성 정착 과정과 성장 과정에 대해 기술한 이 책에는 1893년부터 1911년까지 일본인 거류민들의 직업별 취업자 수가 정리되어있다. 여기에는 사진업 종사자의 수도 나오는데, 1893년에 2명, 1896년 3명, 1898년 2명, 1902년 5명, 1905년 3명[2], 1909년 51명, 1911년 51명으로 조사되었다. 실제로 활동한 일본인 사진사들의 수효와 맞지 않는 부분도 있지만 청일전쟁이 일어난 1894년을 전후하여 2~3명에 불과했던 사진사의 수가 1910년 일제의 한국강점을 전후하여 기하급수적으로 증가했음을 알 수 있는데, 이는 일본인들의 한성 진출 증가에 따른 사진 수요의 확대 과정을 보여준다.

4. 청일전쟁과 종군사진사

한편 일본은 청일전쟁(1894.7~1895.4)을 시작으로 제국주의의 길을 걷기 시작했는데, 청일간의 전쟁은 일본 국민들에게 초미의 관심사가 되었다. 이때 전쟁 특수를 맞은 일본의 신문사와 출판사들은 전쟁에 대한 일본 국민들의 호기심과 열광을 부채질하는 동시에 일본의 제국주의적 시각을 선전·선동하는 관제 미디어의 역할을 담당하기도 했다. 이 과정

2) 1905년 『경성발달사』보다 앞서 발행된 『재한인사명감』(목포신보사)에는 부산에 2명, 경성(한성)에 3명, 인천 및 원산에 각 1명 도합 7명의 사진사가 조선에서 활동하고 있다고 소개했다.(井上祐子, 『日淸·日露戰爭と寫眞報道』, 吉川弘文館, 2012, 93쪽에서 재인용)

에서 전쟁에 관한 백과사전적인 지식이 수집되었고 전장이었던 조선에 대한 정보도 함께 소개되었다. 청일전쟁에 관한 취재와 보도를 위해 각 신문사마다 특파원들은 앞 다투어 파견했는데, 모두 66개사에서 기자 114명, 화가 11명, 사진사 4명 등 총 129명이 전장으로 보내졌다. 129명의 특파원 중에 종군한 사진사 4명의 명단은 확인되지 않으나, 1894년 11월부터 그 다음해인 1895년 11월 사이에 종군한 것으로 알려져 있다.

신문사 이외에 출판사와 인쇄소에서 파견한 사진반원들에 의해서도 전쟁이미지는 생산되었다. 1890년대 대표적인 출판사인 박문관(博文館)과 춘양당(春陽堂)에서는 전쟁관련 잡지 및 서적을 출판하여 청일전쟁에 관한 일본국민들의 관심에 부응해나갔다. 이 출판사들이 각각 발행한『일청전쟁실기』(1894년 8월 창간, 통권 50호)와『전국사진화보』(1894년 10월 창간, 1895년 4월『사진화보』로 개제, 통권 20호)는 사진을 화보로 활용하여 전황을 시각적으로 보도했으며, 특히『일청전쟁실기』는 발간 직후부터 매진이 되어 재판을 할 정도로 상업적 성공을 거두었다고 한다.[3] 또한 사진사이자 인쇄소를 운영하고 있던 오가와 카즈마(小川一眞)는 콜로타입인쇄술을 이용해 최고 품질의 사진첩을 제작했는데, 일련의『일청전쟁사진석판』(1895)과『일청전쟁사진첩』(1895)을 발행하였다. 전자의 사진첩에 수록된 사진들은 판권소유가 육지측량부로 되어있으며, 후자의 사진첩에는 육지측량부와 함께 다케우치 세츠조(竹內拙三)와 히구치 사이조(樋口宰藏)가 판권소유자나 촬영자로 명기되어있다. 1886년 육군 참모본부의 1국이었던 육지측량국에서 1888년 참모본부장 직속의 독립관청으로 거듭난 육지측량부에서는 지도제작을 위해 사진사를 고용했는데[4], 다케우치와 히구치는 육지측량부의 촉탁사진사이거나 오가와

---

3) 함동주,「일본제국의 성립과 박문관의 출판활동」『동양사학연구』(제113집), 2010, 252쪽

4) 1894년 9월 21일 일본 군부는 육지측량부와는 별도로 소토야 쇼지로(外谷鉦次郎) 대위 이하 측량수인 오구라 겐지(小倉儉司)와 무라야마 이세이(村山維精) 등

의 인쇄소에 소속된 사진반원으로 추정된다.

한편 신문사의 사진기자나 출판인쇄소의 사진반원들과는 다른 경로로 종군한 사진사가 있는데, 무라카미 코지로(村上幸次郞)가 바로 그 주인공이다. 그가 조선에 건너오게 된 이력은 『조선재주내지인실업가인명사전 제1편』(조선실업신문사, 1913)을 비롯한 일제강점기에 발행된 수많은 인명사전 속에서 확인할 수 있다. 인명사전마다 출생년도와 도한 시기, 사진관 개설시기 등에 있어서 약간의 오차를 보이지만, 종합해보면 다음과 같다. 1867년생인 무라카미는 1886년 일본 교토의 마루야마(圓山)에서 사진업을 하던 중 1894년 청일전쟁이 일어나자 육군으로부터 종군을 명받아 그해 9월경 평양전투에 참전한 후 일시 귀국한 뒤 다시 그해 11월 『메사마시신문』의 특파사진사로 재차 도한하였다. 그리고 이듬해인 1895년 4월 종전이 되자 귀국하지 않고 한성에 남아 남산 주동(做洞, 현 서울예대 자리)에 위치한 일본공사관 밑에 생영관이라는 사진관을 개설하였고, 1897년 5월[5] 본정 2정목(현 충무로2가)으로 신축 이전한 후 그 이름을 촌상(村上)사진관 또는 천진당(天眞堂)으로 개칭하였다.

이상의 이력에서 볼 때 그는 청일전쟁을 계기로 조선과 인연을 맺게 되었으며, 일본 육군의 명을 받고 종군했다는 점에서 그가 일반 종군사진사들과는 달랐음을 짐작할 수 있다. 전장에서의 그의 역할과 활동사항은 아직까지 확인되지 않고 있으나 예의 육지측량부에 소속되어 군사 비밀지도 제작을 위한 사진 촬영, 조선 정부의 동향을 살피거나 군사 요충지를 대상으로 한 첩보사진 촬영, 나아가 향후 식민지 경영을 위한 기초자료로서 조선 풍속과 관련된 방대한 사진 조사 등의 역할과 임무를 예상해볼 수 있다. 여기서는 1895년 한성 정착 이후 그의 행적을 따라가면

모두 9명으로 구성된 대본영사진반(大本營寫眞班)을 조직하여 전장의 모습을 기록케 했다. 井上祐子, 위의 책, 32쪽.

5) 나카무라 시로(中村資良)가 펴낸 『경성·인천 직업명감』(동아경제시보사, 1926)에는 무라카미가 사진관을 신축 이전한 시기가 '1896년 봄'이라고 기재되어 있다.

서 그의 특수한 임무와 사진 활동에 대해 살펴보고자 한다.

5. 종군사진가, 신문사 특파원 및 보도사진가로서의 활동

무라카미는 『메사마시신문』 소속 통신원 또는 특파사진사의 자격으로 1895년 11월 재차 도한 했지만, 자신이 촬영한 사진을 자사 신문사뿐만 아니라 다양한 루트를 통해 여러 잡지사에도 제공했던 것으로 보인다. 이러한 사실은 김문자의 최근 연구를 통해 살펴볼 수 있는데, 동학농민운동의 지도자로 잘 알려져 있는 전봉준이 가마에 탄 채 호송되는 사진과 명성황후라고 주장되어온 조선 궁녀의 사진 모두 무라카미가 촬영한 것임을 밝혀냈다. 먼저 그녀는 무라카미가 1895년 3월 12일자 『메사마시신문』에 기고한 「전봉준을 촬영함」이라는 제목의 기사를 토대로, '가마에 탄 채 호송되는 전봉준'의 사진이 그가 촬영한 것이라고 밝힌바 있다. 그리고 이 사진이 다음호 『메사마시신문』에 게재할 것이라 예고해 놓고도 실리지 않은 이유에 대해서는 경쟁지인 『오사카매일신문』(1895년 3월 12일자)에 동일 사진이 목판화로 제작되어 실리는 바람에 특종을 놓치자 자사 신문에 게재하지 않은 것으로 보았다. 그 대신에 그 사진을 춘양당에 판매하여 그해 5월 10일에 발매된 『사진화보』(제14권)에 '동학당 수령 전녹두 및 조선순사'라는 제목으로 게재했다고 추정했다.

또한 김문자는 자신의 책에서 명성황후 사진 진위 논란의 핵심이 되었던 '조선 궁녀' 사진이 명성황후가 시해되기 전인 1895년 2월에 발행된 『전국사진화보』(제9권)에 실린 것을 확인하고, 사진 속 주인공은 명성황후가 아니라 궁녀임을 주장했다. 나아가 제3대 이탈리아 영사를 지낸 카를로 로제티(Carlo Rossetti)의 저서 『한국과 한국인(Corea e Coreani)』에 실린 동일인물의 사진이 무라카미가 찍은 것이 확실한 '기생 의상 한 벌'

의 배경과 같은 배경 위에 합성된 것을 보고 '조선 궁녀' 사진도 무라카
미가 촬영했을 가능성을 제기했다.

현재로서는 무라카미가 박문국의 『일청전쟁실기』와 춘양당의『전국
사진화보』에 어떤 사진을 제공했는지 그 전모를 파악할 수 없지만, 당시
도한한 종군사진사나 특파사진사가 많지 않았다는 점에서 그의 비중이
컸으리라 짐작할 수 있다. 특히 박문관에서는 무라카미를 비롯해 조선에
서 활동하고 있는 사진사들로부터 필요한 사진자료들을 수집했다고 한
다.[6] 『일청전쟁실기』의 대대적인 성공으로 일본의 대표적인 상업출판사
로 성장한 박문국은 1904년 러일전쟁이 일어나자 청일전쟁 때의 경험을
발판으로 그해 2월 13일 『일
로전쟁실기』을 창간했으며
1905년 12월 23일 100호로
완결될 때까지 엄청난 판매
부수를 올렸다고 한다. 그리
고 이 잡지 중간 중간에 다수
의 임시증간호를 발행했으며,
1905년에는 사진화보 임시증
간 제25권으로 『한국사진첩』
을 발간하였다. 이 책은 박문
국의 편집주간인 츠보야 스이
사이(坪谷水哉)가 편집했으며
50쪽에 걸쳐 수많은 사진들이
수록되어있다.

그런데 이 사진들 중에 눈
에 띄는 것이 있는데, 창덕궁

그림 1. 무라카미와 츠보야의 기념사진
(『한국사진첩』, 1905)

---

6) 井上祐子, 앞의 책, 196쪽

의 한 정자에서 츠보야와 무라카미가 함께 앉아있는 사진이다.(그림 1) 이 사진 옆에는 무라카미가 "스스로 초점으로 맞추고 다른 사람으로 하여금 셔터를 누르게 해서 찍은 것"이라는 설명이 달려있다. 러일전쟁에서 승리한 일본이 한국의 지배권을 확보하게 된 것을 기념하기 위해 발행된 이 임시증간호에 이러한 사적인 기념사진이 실린 것은 무슨 의도일까? 박문관의 편집주간과 당시 경성의 대표적인 사진사와 함께 찍은 기념사진이 실렸다는 것은 이 책의 화보 구성을 위해 무라카미에게서 기존에 촬영한 사진들을 제공받았거나 그에게 필요한 사진을 촉탁으로 맡겼음을 의미한다. 실제로 이 책에는 로제티의 『한국과 한국인』에서 무라카미가 촬영한 것으로 표시된 동일 사진('정장한 관기들')이 실려 있다. 또한 권두 부분에 수록된 경부철도 개통식 관련 사진들도 일찍이(1901년) 경부선 답사에 고빙되어 각지를 촬영했다는 그의 이력에 비추어볼 때 1904년 경부선 개통에 맞춰 그에게 다시 의뢰해서 촬영한 것으로 보인다.

이상에서 살펴본 것처럼 무라카미는 육군 소속 종군사진사를 시작으로 한 신문사의 특파사진사로 그리고 일본의 대표적인 전쟁잡지와 화보잡지를 위해 촉탁사진사로도 활동했다. 그는 일종의 보도사진가로서 조선에서 벌어지고 있는 전황과 역사적 사건, 그리고 조선인들의 풍속과 일상들을 사진기에 담아 하나의 시각적 정보와 지식의 형태로 일본 정부와 일본 대중들에게 제공했던 것이다. 물론 있는 그대로의 모습을 단순히 사진으로 재현해서 보도했기보다는 청일전쟁을 전후해서 형성되기 시작한 '근대 일본의 부정적인 조선상(像)'을 투영하고 있음은 물론이다. 따라서 조선인에 대한 부정적인 이미지가 사진을 통해 어떻게 표상되었고, 그것이 식민 이데올로기에 어떻게 봉사했는지를 대한제국기의 그의 사진 활동을 통해 고찰하고자 한다.

6. 사진관 개설과 사진방매소 운영

무라카미가 한성에 생영관이라는 사진관을 개설한 것은 전술한 바와 같이 청일전쟁이 끝난 1895년 4월 이후의 일이다. 그런데 그의 초기 사진관 행적 중 지워진 시기가 있는데 1895년 10월부터 1897년 4월 사이의 기간이다. 그는 명성황후가 시해된 지 8일 후인 10월 16일, 시해에 가담한 일본 낭인(자유당원계)들의 배후로 알려진 법무고문 호시 도루(星亨)와 함께 군용선 오와리마루를 타고 우지나(宇品)항으로 귀환했던 것이다.[7] 이는 그가 명성황후 시해에 직간접적으로 간여되었음을 암시하지만 아직까지 그가 어떤 역할을 했는지에 대해서는 밝혀진 바가 없다. 일본으로 건너간 무라카미는 돌연 1년 7개월 뒤인 1897년 5월 다시 조선으로 건너와 사진관을 본정으로 옮기고 본격적인 초상사진사로 활동하게 된다.

그런데 그의 사진관의 존재가 지면에 처음 알려진 것은 1899년의 일이다. 무라카미의 생영관이 후지다 쇼자부로(藤田庄三郎)의 사진관(옥천당)과 함께 공동으로 1899년 1월 6일자 『독립신문』에 광고를 게재했던 것이다.

> 이왕에는 사진 한 벌에 4장식 드리더니 지금 물가가 고등하야 금년부터는 한 벌에 3장식 드리기로 작정 하였으니 첨군자는 조량하시오. 진고개 생영관 옥천당

후지다는 앞서 언급한 오가와 카즈마의 제자로 무라카미보다 앞서 1889년경에 도한하여 남산 호동(扈洞)에 사진관을 개설했던 인물이다. 예의 경성거류민단의 통계자료를 보면 1898년 일본인 거류지에서 2명의 사진사가 활동했다는 기록이 나오는데, 이 수치는 후지다와 무라카미 둘

---

7) 김문자(김승일 옮김), 『명성황후 시해와 일본인』, 2011, 375쪽

을 지칭한다. 경기가 어려워지자 사진관이 두 곳밖에 없었기 때문에 생영관과 옥천당이 담합해서 사진 가격을 올렸던 것으로 보인다. 그로부터 4개월 뒤인 5월 6일자 『제국신문』과 5월 12일자 『황성신문』에는 무라카미 단독의 사진관 광고가 실렸다.

> 생이 사진하는 법을 내워 주조골서 생영관을 개설하와 동서양군자에 권고하심을 힘입사온 바 근일에 또 나동에 봉선관을 개설하였사오니 누구시든지 자기 면목과 정체를 오래도록 전하시려 하시는 첨군자들은 찾아오심을 바라나이다. (『제국신문』, 1899.5.6)

> 생(生)이 사진하는 업을 주동(鑄洞) 생영관에 개(開)하였더니 금에 또 나동(羅洞)에 봉선관을 증치(增置)하였사오니 신상(紳商) 첨군자는 권애(眷愛)하심을 배구(倍舊)하옵기를 복희(伏希)함. 봉선관·생영관주 촌상행차랑 (『황성신문』, 1899.5.12)

두 광고 모두 무라카미가 주동(주조골)의 생영관 외에 나동에 새로 봉선관을 개설했다는 내용을 알리고 있는데, 그만큼 사진 고객들이 점증하고 있음을 알 수 있다. 당시 1899년 현재 일본인 거류지의 인구는 1,985명으로 크게 늘어난 상태였으며, 그해 9월 경인선 구간 중 인천에서 영등포까지의 노선이 부분 개통되어 향후 한성-인천 간 왕래에 획기적인 변화가 기대되던 상황이었다.[8] 이러한 상황 속에서 무라카미는 급증할 사진 수요를 대비하여 사진관 증설에 나선 것으로 보인다.

그런데 무라카미가 1897년 생영관을 본정 2정목으로 신축이전하고 이름도 천진당 또는 촌상사진관으로 개칭했음을 상기할 때, 1899년에는 생영관은 존재할 수 없다. 그러나 생영관이라는 이름은 1902년과 1903년의 신문 광고에서 계속 확인된다. 이러한 오류는 무라카미를 소개한 대부분의 인명사전이 촌상사진관 또는 천진당으로 자리 잡은 뒤인 1900

---

8) 박찬승, 앞의 논문, 91쪽

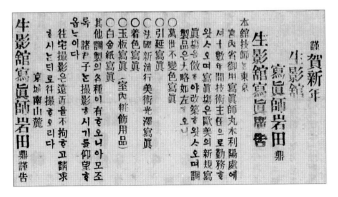

그림 2. 생영관의 신문 광고(『황성신문』, 1902.1.7)

년대 이후에 발행되었기 때문에 편찬 시점에서의 사진관명을 소급해서 기술했기 때문에 생긴 결과라고 볼 수 있다.

다만 1902년 1월 7일자 『황성신문』에 게재된 생영관 광고 기사를 보면, 관주 무라카미의 이름이 사라지고 이와다 카나에(岩田鼎)가 생영관 기사로서 등장하고 있음을 알 수 있다. 또한 1902년 3월 18일자의 '생영관 광고'와 1903년 12월 19자의 '특별사진광고'에도 '사진사 이와다'의 이름만 나와 있다. 1921년 경성신문사에서 펴낸 『경성부정내지인물(京城府町內之人物)과 사업안내』에 소개된 이와다의 이력을 보면 이러한 궁금증이 다소 해소되는데, 여기에는 이와다가 1898년 12월 조선에 건너와 한성에 자리를 잡고 암전(岩田)사진관을 개설하였으며 1900년에는 경성 남산록 왜성대에서 생영관을 경영했다고 나와 있다. 이 기록이 정확하다면 무라카미는 1900년에 생영관을 이와다에게 인수하고 본격적으로 촌상사진관 시대를 열었던 것으로 보인다.

1904년 무라카미는 『대한일보』에 '구미최신유행촬영'이라는 제목으로 광고기사를 실은 적이 있다. 광고 문안은 만세불변색 사진 및 인화, 채색사진 등 사진 기법이나 품질과 관련된 용어들을 열거한 후 러일전쟁 관련 사진과 조선의 풍경과 풍속을 촬영한 사진들을 판다는 내용으로 작성되었다. 그런데 광고를 낸 업체명이 무라카미의 촌상사진관이 아니라 사진방매소(寫眞放賣所) 명의로 되어있다. 주소는 '경성 나동 제일은행 횡로'로 나와 있는데, 나동은 원래 봉선관이 자리했던 곳이다. 아마도 초상사진을 비롯하여 사진 촬영에 관한 모든 업무는 본정 2정목에 위치한 촌상사진관에서 소화했고, 나동에 있던 봉선관은 일종의 사진라이브러리라고 할 수 있는 사진방매소로 활용했던 것으로 보인다.

이 사진방매소의 고객은 주로 조선을 방문한 서양인들과 일본인 관광객 그리고 사진엽서 인쇄·제작소와 출판사 등이었다. 1904년에 발행된 로제티의『한국과 한국인』에는 저자 본인이 촬영한 사진 이외에 무라카미가 촬영한 사진을 별도로 표기해 놓았는데, 그 수가 65매에 달한다. 여기에 정확한 출처가 표기되지는 않았지만 무라카미의 것이 확실한 사진을 모두 합하면, 로제티는 최소 70매 이상의 사진을 사진방매소에서 구입해서 소장했음을 알 수 있다. 이처럼 무라카미는 서양인들의 구미에 맞는 사진들을 촬영·인화·판매했는데, 그들이 남긴 여행기나 견문기에는 동일한 사진들이 반복적으로 수록되어 있는 것을 종종 볼 수 있다.

한편 촌상사진관에서는 일본인 거류민뿐만 아니라 조선에서 활동하던 다양한 부류의 서양인들도 고객으로 맞이했다. 고객들 중에는 특히 외교관들이 많았는데, 2006년 고려대학교박물관에서 열린 한불수교 120주년 기념전시『서울의 추억』도록을 보면 무라카미가 촬영한 프랑스 공사관 관련 인사들의 초상사진과 행사사진들이 여럿 수록되어 있다. 1897년 촬영된 명동성당의 헌당식 기념 단체사진을 비롯해서 1898년 촬영된 조선 정부의 고문 르장드르(Legendre) 장군의 초상사진, 1903년 촬영된 프랑스 영사 퐁트네(M. de Fontenay)의 초상사진, 1905년 2월 7일 결혼식을 올린 법어학교(불어학교) 교장 에밀 마르텔(Emil Martel)의 결혼사진, 1905년 5월 23일 미국 공사관에서 촬영된 각국 외교관들의 단체기념사진(그림 3), 1906년 프랑스공사관에서 열린 프랑스혁명기념일 행사사진

그림 3. 서울 주재 미국 공관에서(무라카미 촬영, 1905.5.23)

등 많은 수의 사진들이 생영관 또는 촌상사진관에서 촬영된 것으로 나와 있다. 또한 1908년 발행된 『한국의 부름(The Call of Korea)』이라는 책 안에는 '한국성서번역위원회'라는 제목 하에 저자인 언더우드(Horace G. Underwood)가 레이놀즈(W.D.Reynolds), 게일(J.S.Gale), 존스(G.H.Jones) 그리고 문경호, 김명준, 정동명 등과 함께 촌상사진관에서 촬영한 단체 사진이 수록되어있다. 이러한 몇 가지 사례만으로도 1900년 전후에 촬영된 서양인 사진의 상당수가 무라카미에 의해 촬영되었음을 알 수 있으며, 이는 당시 무라카미가 한성에서의 사진업을 거의 독점하고 있었음을 보여준다.

7. 어용사진사로서의 활동

하지만 무라카미의 최고 고객은 대한제국 황실과 통감부 및 총독부였

다. 그가 어떤 경로와 절차를 통해 조선 정부와 황실을 위해 사진촬영을
시작했는지 알 수는 없지만, 19세기말 각국의 외교관으로부터 사진 의뢰
를 받고 서양인들이 그의 사진관을 찾게 되면서 유명세를 얻었기 때문으
로 보인다. 더욱이 그해 10월 대한제국의 선포는 당시 개설된 사진관이
옥천당과 촌상사진관 밖에 없었던 상황에서 그에게 좋은 기회와 환경을
제공하였다. 이런 점에서 갑신정변 후 몸을 숨겼던 그가 다시 도한하여
남산 주동에서 본정으로 사진관을 신축 이전한 시기가 고종이 아관파천
후 경운궁으로 돌아온 1897년 2월 이후였다는 점은 결코 우연이 아닌
것 같다. 그의 도한이 어떤 목적 하에 이루어졌는지에 대해서는 좀 더
면밀한 연구가 필요하다. 그 이유야 어쨌든 그는 거의 독점적으로 조선
정부로부터 촉탁을 의뢰받으며 자연스럽게 어용사진사로서의 역할까지
맡게 된 것으로 보인다. 실제로 그는 고종을 비롯한 황실 사진을 전담했
으며, 그가 촬영한 사진들은 대한제국 황실의 공식적인 사진이 되어 지
금까지 전해지고 있다.

대한제국 황실 사진_ 1900년경에 촬영된 대원수복과 원수복을 착용한
고종과 순종의 어진은 그가 찍은 가장 이른 시기의 황실사진이다. 이 사
진은 한때 요코하마에서 사진업을 하던 칼 르위스(Karl Lewis)가 촬영한
것으로 소개되었는데[9], '村上天眞'이란 이름의 로고가 새겨진 대지(사진
관에서 고객들에게 제공하던)에 부착된 동일사진이 발견되어 실제 촬영
자는 무라카미로 확인되었다.[10] 그런데 이 사진은 근대군주의 이미지와
강력한 황제상을 그려내지 못했다. 한 나라를 대표·상징하는 국가원수의

---

 9) 권행가, 「고종 황제의 초상」, 홍익대학교 박사학위 논문, 2005년, 92쪽.
10) 현재 이 사진은 한국디자인박물관에 소장되어 있다. 당시 조선에서는 고종의 어
    진이 상업적으로 판매될 수 없었기 때문에 칼 르위스가 무라카미의 사진방매소
    에서 사진을 구입하여 요코하마에서 사진엽서와 사진첩으로 제작하여 판매할 것
    으로 보인다.

표상으로서는 미흡했으며, 제 몸
에 맞지 않은 옷을 입은 듯한 모
습으로 비춰졌다. 이는 무라카미
가 사진기술이 없다거나 황실사
진에 대한 경험이 없어서라기보
다는 처음부터 의도된 측면이 있
다. 앞서 소개한 1898년에 촬영한
르장드르 장군이나 1903년에 촬
영한 퐁트네의 초상사진들과 비
교해보면 그러한 사실은 쉽게 알
수 있다. 이 사진들은 근대 부르
주아 계급들이 선호했던 전형적
인 초상사진의 어법으로 촬영되
어 그 위엄과 개성을 엿볼 수 있

그림 4. 고종과 순종(1900년경)

다. 따라서 대한제국의 황제와 황태자인 고종과 순종의 사진도 능히 초
월적이고 이상적인 군주상으로 그려낼 수 있었을 것이다. 그러나 그렇게
하지 않은 이유는 청일전쟁을 전후로 형성된 일본인들이 조선인에 대해
갖고 있는 부정적 이미지(게으름, 야만, 불결 등)를 그 자신도 따랐기 때
문으로 보인다.

　이후 무라카미는 대한제국 후기에 들어와 왕성한 활동을 펼치는데,
우선 한날 한 장소에서 촬영한 고종과 순종 그리고 순종비(순정효황후
윤씨)와 영친왕의 초상사진 4장을 남겼다. 사진 속 배경의 병풍, 탁자,
카펫 등이 모두 같을 뿐만 아니라 포즈까지 일정하게 취한 것으로 보아
네 장의 사진 모두 한날 한 장소에서 촬영된 것을 알 수 있으며, 고종의
어진 우측 상단에 '주연진정미추(珠淵眞丁未秋)'라는 글씨가 쓰여 있어
촬영시기도 모두 '1907년 가을'임을 알 수 있다. 이 사진들을 보면 순종

그림 5. 영친왕과 이완용 내각, 1907년(『한미정미정변사』, 1907)

비를 제외하고 고종과 순종 그리고 영친왕 모두 군복 차림을 하고 있는
데, 순서대로 각각 특수복, 육군대장복, 소위복을 착용하고 있다. 복장의
차림새로 주로 예식·의식·제전 때 착용하는 대례복을 입은 모습이다.[11]
고종의 경우 일반 군복이 아닌 특수복을 착용하고 있는 것은 1907년 헤
이그밀사사건으로 강제 퇴위된 후 태황제로 물러나면서 태황제의 예우
에 따라 대원수복이 아닌 특수복 형태의 군복이 제공되었기 때문이다.
즉 1907년 8월 18일 '태황제의 복장규칙을 의논하여 결정하라'는 조령
(詔令)이 내려졌으며, 이에 따라 고종은 육군 복장 형식의 태황제복을 입
게 된 것이다.

무라카미가 남긴 또 다른 황실사진은 1907년 8월 7일 황태자로 책봉
된 영친왕과 이완용 내각의 단체사진이다. 이 사진과 같은 사진이 1907
년 12월 일한서방(日韓書房)에서 발행된 『한국정미정변사』에 '촌상천진
근사(村上天眞謹寫)'라는 설명과 함께 실려 있어 무라카미가 촬영한 것
으로 확인되었다.(그림 5) 사진에 등장하는 인물들을 살펴보면, 가운데

---

11) 국방군사연구소, 『한국의 군복식발달사』 1, 1997년, 381~384쪽.

그림 6. 영친왕과 이완용 내각, 1907년(『일본의 조선』, 1911)

영친왕을 중심으로 첫째 줄 좌측부터, 탁지부대신 고영희, 궁내부대신 이윤용, 시종원경 민병석, 농상공부대신 송병준이 서 있고, 둘째 줄 좌측부터 내부대신 임선준, 총리대신 이완용, 군부대신 이병무, 법부대신 조중응이, 그리고 마지막 줄 좌측부터 학부대신 이재곤, 배종무관장 조동윤이 함께 서 있다. 소위(少尉) 군복 차림에 훈장을 패용하고 있는 영친왕이 서구식 대례복을 착장한 각부 대신과 궁내부 관리들과 함께 촬영한 이 사진은 고종이 순종에게 양위한 날인 7월 20일과 순종의 즉위식이 거행된 8월 27일 사이에 촬영한 것으로 보인다.

그런데 이 사진이 흥미로운 것은 화면의 우측 가장자리에 신체의 반이 잘려진 채 한 인물이 서 있다는 것이다. 이와 동일한 사진이 『일본의 조선』(有樂社, 1911)이라는 책에 트리밍되기 전의 상태로 실려 있어 그 인물이 누구인지 확인할 수 있는데, 바로 흰색 평복을 입은 채 영친왕의 촬영 모습을 물끄러미 바라보고 있는 고종이다.(그림 6) 촬영 상에서 일어난 우연한 포착인지 아니면 처음부터 의도된 것인지 알 수는 없지만, 고종의 모습이 우연히 포착되었다하더라도 신체의 일부분이 사진의 프레임에 의해서 잘리는 것조차 금기시했던 조선사회에서 임금의 옥체를

절단한 채 여러 사진첩과 책자에 수록·유포시켰다는 것은 매우 불경스러
운 일임에 틀림없다. 실제로 일제강점기 조선에서는 일본 천황의 사진을
잘못 관리해 손·망실 시킨 사람들이 대역죄에 준하는 처벌을 받곤 했다.
그렇기 때문에 이런 경우 우연히 고종의 모습이 렌즈 안에 잡혔더라도
인화나 인쇄 과정에서 고종 부분을 제외시키거나 지우는 것이 상례였다.
그래서 『한국정미정변사』처럼 고종이 서 있는 부분을 공백처리를 해서
인쇄한 경우를 볼 수 있다. 그러나 대부분의 경우 신체를 절단한 모습으
로 제작·유통시켰는데, 이는 사진을 통해 고종과 조선황실의 권위를 훼
손하려는 상징조작 행위라고 할 수 있다.

일본 황태자의 한국 방문 기념사진_ 한편 1907년 10월 16일 일본 황태
자 요시히토(嘉仁, 1912년에 다이쇼(大正)천황에 오름)의 한국 방문은 무
라카미에게 '일본인 사진사'로서 큰 영예를 얻게 된 사건이었다. 그는
1921년 발행된 인명사전 『경성부정 내지인물과 사업안내』에 자신의 이
력을 적으면서 '1907년 10월 천황(당시 황태자)이 조선으로 건너와 경성
에 들어갈 때 경성의 사진업자들 중에서 선발되어 황태자를 촬영하는 평
생 잊을 수 없는 영광을 입었다'고 말할 정도였다. 그를 선발한 이는 초
대 통감 이토 히로부미(伊藤博文)였다. 이토는 10월 17일 무라카미를 통
감관저로 불러 "내일 전하의 도한기념사진의 촬영을 명하니 이에 불경에
미치지 않도록 전심을 다해 근사(謹寫)하도록" 지시했다.[12]

　이에 무라카미는 다음날인 10월 18일 어용사진사의 자격으로 요시히
토 일행의 공식 기록사진을 촬영하기에 이른다. 먼저 통감관저를 방문한
요시히토 일행과 순종과 영친왕 그리고 황족들이 함께 한 기념사진을 촬

---

12) 하기모리 시게루(萩森茂), 『경성과 인천』, 대륙정보사, 1929. 이 책 권두에는
　　<대정천황어도한어기념사진(大正天皇御渡韓御紀念寫眞)>이란 제목의 사진과
　　함께 당시 '당시 명을 받은 촌상사진관주의 강화(講話)'라는 텍스트가 실려 있어
　　사진촬영 당시의 상황을 자세히 알 수 있다.

영했으며, 자리를 옮겨 순종의 거처인 창덕궁 후원에 있는 존덕정 앞에
서 요시히토와 타케히토(威仁) 친왕 그리고 영친왕 셋이 함께 서 있는
모습을 촬영했다. 이어서 경복궁 경회루로 이동하여 이 행사를 주선한
이토를 포함하여 요시히토와 그의 수행원들, 영친왕과 이완용 내각의 각
부 대신들이 대거 참석한 단체기념사진을 촬영하였다.[13] 특히 세 번째
사진은 요시히토의 한국 방문을 알리는 공식 사진으로 표상되어 수많은
사진첩과 책자에 수록되었다.

그런데 이토가 당시 한성에서 활동하던 여러 사진사들 중에 특별히
무라카미를 통감관저로 불러 그에 사진촬영을 맡겼는지 그 이유에 대해
주목할 필요가 있다. 이토 자신에 의해 계획된 동궁의 한국 방문 사실을
단순히 기념사진으로 남기기 위해서라면 굳이 무라카미를 선택할 필요
가 없을 것이다. 아마도 이토는 그 역사적인 사건을 '어떤 표상으로' 알
릴 것인가에 대해 무라카미와 상의하고 또 주문했을 것이다. 단순한 표
상이 아니라 이토의 조선 책략의 의도를 담아낼 수 있는 표상, 그리고
그 표상이 역사적 사건의 대표성을 갖도록 하는 그런 사진 제작을 의뢰
했을 것이다. 이러한 재현 의도와 목적을 살펴보기 위해 사진 속으로 들
어가 보자.

먼저 경회루 앞에서 촬영한 사진을 보자.(그림 7) 맨 앞줄에 중요 인
물 4명이 서 있는데, 이럴 경우 대개 가장 중요한 인물인 요시히토와 영
친왕을 화면 중심에 놓고 그 좌우에 타케히토와 이토를 위치시키는 것이

13) 이 사진에 등장한 인물들을 살펴보면, 사진 앞줄에는 왼쪽부터 요시히토와 영친
왕, 타케히토, 이토 통감이 서 있으며, 둘째 줄에는 왼쪽부터 이병무, 이완용, 도
고 해군대장, 카츠라 육군대장, 송병준, 조중응이 서 있다. 그리고 셋째 줄에는
왼쪽부터 무라타 소장, 이토 군의총감, 무라키 시종무관장, 하세가와 대장, 이와
쿠라 시종장, 이윤용, 오카자키 사단장 등이 함께 서 있다. 향후 조선 지배의 핵
심 인물들이 친일내각의 주요 인사들과 함께한 기념비적인 사진으로, 요시히토의
한국 방문과 관련해서 가장 많이 유통된 사진이다.

그림 7. 일본 황태자 한국방문 기념사진, 경회루, 1907년
(『조선병합사』, 1926)

그림 8. 일본 황태자 한국방문 기념사진, 통감관저 앞, 1907년,
(『한국사진첩』, 1910)

상례다. 그러나 요시히토를 화면의 중심에 세워놓고 영친왕을 비롯해서 3명의 인물을 오른쪽으로 몰아넣었다. 또한 이들이 서 있는 위치선이 사진 하단선과 수평을 이루지 않고 기울어져 있는데, 영친왕과 타케히토 그리고 이토가 한 두 발자국씩 앞으로 발을 내딛은 것을 볼 수 있다. 이렇게 함으로써 요시히토의 키를 상대적으로 커보이게 하는 시각적 효과

를 얻게 되는데, 이는 인물 구성원간의 서열관계를 시각화하기 위한 사진적 배치로 보인다.

통감관저에서 촬영한 또 다른 사진을 보자.(그림 8) 이 사진에서 먼저 눈에 띄는 것은 요시히토가 앉아 있는 의자의 등받이가 순종의 그것보다 크고 화려함을 알 수 있다. 또한 앉은키의 차이일 수도 있지만 요시히토는 상체를 앞쪽으로 내민 상태로 촬영을 해서 순종보다 상대적으로 커 보이며, 얼굴도 정면보다는 약간 측면으로 돌리고 있어 정면을 바라보고 있는 순종보다 상대적으로 위엄 있는 모습으로 표상되었다. 또한 인물 배치에 있어서도 서열이 높은 사람이 오른쪽에 위치하게 되는데, 순종과 요시히토가 앉은 위치를 보면 요시히토가 우측에 자리하고 있다. 이처럼 이 사진도 자세와 포즈 그리고 배치 등을 통해 인물 구성원간의 위계적 질서를 가시화하고 있음을 알 수 있다.

이상에서 살펴본 것처럼 화면 속 인물의 자세나 위치, 크기 등을 통해서 주체와 타자의 표상을 달리하고 상대적 차이를 강조하려는 전략이 관철되고 있다. 바로 이러한 것을 이토가 무라카미에게 지시하거나 주문한 것은 아닐까? 영친왕을 볼모로 끌고 가기 위한 정치적인 계산속에서 이루어진 일본 황태자의 한국 방문은 결국 대한제국의 재현체계가 일제의 재현체계 안에 편입되는 공식적인 계기가 되었으며, 무라카미는 그것을 시각적으로 가시화하고 역사적 사건으로 표상하는데 일조했던 것이다.

순종의 전국 순행 사진_ 한편 무라카미는 순종의 전국 순행과 관련된 사진기록을 남기기도 했다. 1909년 1월과 2월 사이에 2차례에 걸친 순종의 남도 및 서도 순행이 추진되었는데, 1차 순행인 남도 순행은 그 해 1월 7일부터 13일까지 6박 7일간 대구-부산-마산-대구를 노선으로 하는 일정이었고, 2차 순행인 서도(또는 서북)순행은 1월 27일부터 2월 3일까지 7박 8일 동안 평양을 시작으로 의주-신의주-평양-개성을 경유하는 일정이

었다. 남도 순행 당시에 동행했던 사진사는 확인되지 않지만, 서도 순행
에는 129명의 수행원 중에 3명의 활동사진 기사와 2명의 촌상사진관 소
속 사진사가 포함되어 있어 무라카미의 존재를 확인할 수 있다. 통감부
문서 제9권에 수록된 '한황폐하 서북순행계획(韓皇陛下 西北巡幸計劃)'
이라는 제목의 문서를 보면, 순종은 통감 이토 히로부미와 함께 이완용
및 각부 대신들과 역원 등 129명의 수행을 받으며 특별히 마련한 궁정열
차(宮廷列車)로 순행을 떠났으며, 선발대와 현지 고용인 등을 포함 총
206인으로 구성된 순행 행렬은 그 자체로 장관이었다고 한다.

이를 기획한 이는 바로 이토 히로부미로서 철도를 이용한 일본식 순
행 방식을 모델로 순종의 남서순행을 철저히 연출하였으며, 순행 자체를
하나의 시각적 스펙터클로 만들었다. 그러한 효과를 극대화하기 위해
'황제가 가는 길마다 동행한 악대가 음악을 연주했고, 밤에는 제등행렬
이 이어졌다'고 한다.[14] 이러한 순행의 전 과정은 동행한 활동사진 기사
들에 의해 영상으로 기록되었으며[15] 촌상사진관의 사진사들에 의해 날
낱이 촬영되어 한 권의 사진첩으로 정리되었다. 이 사진첩은 현재 국립
고궁박물관에 『순종 황제 서북순행 사진첩』이라는 이름으로 소장되어있
으며, 총 62장으로 구성되어 있다. 순종의 서도순행과 관련해서 가장 많
이 알려진 것은 개성 만월대를 방문하고 희경전 앞 돌계단을 걸어 내려
오는 행렬사진이다.(사진 9) 기수(旗手)를 앞세우고 일산(日傘)을 쓴 채
이토의 호종을 받으며 걷고 있는 순종의 모습을 촬영한 이 사진은 무라
카미가 재경(在京) 일본인 사진단체인 한국사진회(1908년 창립)의 기관
지 『인화집(印畫集)』(제2권 8월호, 1909년 10월 발행)에 특별회원의 자
격으로 싣기도 했다.[16]

---

14) 김려실, 『투사하는 제국 투영하는 식민지: 1901~1945년의 한국영화사를 되짚다』,
    삼인, 2006, 73~74쪽.
15) 남도 및 서도 순행 당시 상황을 촬영한 활동사진(영화)이 1909년 6월 14일 순종
    과 각 친임관 일동이 참관한 가운데 인정전 동행각에서 상영되기도 했다.

그림 9. 순종의 개성 만월대 순행 모습(무라카미 촬영, 1907)

사실 순종의 순행은 일본 정부가 메이지 초기 전국적으로 일어났던 농민봉기를 잠재우고, 천황의 존재를 눈으로 확인시켜 그의 존재를 각인시키기 위해 1872년부터 1885년까지 6차례에 걸쳐 이루어졌던 전국 순행을 본뜬 것이었다. 그런데 1885년 이래로 일본에서는 더 이상 추진되지 않았던 전국 순행이 1909년 1월 초 이 땅에서 갑자기 기획된 이유는 무엇이었을까? 1월 4일자 관보 호외로 반포된 「대황제폐하 조칙」을 보면, 표면상 '나라의 근본이 되는 백성들의 민심을 살피고 고통을 달래기 위한 민정시찰'임을 표방했지만 실제로는 순종을 앞세워 '지방의 소요' 즉 고종의 강제 퇴위와 한국군 해산으로 인해 전국적으로 일고 있는 조선 민중의 반일감정을 무마하고 항일의병 활동을 저지하려는데 그 목적이 있었다. 또한 이토가 동행함으로써 조선에 대한 일제의 보호권을 과

---

16) 김문자, 「전봉준의 사진과 무라카미 텐신」, 『한국사연구』(제154호), 한국사연구
    회, 2011, 252쪽

시하려는 다목적의 이벤트로 순행이 꾸며졌던 것이다. 순행하는 곳마다 백성들이 국왕을 알현하는 기회를 일정 안에 넣었으나, 순종 대신 주로 이토가 앞에 나서 통감부의 정책을 선전·선동하는 장으로 삼았다. 결국 순종의 서도 및 남도순행은 처음부터 이토에 의해 정치적 목적으로 기획되었으며, 그 기획에 사진사 무라카미가 동원되었던 것이다.

8. 통감부와 총독부의 촉탁사진가

이상에서 살펴봤듯이 무라카미는 비록 촉탁이기는 했지만 어용사진사라 칭할 수 있을 정도로 대한제국기의 황실사진을 거의 도맡아서 촬영했다. 1910년 『조선명승기』에 수록된 촌상사진관의 광고 문안을 보면 그의 화려한 사진 활동 이력을 엿볼 수 있다. 사진기술을 주로 소개하는 일반사진관들의 광고와는 달리 촌상사진관은 총독부, 창덕궁, 제(諸) 관아 등을 상대하는 어용(御用) 사진관임을 내세우고 있다. 여기서 창덕궁이라 함은 순종이 기거하는 황궁을 의미하며 곧 대한제국 황실의 어용사진사임을 은근히 내비치고 있다. 또한 그는 대한제국 황실뿐만 아니라 통감부와 총독부의 촉탁 사진사로도 활동했다. 여기서는 1910년 통감부가 참여했던 ≪영일박람회≫

그림 10. 촌상사진관 광고
(『조선명승기』, 1910)

와 1915년 조선총독부가 주최했던 ≪시정5년기념조선물산공진회≫ 때 무라카미가 촬영·제작한 사진첩에 대해서 살펴보고자 한다.

일영박람회출품사진첩_ 1902년에 이어 1905년 제2차 영일동맹을 맺은 영국과 일본은 양국의 우호관계를 상징하고 통상무역의 발전을 위해 1910년 5월 14일 런던에서 ≪일영박람회≫를 개최했다. 1909년 9월 일본 정부는 ≪일영박람회≫ 참가를 앞두고 출품 경비 총 4만원 중에서 2만원을 한국정부가 지출하라는 통감부의 문서를 탁지부에 전달했고 탁지부는 그해 10월 이를 인준했다. 그리고 이에 앞서 통감부에서는 1909년 6월 28일 내부(內部), 도지부(度支部), 농상공부(農商工部), 학부(學部) 및 관세국, 철도청, 통신관리국, 중앙관측소 등의 주관자를 소집시켜 ≪일영박람회≫의 출품준비에 관한 협의회를 열었다. 협의 결과 한국모형도 및 천연풍경과 통감 통치 전후의 변화를 비교 표명한 각종 사진 및 통계표를 출품할 것을 결정하였다.[17)]

이에 따라 통감부에서도 다양한 물품들을 출품했으며, 이를 기념하기 위해 사진첩을 제작하였다. 통감부는 사진첩 제작을 위해 사진 촬영과 사진 원고 수집을 무라카미 텐신에게 맡겼고, 『일영박람회출품사진첩』이라는 제목의 사진첩을 발행하였다. 호화장정으로 꾸며진 이 사진첩은 '일영박람회 통감부 출품물'이라는 표제 하에 조선군의 갑옷과 한옥 모형 및 각종 생활물품 등을 촬영한 사진 7컷과 함께, 궁궐을 비롯한 각종 건축물부터 당시 조선의 생활상을 엿볼 수 있는 풍경과 인물들을 촬영한 사진 73컷 등 모두 80컷의 사진들로 구성되어있다. 흥미로운 것은 비교 사진술에 의한 편집과 구성이 이루어졌다는 것인데, 구 집배원과 현 집배원, 구 재판소와 신 재판소, 서당과 보통학교, 그리고 신구 경찰관의 사진들을 한 쌍으로 편집해서 비교 관찰해볼 수 있도록 했다. 이는 통감

---

17) 「출품준비의 협의」, 『황성신문』, 1909.6.29

그림 11. 경성 종로시가, 1910년경(『일영박람회출품사진첩』, 1910)

통치를 통해 조선이 얼마나 발전되고 변혁되었는지를 시각적으로 보여
주고자 했던 통감부의 의도를 무라카미가 그대로 따른 것이었다. 비교사
진술에 의한 이러한 사진 편집은 1910년 한일병합 이래 조선총독부에서
발행한 대부분의 사진첩과 연감에서 보여주던 일반적인 패턴이었다.

　그런데 여기에 수록된 사진 중 53컷이 1910년 7월 통감부에서 발행
한 『한국사진첩』에 고스란히 실렸다. 『일영박람회출품사진첩』의 내용을
확대 개편해 제작한 이 사진첩은 오가와사진제작소에서 인쇄를 맡았는
데, 그동안 촬영자에 대해서 알려진 바가 없었다. 하지만 무라카미의 사
진이 대거 실린 것으로 보아 이 사진첩 역시 무라카미가 촬영한 것으로
보인다. 또한 이 사진첩은 발행된 지 두 달만인 그해 9월 오가와 카즈마
출판부 명의로 제목만 바뀐 채 『일한병합기념 대일본제국조선사진첩』이
란 이름으로 재발행되었다. 오가와 출판부가 발행소로 되어있지만 권
두에 일본의 내각총리대신 이하 각부 대신 이름의 조서와 함께 메이지천
황의 어진영 등이 추가된 것으로 보아 일본 정부 또는 조선총독부가 조

선 병합을 기념하기 위해 오가와 출판부에 의뢰하여 발행한 것으로 보인다. 여기에는 무라카미가 통감관저 앞에서 촬영한 요시히토 일본 황태자의 한국 방문 기념사진이 추가되어 있어 그가 대한제국과 한국통감부 그리고 조선총독부(일본 정부)로 이어지는 통치권력의 어용사진사였음을 다시 한 번 확인할 수 있으며, 조선에 대한 공식적인 표상을 만든 장본인임을 알 수 있다.

조선물산공진회사진첩_ 조선총독부는 조선을 통치한 지 5년째 된 해를 기념하기 위해 1915년 ≪시정5년기념조선물산공진회≫(이하 공진회)라는 이름의 박람회를 개최했으며, 세 권의 공식 보고서를 발행했다. 그 중 세 번째 보고서인『시정5년기념조선물산공진회보고서 제3권』(조선총독부, 1916)을 보면 앞서 언급한 비교사진술적인 편집이 보다 정교하게 이루어졌음을 알 수 있다. 이 공진회의 각종 진열관에는 일본의 물산과 조선의 물산을 서로 비교하는 방식으로 진열되었는데, 이는 식민통치를 통해 조선이 얼마나 근대화, 문명화되었는지를 눈으로 확인시킴으로써 식민지배의 정당성을 확보하고자 했던 총독부의 식민 이데올로기를 반영한 것이며 공식 보고서를 통해 다시 한 번 확인시키고자 했던 것이다.

아직까지 이 보고서에 수록된 사진의 촬영자는 확인되지 않지만, 이 보고서와는 별도로『시정5년기념조선물산공진회사진첩』이라는 제목의 사진집이 1915년 무라카미 본인 명의로 발간되기도 했다. 공진회가 열린 경복궁의 주요 시설들을 대형카메라로 촬영한 이 사진첩은 박람회를 찾는 관람객들을 상대로 판매한 촌상사진관의 기획 상품으로 보인다. 당시 경성(한성)에는 공진회 특수를 잡으려고 숙박업, 음식점, 사진관 등이 주축으로 신문 광고는 물론 각종 광고전단들을 만들어 배포하였다. 공진회가 열린 51일 동안 조선안팎에서 몰려온 관람객의 수는 116만여 명에 달할 정도였다. 당시 경성의 인구가 24만여 명이었음을 상기하면 수많은

그림 12. 공진회 제1호관 전경(무라카미 촬영, 1915)

상가와 상인들이 공진회에 건 기대는 상당히 컸으며 촌상사진관도 그 중의 하나였다.

한편 공진회는 총 13부 46류의 출품부문으로 구성되었으며, 사진도 제6부 공업부문의 제30류의 한 항목으로 전시되었다. 사진을 전시하기 위해 공모전을 개최했으며, 전국 각지에서 모두 50명의 출품자가 109점의 사진을 출품했다. 이 출품자 중에는 당대 대표적인 사진사들이 망라되어 있는데, 무라카미도 출품하여 동상에 입상하였다.[18] 심사 기준은 미적 기준이 아니라 기술 수준에 따랐으며, 따라서 문구 및 인쇄물과 더불어 공업제품으로 취급되어 미술관이 아닌 인쇄사진관에서 전시되었다. 비록 예술사진공모는 아니었지만 무라카미도 공모전이라는 제도를 통해 사진 활동에 참여했음을 알 수 있다.

---

18) 조선총독부, 『시정5년기념조선물산공진회보고서 제2권』, 1916, 487쪽

9. 무라카미의 후계자와 촌상사진관의 기사들

무라카미는 1894년 청일전쟁 이래로 조선에 건너와서 조선의 표상을 만들어낸 장본인이었다. 그의 사망 연도는 아직 확인되고 있지 않으나, 일제강점기 내내 활동했던 것으로 보인다. 하지만 1920년을 전후해서 사진관 운영은 점차 자식들에게 맡기고 본인은 사진업 이외의 영역으로 사업을 확장시켜나갔다. 먼저 1918년에는 본정 1정목에 새로 사진재료상과 조선토산품점을 열었으며, 그 다음 해인 1919년에는 주식회사로 설립된 경성극장의 전무이사로 취임하여 극장사업에 진출하였다. 그리고 1924년 설립된 고무라(河村)운송주식회사에서는 감사를 맡는 등 사업가로서의 길을 걸었다. 이렇게 무라카미가 다양한 사업에 손을 대자 그의 두 아들인 무라카미 가이사부로(村上亥三郎)와 무라카미 겐지(村上元治)가 가업을 이어갔다.

무라카미 텐신의 두 아들, 무라카미 가이사부로와 무라카미 겐지_ 1887년 교토에서 태어난 가이사부로는 무라카미 텐신과 함께 1897년 11월에 도한한 후 아버지 밑에서 사진업을 습득한 후 보조 사진기사로 활동하다가 1918년 11월 본정 1정목에 사진기 및 그 부속품을 판매하는 촌상사진기점을 개업했다.[19] 이 사진기점에서는 사진재료 판매와 함께 사진촬영일을 겸업했다고 하는데, 1931년 일본의 사진기계사(寫眞機界社)에서 펴낸『일본사진계연감』에도 그의 사진기점이 수록되어 있다. 이 연감에는 부록으로 전국의 사진기점 목록이 나와 있는데, 조선의 사진기점 목록에 가이사부로의 이름과 주소가 기재되어있다.

가이사부로와 18살 터울의 겐지에 대해서는 1935년 조선신문사에서 펴낸『조선인사흥신록』에서 살펴볼 수 있다. 그는 1905년 교토에서 태

---

19) 나카무라 시로(中村資良)『경성·인천 직업명감』, 동아경제시보사, 1926, 228쪽

어나 경성중학교를 졸업한 후 일본 최고의 사진교육기관인 동경사진전
문학교에 입학했다. 그러나 관동대지진으로 수업을 마치지 못하고 중퇴
했으며, 그 후 다시 도한하여 촌상사진관 본점에서 사진기사로 활동하였
다. 겐지의 이력을 통해 촌상사진관이 적어도 1930년대 중반까지 운영되
었음을 알 수 있다.

촌상사진관의 사진기사 사와 슌이치[20]_ 촌상사진관을 거쳐 간 여러 사
진기사들 중에 실명이 확인된 이는 현재까지 사와 슌이치(澤俊一)가 유
일하다. 1891년생인 사와는 고베고등소학교를 졸업한 후 사진관에 들어
가 6년간 사진기술을 배우고, 1908년 6월 촌상사진관의 초청으로 조선에
건너와 기사장으로 근무했다. 시기적으로 봤을 때 1909년 순종의 서북순
행에 동행한 촌상사진관 기사 2명 중 한 명일 가능성이 높다. 그런데
1912년 8월 돌연 촌상사진관을 사직하고 그해 10월 조선총독부 관방총
무국의 촉탁이 되었다.[21] 이후 일본의 인류학자 토리이 류조(鳥居龍藏)
의 제2차 조선조사(1912.10~1913.3)에 사진담당으로 동행했으며, 1917
년 제6차 조사 때까지 토리이의 조선조사에 사진기사 겸 조수로서 참여
했다. 이와 동시에 1916년 조선총독부 관방총무국 겸 학무국 소속으로
조선고적조사 및 총독부박물관에 관한 사무를 촉탁 받았다. 이를 계기로
그는 일제강점기 내내 조선고적조사에 참여하여 수많은 유물 및 유적사
진들은 촬영했으며, 그가 촬영한 사진들이 『조선고적도보』를 비롯한 여
러 보고서에 수록되었다.

---

20) 사와 슌이치에 관한 기록은 다음의 논문에서 요약·정리했다. 吉井秀夫, 「澤俊一
とその業績について」,『高麗美術館研究紀要第六号拔刷』, 2008.11
21) 요시이 히데오(吉井秀夫)는 사와 슌이치가 관방총무국의 촉탁이 된 배경에 촌상
사진관과 조선총독부와의 모종의 깊은 관계가 있었을 것이라고 추정하고 있다.
위의 논문, 78쪽

10. 나오면서

지금까지 확인된 그의 이력을 쫓다보면 그가 조선에 건너와 활동했던 시기는 1894년부터 1930년대 후반까지로, 한국 근대사에서 근대적 경험과 그에 따른 인식의 변화를 가장 역동적으로 보여주었던 시기였다. 특히 사진을 비롯해서 서양화, 활동사진(영화), 환등기, 사진엽서, 신문, 잡지 등 근대적 시각매체가 유입되면서 세계에 대한 상(像)을 이전과는 전혀 다른 방식으로 그리기 시작했던 시기였으며, 그 결과 전통적인 재현방식에서 근대적인 재현방식으로의 미디어의 변용이 일어났던 시기였다. 한마디로 조선 사회가 새로운 근대적 표상의 공간 속에 던져졌던 시기였다.

하지만 당시 조선은 서구 열강과 일제에 의해 주체적인 표상의 자리를 확보하지 못한 채, 타자의 모습으로 재현될 수밖에 없었다. 처음에는 오리엔탈리즘으로 무장된 서양인들에 의해, 그 다음에는 일본식 오리엔탈리즘에 물든 일본인들에 의해 근대 조선의 모습이 전근대적이고, 원시적이고, 비문명적인 표상으로 시각화되고 규격화되었던 것이다. 바로 이러한 표상이 만들어진 현장에 무라카미가 있었던 것이다. 결국 무라카미의 사진은 조선과 조선인을 바라보는 한 개인의 시선을 넘어서 청일전쟁 전후로 형성된 일본인의 부정적인 조선상을 나아가 일본의 제국주의적 시선을 보여준다.

아직까지 그가 남긴 사진 자료의 전모가 드러나지는 않았지만, 지금까지 발굴된 사진만으로도 식민지 아카이브의 지형을 읽을 수 있을 정도로 방대하다. 이 글에서는 주로 1895년부터 1910년 사이에 촬영한 사진들을 중심으로 그가 조선인(특히 황실)들을 어떻게 표상했는지에 대해 살펴보았지만, 향후 1910년 합병 이후 총독부의 촉탁으로 촬영한 사진들(특히 조선고적조사와 관련된)에 대한 폭넓은 자료 수집과 연구가 이루어진다면 그의 조선에서의 사진 활동과 그의 사진이 식민 지배를 위한 담론 형성에 어떻게 기여했는지에 대한 입체적인 조망이 가능할 것이다. 이에 대해서는 후속 연구를 기대하면서 이 글을 마친다.

토론문

김 영 민*

우리는 사진이 실재의 외양과 닮았다는 이유로 객관적인 시각 자료로서 대한제국기의 사진들을 통해 무비판적으로 과거 대한제국의 모습을 확인하고 설명해 왔다. 사진은 일단 재현되면 그것이 재현된 제작 과정은 사라지고, 그렇게 재현되기까지의 의도 또한 가려지는 특성을 가지고 있다. 사진 안에는 재현 주체가 대상을 해석하고 바라보는 시선과 이데올로기가 반영되어 있기 때문에, 촬영자와 출처를 고증하는 일은 사진을 역사기록물로서 삼기 위해 기본 전제가 된다. 따라서 누가 사진 촬영했는지를 알 수 없으면 어떤 이유와 목적에서 촬영했는지 그 재현 주체의 의도를 밝히기는 더욱 불가능하다.

이 발표는 사진과 표상의 문제에 집중해서 무라카미 텐신(村上天眞)이 촬영한 대한제국 시기의 황실관련 사진들을 표상의 정치학에 근거해 살펴보았다. 또한 대한제국기에 서양인들이 저술(발행)한 여행기에 수록된 사진 중에 무라카미가 촬영하거나 무라카미의 사진방매소에서 구입한 사진들이 많이 사용되었다는 것을 밝힘으로써 재현의 주체를 이해하는데 많은 도움을 준다. 또한 근대의 대표적인 시각이미지인 사진과 그 사진의 객관성 속에 숨어 있는 재현 주체의 이데올로기를 읽어내려는 것을 시도했다는 점에서 큰 의의를 지닌다.

1897년 대한제국의 선포는 조선이 자주국이며 독립국이라는 강력한 표상을 대내외에 천명한 것으로 국기, 문양, 무궁화, 환구단, 독립문 등과

---

* 국립중앙박물관

같은 국가 상징물과 상징기호를 사용하였다. 이 시기에는 절대 왕정에서 새로운 근대국가의 군주로서 표상하기 위해서 1871년 발명된 유리건판의 보급화로 기술적인 제약에서 벗어난 사진술을 적극적으로 이용하여 황제의 모습을 전통적 초상화에서 초상 사진으로 대체해 나갔다. 발표자는 일본과는 다르게 대한제국 황제의 초상 사진은 1884년 일어난 갑신정변 실패로 인해 김용원과 황철, 지운영과 같은 사진 수용 선각자들의 사진관이 친일의 표적이 되어 파괴되었고, 이로 인해 궁내부 소속 어용 사진사로 활동할 기회를 놓침으로 인해서 주로 서양에서 방문한 선교사나 외교관, 특히 일본인에 의해서 촬영되었다고 했다. 여기서 대한제국 황제를 촬영한 사진이미지에 대한 재현 주체의 의도를 정확히 파악하기 위해서 서양인과 일본인, 특히 무라카미의 표상 방법의 차이에 대한 부연설명이 필요하다.

또한 우리 사진가의 부재로 스스로 주체적으로 황제의 표상된 이미지를 만들어 내지 못하였고 국가 상징으로서 절대군주의 이미지와 강력한 황제상을 그려내지 못했다고 했다. 일본의 공식적인 어진영 중 하나는 메이지 천황이 사진촬영을 싫어해 이탈리아 화가가 자신의 신체를 촬영한 사진과 메이지 천황의 얼굴을 합성하여 콩테로 초상화를 제작한 후에 궁내성 사진사가 사진 촬영한 것이 있다. 이것의 배포와 봉안 절차 등 경배 방식을 신성한 의례로 만들어 정치적으로 활용하려는 목적으로 대내외적인 배포를 염두에 두고 전략적으로 만들어낸 이미지이다. 대한제국이 주체적으로 황제의 표상을 만들지 못한 이유는 우리나라 사진가의 존재여부의 문제와 함께 통치자의 사진이미지를 전략적이고 정치적으로 사용하는 것에 대한 의식의 문제라는 측면에서도 더 고찰해 볼 필요가 있다고 본다.

한편 1909년 고종의 강제 퇴위와 한국군 해산으로 인해 전국적으로 일고 있는 반일 감정을 무마하고 항일의병 활동을 저지하려는 정치적 목

적으로 이토 히로부미가 기획한 것이 순종의 서도 순행이며, 그 결과물
로 무라카미 사진관 소속 사진사 2명이 동원되어 제작한 것이『순종 황
제 서북순행 사진첩』이라고 했다. 이 사진첩 속에 기록된 순종 황제에
대한 화면 구성 및 편집 형태, 유통 경위 등에 대해서 보다 구체적으로
분석하면 그들이 어떻게 이미지들을 표상하고자 했던 것인지에 대한 의
도(목적)가 더욱 분명하게 부각될 것으로 여겨진다.

　1895년부터 1930년대 후반까지 무라카미는 대한제국 전후에 전쟁과
역사적인 사건을 비롯해 풍경과 풍속 등 일상적인 모습이 촬영된 사진을
사진방매소를 통해서 조선을 방문한 서양인들과 일본인 관광객에게 제
공하였다. 이것을 단순한 사업의 확장으로 볼 것인가? 아니면 일본 지배
층에 의해서 철저한 계산아래에 보여주고자 했던 모습의 사진이미지를
선택하고 그것을 배포한 것인가? 이 점에 대한 견해가 궁금하다.

　앞으로 무라카미가 1894년 청일전쟁 때 일본의 명을 받아 육군 소속
종군사진가로 당시에 전장에서의 그의 역할과 활동사항 및 명성황후의
시해와의 관계성에 관련된 다양한 문헌자료를 발굴해 낸다면 대한제국
전후에 생산된 그의 사진에 대한 일본의 제국주의적 시선을 구체적으로
규명하는 데에도 크기 기여할 것으로 기대된다.

　마지막으로 근대사진에 대한 연구 자료가 부족한 실정에 여러 가지를
조사하고 추정하며 발표를 준비하는 과정 속에서 발표자가 느꼈던 고민
과 생각들을 자유롭게 이야기해 주기 바란다.

종합토론

<大韓帝國>과 韓日關係 녹취

손승철 : 종합토론을 시작하겠습니다. 저는 종합토론 사회를 맡은 강원대학교의 손승철입니다. 아침 9시 30분부터 시작해서 오늘 공부를 너무 많이 했습니다. 모두 8개 주제였습니다. 기조강연과 7개 발표주제였습니다. 아침 발표는 다 잊어버린 것 같습니다. 발표 끝나고 토론을 이어서 해야 활력이 있고 재미있는데 시간 안배 상 종합토론으로 넘겼습니다. 그 점 양해바랍니다. 제가 종합토론 사회를 봅니다만 처음부터 '<대한제국>과 한일 관계'라는 주제를 기획한 것은 여기계신 한일교류기금 이상우 이사장님의 아이디어였습니다. 이사장님은 2-3년 전부터 이 주제를 생각해오셨습니다. 이사장님은 과거 100년 동안 한일 관계가 어떻게 전개되었나. 다시 말해서 일본과 한국이 개항을 하면서 스스로 어떠한 변화를 시도했는가가 하나의 테마였습니다. 그래서 양국에서는 각기 개항을 맞이해서 근대화를 어떻게 준비해갔고, 그것이 어떻게 해서 서로 다른 길을 걸어왔고 양국에서 각기 근대화 준비를 어떻게 해서 다른 길을 걸어왔고, 100년 동안의 한일 관계가 어떻게 전개되어 왔는가가 계기가 되었습니다. 지금 이 시점에서 미래의 한일 관계를 어떻게 조망하고 또 준비해 갈 것인가 하는 하나의 큰 숙제를 가지고 이 심포지엄을 계획했습니다. 그래서 2년 전에 우리나라가 처음 개항한 제물포 인천에서 '개항 100년'이라는 주제를 가지고 심포지엄을 했었고 이어서 대한제국이라는 주제를 가지고 어떤 성격을 가진 나라인지, 대한제국은 당시 어떤 고민을 했었고, 어떻게 지향점을 찾아갔는지, 나아가서는 그 시대, 오늘도 하루 종일 공부해보니 당시는 엄청난 변화의 시대였던 것 같습니

다. 어쩌면 오늘날만큼이나 엄청난 혼란과 변혁은 시대였던 것 같습니다. 그 시기의 다양한 모습을 오늘 우리가 재조명을 하면서 대한제국이 우리에게 주는 메시지가 무엇인지를 함께 고민해보자하는 의도에서 기획되어 진행되었습니다. 그래서 1월부터 주제를 구성하고 발표진을 구성했는데 사실은 굉장히 힘이 들었습니다. 미안하지만 오늘 주최측의 의도에 맞게 발표하신 분도 계시고 조금 차이가 있는 발표도 있었습니다. 제가 이렇게 말씀드린 이유는 지금부터 토론은 제가 말씀드린 의도와 기획대로 종합토론을 진행하가면서 나중에 끝날 때 쯤에는 대한제국은 이런 모습이었구나 하는 그림을 그릴 수 있게끔 토론을 해 주십사하는 의도에서 제가 장황하게 말씀드렸습니다. 유인물 마지막 부분에 토론문이 있습니다. 그것을 중심으로 토론을 해주시는데, 우리한테 주어진 시간이 그렇게 많지 않습니다. 6시까지 끝내야하기 때문에 중요한 내용들만 5분정도 질문해주시고 답변도 5분정도 해주셔서 주제별로 10분정도씩 토론해주시고 다음에 난장토론을 하는 쪽으로 진행을 해 보겠습니다. 그러면 프로그램에 따라서 제1세션의 연세대 사학과 김도형 교수님의 대한제국의 체제개혁 발표에 대해서 고려대 현광호 선생님께서 약정토론을 해주시겠습니다. 부탁드립니다.

현광호 : 고종은 1882년 임오군란을 계기로 청의 외압을 받아 왕권의 추락을 경험했고, 1894년 청일전쟁을 전후한 시기 일본의 외압으로 또 한 번 왕권의 추락을 체험했습니다. 고종은 1896년 아관파천으로 일본의 간섭을 탈피하고자 했지만 러시아의 외압을 면치 못했습니다. 그러므로 고종은 왕권 확립을 최우선의 과제로 여겼고, 1897년 마침내 칭제와 대한제국 수립을 단행했습니다. 고종은 대한제국 수립 직후 황제권을 확립하고 독자적 개혁을 추구했습니다. 그래서 김도형 교수님의 <대한제국의 체제 개혁>논문은 고종이 어떤 논리를 가지고 황제권을 강화하려 했

고, 어떤 방식으로 황제권을 강화했는지, 강화된 황제권을 가지고 어떠
한 개혁을 추구했는지는 매우 중요한 연구 과제라 할 수 있습니다.

먼저 간략히 본 논문의 주요 내용을 소개하고자 합니다. 본 논문은
대한제국이 주권을 유지했던 때인 1898년부터 1904년까지의 시기를 집
중적으로 분석하고 있습니다. 본 논문에 의하면 고종은 칭제와 제국 수
립을 통해 세계 제국과 어깨를 나란히 하고, 자주독립의 징표로 삼았습
니다. 또 고종은 서구 문명을 선별적으로 수용하여 개화의 완성을 추구
했습니다. 그리고 고종은 신구절충론에 의거하여 유교의 원리를 바탕으
로 서구의 공법원리를 결합시켰습니다. 고종은 황제권 강화와 전제정치
를 확립하고자 대한국국제를 제정했고, 대한국국제는 제국 체제로의 개
혁을 정리한 것입니다. 또 고종은 유교를 통치와 내정개혁의 원리로 활
용했고, 서구의 정법 및 기술을 이용후생의 수단으로 활용했습니다. 대
한제국의 황제권 강화 조치로는 각종 법제의 제정, 독립협회의 강제 해
산, 신민에 대한 교육 등을 들 수 있습니다. 또 대한제국의 개혁사업으로
는 정부 중심의 양전지계사업과 내장원 중심의 식산흥업사업 등을 예거
할 수 있습니다.

김도형 교수님은 『대한제국기의 정치사상연구』라는 역작을 통해 후
학들에게 대한제국의 정치사상에 대해 많은 가르침을 주신 바 있습니다.
토론자는 본 논문을 읽고 몇 가지 느낀 소감을 서술하면서 8가지의 질문
을 드리고자 합니다.

먼저 유교와 개혁문제입니다. 본 논문은 고종은 유교를 황제권 강화,
신민 육성, 그리고 체제 개혁의 이념으로 활용했다고 서술하고 있습니다.
고종은 분명히 유교를 국민의 충성심 유도, 반역자, 망명자에 대한 대처,
전제정치의 정당화, 황실사업의 강화 등에 이용했습니다. 일본도 유교
이념을 강조하여 황제권 강화, 국민 결속 수단으로 사용했습니다. 그런
측면에서 대한제국 시기 유교는 황제권 강화, 신민 육성 기여 등 체제

수호의 기능을 충실히 수행했다고 여겨집니다. 그런데 유교를 체제 개혁의 이념으로 볼 수 있는지에 대해서는 더 검토가 필요하다고 여겨집니다. 오히려 대한제국의 유교 이념 강조는 서구적 근대개혁 추진에 장애로 작용한 것은 아닌지 여겨집니다.

한편 고종의 유교 이념 강조는 강력한 실천 의지가 있었는지에 대해서도 검토가 필요하다고 보여집니다. 고종은 실제 성리학자를 중용하려 하지는 않았다는 기록도 있기 때문입니다. 또 학부대신 신기선도 『유학경위』를 공립학교 학생들에게 학습시키려다가 서구 외교사절들의 강력한 항의로 무산된 바도 있습니다. 그런 측면에서 고종의 유교 이념 강조 지시가 실제 정부 차원에서 강력하게 실행되었는지에 대해서도 검토가 필요하다고 보여집니다.

두 번째, 신구절충론입니다. 본 논문은 대한제국의 체제 이념을 신구절충론으로 서술했고, '신'은 서구 문명, '구'는 유교 문명으로 서술했습니다. 또 신구절충과 구본신참을 동일한 의미로 규정하는 한편 그 두 용어는 동도서기와는 의미가 다르다고 서술하고 있습니다. 그런데 신구절충은 서구 문명과 유교 문명의 대등한 가치를 인정하는 뉘앙스가 있는 반면, 구본신참은 유교 문명이 근본이며, 서구 문명은 그에 종속된 것 같은 뉘앙스가 있습니다. 본 논문도 대한제국의 체제개혁의 이념을 신구절충론으로 규정하면서도 유교에 무게 중심을 두고 서구문명 수용에 대해서는 등한시하는 인상을 받습니다. 그런 측면에서 대한제국의 체제 이념은 신구절충보다는 구본신참이 더 적당하지 않을까 여겨집니다.

세 번째 정조계승론입니다. 본 논문은 고종은 정조의 군사론을 계승했다고 서술했습니다. 그런데 정조가 성리학 근본주의자였다는 점에서, 그가 추진한 개혁은 근대 지향성 측면에 큰 한계를 보였다는 평가도 있습니다. 그런 시각에서 고종의 정조 계승은 대한제국의 근대 개혁에 한계를 야기한 것은 아닌지 여겨집니다.

네 번째, 교육개혁론입니다. 본 논문은 대한제국의 교육에 대해 문명화의 도구, 신민 만들기의 도구로 규정했습니다. 그리고 대한제국 교육에 대해 서구문명의 교육보다는 신민 육성의 유교 교육에 비중을 두었다고 서술했으며, 그 근거로서 1899년 4월의 고종의 유교 강조 지시를 예거했습니다. 또 본 논문에서는 서구식 학교 설립, 서구식 교육과정의 설치 등 서구식 근대교육의 강화 과정 등이 거의 서술되어 있지 않습니다.

그런데 구본신참론의 연장선상에 있다고 보여지는 고종의 유교 강조 지시는 결국 대한제국 교육개혁의 발목을 잡았다고 여겨집니다. 고종 스스로 1904년 5월 경 지난 5년간의 교육개혁에 성과가 미약했다고 자인했습니다. 실제 그 5년동안 내장원은 소학교의 재원인 원토를 내장원에 이속시켜 소학교의 쇠락을 야기했습니다. 1898년 고종의 상공학교 설립 지시는 1899년에 들어서도 이행되지 않습니다. 1900년도 정부 예산에서는 상공학교, 여학교, 농업학교의 교육비가 지급 정지됩니다.

고종은 1899년 4월 타국 부강의 근본은 교육에 있다고 천명했습니다. 고종은 1904년 5월에도 세계 각국의 개명은 교육에 있다고 지적하며, 학교 증설 등 교육을 강조하는 지시를 내렸습니다. 1904년 5월은 일제가 한일의정서 체결, 한러조약의 폐기 등을 강요하여 주권을 유린한 시점이기도 했습니다. 그 직후 이용익 등 측근은 서구식 교육을 하는 사학을 설립합니다. 이용익은 내장원경이었으며, 대한제국 개혁의 주체이기도 했습니다.

다섯 번째, 타국 황제와의 비교입니다. 고종은 1880년대부터 육영공원 설립을 통한 서구식 교육제도 도입, 공사 파견을 통한 만국공법 질서에의 편입 시도 등 서구 문명을 적극적으로 수용했습니다. 본문에서는 고종이 러시아의 황제정치에 대해 많은 관심을 보였다고 서술했습니다. 그런데 고종은 같은 황제 중심의 정치체제국이자 후발자본주의 국가인 독일, 일본에도 많은 관심을 보였습니다. 그러므로 고종은 독일, 일본의 정치체제는 물론 지주 중심의 자본주의를 수용하는 경향을 보였습니다. 고종은 독일 황제의 통치 방식, 일본 황제의 헌법 제정 등을 인지하고 있었습니다. 그런 측면에서 고종의 국정방식을 독일, 일본 황제의 국정 방식과 비교하는 것도 필요하다고 보여집니다.

여섯째, 개혁 주체입니다. 본 논문은 대한제국의 개혁의 2대 축을 정부와 내장원으로 규정했습니다. 그리고 정부를 양전지계사업의 주체로, 내장원을 식산흥업의 주체로 규정했습니다. 그런데 다른 곳에서는 식산흥업의 주체를 내장원, 철도원 등으로 서술한 바 통일이 필요하다고 보여집니다.

또 정부를 양전지계사업의 주체로 서술하고 있는 바, 구체적인 주도 부서와 관료를 서술할 필요가 있다고 보여집니다. 이용익도 양전지계아문의 부총재로 참여했기 때문입니다.

일곱째, 주요 인물입니다. 본 논문은 민영환에 대해 황권강화주의자, 근대 개혁사업 주관자로 서술했습니다. 그러나 민영환은 실제로는 내각 중심주의자로서 독립협회의 지지를 받았다고 알려져 있습니다.

박영효에 대해서도 공화정의 대명사로 서술했습니다. 그런데 박영효에 대해서는 의화군을 국왕으로 추대하려던 입헌군주제 지지자라는 평가도 있습니다. 박정양, 민영환은 중하급 관료라기보다는 고급 관료에 속한다고 보여집니다.

여덟 번째, 개혁의 성과입니다. 본 논문은 광무개혁에 대해 일정한 성과를 인정하고 있습니다. 토론자도 광무개혁이 일정한 성과를 거둔 결과 대한제국은 자력 근대화의 기반을 마련했다고 평가합니다.

그런데 일반적으로 대한제국의 개혁에 대해서는 주권을 수호할 정도의 부국강병국의 궤도에는 올려놓지는 못했다고 평가하는 것으로 보입니다. 그러한 배경으로는 개혁주도층의 근대적 마인드의 불철저성, 그리고 매직 근절, 중앙은행 설립, 징병제 실시 등에 있어서 황제의 과단성 부족, 근대적 관료제의 미확립, 의정부와 궁내부의 각축 등 통치의 이원화 등을 지적하는 견해가 있습니다. 본 논문에서도 광무개혁에 대한 종합적 평가를 서술하는 것은 어떨까 합니다. 이것은 제 개인적인 생각입니다. 그렇기 때문에 교수님께서 유교를 가지고 답변해주시면 감사드리겠습니다.

손승철 : 이것만 가지고 토론해도 2시간 가지고 모자라겠네요. 중요한 것만 몇 가지 말씀해주시기 바랍니다. 아마 이 대목에서 한철호 선생님도 뭔가 한마디 하실 것 같은데 말이죠.

김도형 : 질문은 많이 하시고 답은 조금만 하라고 하네요. 토론문에 있는 1,2,3,4번은 대게 유사한 문제라서 좀 묶어서 답을 드리겠습니다. 대한제국과 유교와의 관계인데, 여기서 전제는 있습니다. 근대개혁을 하고 교육에서 새로운 서양학문을 받아드리고 그것을 교육시키고 하는 것은 다 전제가 되어 있는데 지금 기존에 대한제국을 평가하는 많은 연구자들이 이 시기의 교육이 추진되었다고 하면 근대교육이라고 표현합니다. 물론 서양학문 가르치고 하지요. 그 다음에 대한제국을 평가할 때에도 가령 10가지 사업을 했는데 한 개 두 개 세 개가 잘되면 굉장히 잘되었다 그러면 굉장히 성과가 있었다고 하는 것에 그렇지 않은 측면이 있지 않다고 하는 것을 강조하기 위해서 이렇게 구성을 했습니다. 왜 유교문제를 강조했느냐 하며는 대한제국 정부에서도 그렇고 일반에 유학자들이 세운 학교에서도 그렇고, 초창기 심지어 배재학당에서도 그랬고, 근대 교육을 시킨다고 해도 반드시 유교 교육을 했습니다. 그런데 이것은 싹 빼버리고 우리가 근대교육되었다. 이렇게 이야기를 하거든요. 물론 기독교계 학교의 경우에 있어서는 그것 때문에 문제가 생기기도 하지만은 대부분의 우리가 근대 사립하교라고 부르는 학교들은 전부다 유교

에 대한 나중에 유교는 그 기능이 대한제국을 거치고 나서 가면 갈수록 그 기능이 축소가 되는데 나중에는 도덕윤리로만 완전히 축소가 됩니다. 고종이 얘기하는 유교를 강조했을 때의 의도와 다른 사람들이 유교를 얘기했을 때의 것들은 갈수록 축소가 되는데 나중에는 사실은 예의도덕, 그러니까 도덕윤리로만 완전히 축소가 됩니다. 고종이 이야기하는 윤리는 그래도 통치이념이에요. 그런데 갈수록 윤리수신 교과서 이런 정도로만 축소가 되지요. 그래서 왜 제가 신구절충이라는 표현을 쓰는 이유도 거기에 있습니다. 구본신참, 옛날 것을 근본으로 한다면 유교가 항상 근본이 되어야하는데 유교의 기능조차도 신교육 신학문하면서 그 기능이 축소되어 가기 때문에 그게 근본으로 했다고는 말할 수 없는 거지요. 그러나 유교를 버렸느냐. 버리지는 않았지요. 그 기능은 줄여서 했기 때문에 그래서 제가 교육뿐만 아니라 그런 전반적인데서 설명을 했지요. 유교기능이 축소되지만은 여전히 유교는 고종이나 정부차원에서 유지를 하지요. 그러나 그 유지는 도덕윤리의 수준으로도 좋다는 정도로 자꾸 내려가지요. 그래야 신학문과 결합할 수 있는 논리를 가지니까 그렇습니다. 제가 한창 책 교정을 보고 있는데 제 책제목이 한국의 근대화와 유교입니다. 제가 출판되면 한 권 보내드리겠습니다.

그다음에 민국정치라고 하는 것도 아까 현광호 선생님의 말씀이 맞습니다. 대한제국의 고종을 자꾸 굉장한 사람이라고 하려고 보니까 이게 민국정치를 받아들여서 거기에서 백성들의 생각을 한다고 하는데 고종이 전제군주로서 강조를 하면 할수록 거기에 있어서 민국정치의 민권은 없습니다. 해봐야 유교적인 민본정치지요. 그래서 그런 차원에서 이해를 해야지요. 그러니까 자신이 정조를 이야기하는 것은 자신의 왕권의 정통성과 유교적 이념의 정통성이 있다고 하는 차원에서, 그리고 군사로서의 군주가 정치를 하는 기본적인 이념은 백성을 위하고 나라를 위하는 차원이지 이것이 근대적인 민권, 민국의 개념은 아니거든요. 단어만 같다고 해서 군주가 계몽군주로서 이념을 민국으로 한다면은 정조도 계몽군주가 되어야 되거든요. 그런 점은 구분을 해야 될 것 같구요.

그 다음에 개혁주체에 대한 부분은 짧게 하겠습니다. 제가 왜 양전지계사업이라고 하는 것을 여기에 일부러 넣었느냐면은 그동안 대한제국의 개혁사업을 초기에는 양전지계사업을 중심으로 김용직 선생이 연구했는데, 그 뒤에는 전부다 식산흥업정책을 중심으로 대한 제국의 모든 개혁사업이 내장원, 이용익, 고종 이렇게만 되는 것처럼 이해를 합니다. 물론 그런 것도 중요하지만 당시 정부에서 가장 많은 돈을 들여 추진했던 사업은 양전지계 사업이에요. 그걸 빼버리고 광무개혁을 자꾸 이야기 하는데 대한 반발입니다. 그래서 그거는 이해를 해주시고 어쨌든 내장원 중심의 광무개혁을 생각하는 게 좀 더 포괄적이었으면 좋겠습니다.

마지막 광무개혁의 성과는 현선생님의 생각과 동의를 합니다. 광무개혁이 실패한 원인은 물론 하나는 외세라고 하는 것의 힘, 외세를 장악하지 못했으니까요. 거기에 대해서 고종이 우유부단 했다고 하는 것은 우리가 을사조약 맺을 때 하는 거 보면 다 나타나거든요. 그런데 나쁜 말로 우유부단했다가 뒤에 생각하니까 이래서 안 되겠다 해서 을사조약이 안 되었다 라고 하는 외교활동을 구국자국외교도 했다고 평가하는 것은 그 과정은 생략하고 나타나 있는 것만 설명하는 것 같아서 너무 고종을 띄우는 데에 한쪽면만 보는 게 아닌가 생각합니다.

그 담에 하나는 대한제국에 있어서의 개혁사업이 당시에 있는 민중층, 농민층을 규합하면서 가는 개혁은 아니었다는 점이지요. 오히려 그 사람들은 농민개혁을 하는 힘을 누르고 하는 개혁이라고 하는 차원에서는 정말 젖먹던 힘까지 내도 이길까 말까인데 그런 식의 개혁의 방향을 설정한 것은 결국은 대한제국의 광무개혁 사업이 가지고 있는 기본적인 한계이다 이렇게 생각을 합니다.

손승철 : 고맙습니다. 그런데 사실 대한제국이 전제국가이긴 하지만 고종 혼자의 나라는 아니잖아요? 고종만 가지고 대한제국을 평가한다. 이런 건 문제가 없습니까?

김도형 : 그래서 거기에 참여하는 사람들을 당로자들을 분석을 해야 하는데 그래서 제가 민영환을 넣은 것도 그런 차원에서 했고, 그 다음에 이용익과 그 밑에 있는 고종이 거느린 사람들만 가지고 했다. 그것도 말이 안되거든요. 아까도 말씀드린 것처럼 정부에서 행하는 개혁사업을 배제해버리고 내장원만 가지고 하다 보면은 거기에 있는 사람들은 이용원하고 밑에 실무관료만 추진을 하는 거지요. 실제로 행정부, 내장원 이렇게 연결이 되면서도 그것을 이른바 고종 밑에서 개혁사업을 구상하고 이른바 설계를 하는 사람들이 분명히 고급 관료층한테 있거든요. 박정양의 경우에도 초기에는 그랬고, 그 뒤에도 민영환이 그 역할을 맡아서 하기도 했고 그러니까 너무 고종혼자서 다했다고 하는 것에 저는 반대입니다. 민영환 얘기가 나와서 그런데 민영환의 경우는 독립협회에서도 좋게 보고 해서 중간에 있는 사람이에요. 그런데 실제로 중간에 있는 사람이라고 해서 독립신문에서는 이 사람을 개혁주의자이고, 의회를 이해하는 사람이다 라고 이야기를 하지만은 민영환의 그 이후의 행위를 보면은 철저한 황권주의자입니다. 황권을 만들어가는 사람이지요. 그런 점은 전체의 맥락 속에서 봐야지요. 민영환 자신의 발언과 독립신문의 지적까지 같이 봐야 정확하게 보지 않겠나 생각합니다.

손승철 : 네 알겠습니다. 혹시 한선생님 의견 있으십니까?

한철호 : 한 가지 보충이 있습니다. 현광호 선생님이 고종이 결단력이 하나도 없다고 했는데 있습니다. 독립협회 탄압할 때 굉장히 결단력 있

게 완전히 작살냈지요. 그 뒤에 대한제국 만들면서 황권강화하는 데는 정말 가차없이 했지요. 고종을 그렇게 과소평가하시면 안 됩니다. 전반적으로 저는 김도형 선생님 의견에 동의를 하고 아까 손승철 선생님께서 고종만 보는 것은 아니지만 대한제국은 황제의 나라입니다. 황제 것입니다. 잘해도 황제의 몫이고, 비판받아도 황제의 몫이고 결과적으로는 나라 말아먹었지요. 그리고 사람을 쓰는 것은 최고의 임명권자입니다. 누구를 쓰느냐? 누구를 적절하게 등용하느냐? 여기에는 다양한 계층이 등장하지요. 박정양, 민영환 등의 약간의 진보쪽도 있고 아주 깡보수 이용익처럼 황실측근 세력도 있고, 과연 고종이 누구를 주요세력으로 썼는가는 다시 한 번 생각해봐야 합니다. 다양하게 썼지만 박정양을 썼다고 진보적이냐 아니지요. 핵심적으로 썼던 세력이 뭔가를 다시 한 번 추출해 내 볼 필요가 있다고 생각합니다.

손승철 : 네 고맙습니다. 그러면 이제 두 번째 테마로 넘어가겠습니다. 「대한제국의 국제환경 인식인데, 주로 안중근에 관련된 러시아, 일본의 대응」에 내용들을 가지고 발표해 주셨습니다. 거기에 대해서 서울시사편찬위원회의 김현숙 선생님께서 토론해 주시겠습니다.

김현숙 : 안녕하세요. 서울시사편찬위원회 김현숙입니다. 본 논문을 발표해주신 김영수 선생님께서는 제가 알기로는 이 논문을 3년 정도 준비해 오신 것으로 알고 있습니다. 그래서 선생님께서는 한러관계의 권위자이시고 이것 때문에 일본까지 다녀오시고 구체적인 문서를 다 대조하시면서 고생을 많이 하신 걸로 알고 있습니다. 제가 이쪽 내용을 잘 알기는 못하지만 토론을 맡았으니까 한마디 하고 가겠습니다.
　첫 번째 받은 느낌은 간단하게 말해서 논문주제와 내용이 맞지 않은 것으로 생각되었습니다. 논문주제는 대한제국과 국제환경이고 소주제도

안중근의사의 심문기록을 둘러싼 러일간의 대응인데 논문에서는 신문기록을 일본과 러시아측에서 어떻게 기록을 했고 어떠한 부분이 빠졌는가 하는 문제와 안중근 의사의 묘소 위치 비정문제가 주요내용으로 할당되어 있었습니다. 그래서 이것은 제가 봤을 때 대주제와 거리가 있지 않은가 생각합니다. 안중근 문제나 기록을 다루더라도 독자들은 심문기록이 러일 간에 미친 외교적 파장이나 의미 등을 기대할 것입니다. 전체적으로 봤을 때 선생님께서 말씀하신바와 같이 해제적인 성격이 강한 논문이라고 생각했습니다.

먼저 본 논문 서두에 조선과 러시아, 1905년 이전 극동지역의 외교관계에 대해 개략적으로 설명하고 있습니다. 이 부분에 대한 내용은 다루는 시기가 1905년 이전이므로 본문 내용과 직접적인 관련성이 미흡하다고 생각합니다. 오히려 안중근 거사 직전과 직후의 극동정세, 한러일 관계, 거사의 파장, 심문과 재판이 러일 간에 미칠 파장 등을 기술하는 것이 논문의 맥락상 더 의미 있을 것 같습니다. 러시아는 1905년 러일전쟁에 패배한 이후에 극동지역에서 후퇴한 것은 아니지요. 이들은 해상에서 패배한 것일 뿐, 육상에서는 대규모의 군사력은 유지하고 있었고 시베리아 철도라든지 만주철도를 이용해서 막강한 육군과 보급품을 얼마든지 수송할 수 있었지요. 이후에 러시아혁명 등의 국내적인 혼돈도 있었지만 영향력이 다 퇴조했다고 보기는 힘든 것 같습니다. 그렇기 때문에 러시아는 한반도를 일본에게 이익권에 속한다고는 하지만 한반도에 병립을 허락한 것은 아니다 라고 주장하지요. 즉 끝끝내 한반도에 발 하나를 담그고 있었지요. 이러면서 알다시피 러시아를 대신해서 미국을 일본을 경영하는 새로운 세력으로 등장했지요. 요 시기 안중근 의사가 거사한 시기가 러시아 측에서는 과연 미국과 붙을까 아니면 일본과 붙어서 만주지역에서 이권을 좀 챙기는 것으로 만족할까를 두고 꼼수를 부리고 있었지요. 그래서 재무사 코콥초프가 하얼빈에 왔고 이토도 회담을 하려고 하얼빈에 왔다가 당한 것이지요. 이랬을 때 이것은 큰 국제적인 사건이 될 소지가 있는 것입니다. 아까 선생님께서 말씀하셨듯이 러시아의 걱정이 일본이 이것을 빌미로 또 한 번의 전쟁을 일으킬 수가 있는데 이것을 어떻게 막을 수가 있느냐 이것이 당시 국제관계를 담당했던 사람들이 걱정했던 부분인 것 같습니다. 그런데 이런 내용을 앞에다 서술해주시고 선생님의 이야기를 해 나가시면 왜 러시아측에서 넘겨준 자료가 일본으로 갔을 때 왜 3가지의 항목이 삭제가 되었을까를 분석하는 키가 되지 낳을까 생각했습니다.

아울러 본문에 언급된 주청러시아공사 까라스따베쯔 등의 우려 외에 러시아 정부의 입장, 대책, 협조 등이 무엇이 있었는지, 필자가 언급대로 일본이 러시아 관리에 훈장까지 수여할 정도로 러시아를 의식한 일본의 목적은 무엇이었는지 궁금합니다.

또 본 논문의 핵심은 러시아 검사가 밀레르가 작성하고 전달한 안중근 심문 문서에서 러시아 측의 전달 목록과 일본이 전달 받아 소장하고 있는 목록이 일치하지 않는다는 점, 즉 일본 측이 의도적으로 누락했다는 점을 주장하는데 있습니다. 그런데 본문을 읽으면서 몇 가지 점에서 의문이 들었습니다.

54쪽 2째 줄을 보면 러시아 예심과정에서 생산된 '64쪽(64 Листах)'과 일본 외교사료관의 번역판 '예심서류 원본 1책(四十六頁)'의 차이가 왜 그런가. 즉, 선생님께서는 '64쪽'과 '46쪽'의 차이는 무엇 때문인가? 라는 질문을 하셨습니다. 그러나 그 질문을 던지기 전에 '쪽'과 '항'을 동일하게 보는지 궁금합니다. 상식적으로 한 항목을 기술할 때, 그 내용이 차지하는 양은 여러 쪽이 될 수도 있기 때문입니다. 번역을 해도 그렇구요.

13쪽에 보면 밀레르 기록 중 외교사료관에 존재하지 않는 문서는 3개입니다(11, 18, 20임). 이에 대해 일본 측의 실수에 대한 기록을 축소하려는 움직임으로 분석하셨습니다. 여기에서 11번에 대해서는 선생님의 주장에 수긍합니다. 그렇지만 한편으로는 일본영사가 내 실수다 라고 자책을 한 것이 이토가 죽은 것이 나의 실수다 라고 자책한 것이 될 수도 있기 때문에 굳이 11번을 삭제할 필요가 있었을까 생각합니다.

18번은 증거품 등은 전체 사건을 파악하고 한국인들의 반일행위를 확인하는데 일본에게 중요한 단서가 될 것입니다. 그런데 이것을 삭제할 필요가 있었을까 생각합니다. 이의 부재가 기록 축소라는 측면으로 단정하기는 어렵다고 생각합니다. 20번에서는 이토를 응급치료 의사들의 심문조서를 살피는데 왜 수행원을 제일 먼저 치료했는지 궁금합니다. 제 생각에는 의사가 일본인이었을 것 같은데, 이토는 30분 만에 죽었지요? 제 생각에는 수행원보다 이토를 먼저 치료해야 할 것 같은데 왜 수행원을 먼저 치료했을까요? 이 세 가지 항목을 삭제했다면 이 항목들이 굉장히 중요해야하는데 제 생각에는 별로 중요하지 않다는 것입니다. 오히려 일본측의 실수가 더 드러나는 한국인이 하얼빈역을 무사통과했다는 점이 더 중요한 부분인데 이러한 것은 없애지 않고 지엽적인 부분을 왜 굳이 축소했을까? 특히 문서라는 것이 사료관에 비치되려면 일정기간 시간이 지난 다음에 번역 등의 모든 일(러일간의 제1차 협약) 처리가 끝난 다음에 비치가 될 텐데 이 3가지를 삭제할 필요가 있을까. 그러면 오히려 선생님 주장대로가 아니라 혹시 밀레르 기록 중 3개가 빠졌다는 것은 밀레르가 목록을 잘못 기억한 것은 아닌지? 그런 식으로 봐야하지 않을까하는 생각이 들었습니다.

이 부분은 혹시 일본 측 실수를 축소하려면 정작 중요한 영접 실수를 왜 빼놓았을까? 이 문서를 버림으로써 러시아로부터 얻을 수 있는 이익이 무엇이었을지 생각해볼 필요가 있다고 생각합니다.

안중근 묘소와 관련하여서는 선생님께서 새로운 자료를 발굴하여 유병호가 주장했던 화장설을 뒷받침하고 있다. 이 부분의 주장은 상당한 설득력을 지니고 있으며, 학계에 기여할 것으로 판단하셨는데 선생님의 의견에 적극적으로 동의합니다. 이상입니다.

손승철 : 네. 답변 부탁드립니다.

김영수 : 마지막 질문에서 사실적인 것 11번, 18번, 20번 모두 번호가 나오니까 복잡해 보이는데요, 20번 같은 경우는 의사들이 이토가 사망했다는 것을 확인했으니까 자연스럽게 수행원들을 치료한 겁니다. 사료에 대한 오해는 풀리실 것 같구요. 11번, 18번은 그것이 기억의 오류일까 아니면 그것이 의도적인 것일까는 더 두고 생각해볼 문제입니다. 하지만 러시아문서의 64쪽이면 곱하기 2입니다. 앞뒤로 다 써 있는 문서이기 때문에요. 일본의 46항 그것도 충분히 곱하기 2가 될 수 있습니다. 그럼에도 불구하고 3쪽 이상의 분량차이가 나는 것은 차이가 많이 난다고 판단을 하고 있습니다. 결국은 러시아 원본을 찾아야하는 것인데 일본의 외교사료관은 이 원본이 없기 때문에 유실물로 흘러갔을 가능성이 있는 것이고, 더 찾아봐야할 필요가 있는 것 같습니다. 그리고 일본이 러시아 관리에게 훈장까지 수여할 정도의 일본의 의도가 뭐냐? 러시아의 의도가 뭐냐? 하는 것이 큰 질문인데요. 러일전쟁 이후에 하얼빈에 만주와 몽고가 관련된 협상, 러시아와 일본의 일정한 협상을 진척시키려고 만난 협상, 나름대로 세력균형을 하려고 하는 속에 하필 한국인이 이토를 저격했으니 러시아와 일본은 멘붕이었습니다. 양쪽 다 전쟁을 우려했던 것 같습니다. 그래서 그것을 최소화 시키려고 노력했던 것이었습니다. 제가 다 번역을 했는데 러시아의 재무대신 까까브쪼프는 조선인에 의해 계획되었고, 러시아경찰은 사전에 최대한 예방 조치를 취했고, 일본 총영사 가와카미의 실수였고, 자신들은 최대한 예우를 했다고 하면서, 더더군다나 러시아가 외국에 원본 문서를 준 적이 없는데 예심문서를 줬다는 것

은 러시아가 이 사건을 수습하기 위해서 최선을 다했다 이렇게 생각하시면 될 것 같습니다. 일본 같은 경우는 이 사건이 더 확대되지 않기를 바랐던 것 같습니다. 그것은 전쟁이후에 서로 양국의 어느 정도의 세력권을 유지하려고 했던 측면들이 있지 않았나 싶습니다. 나머지 1, 2번의 지적은 인정합니다. 이런 부분 잘 보강해서 나중에 글을 쓰겠습니다. 토론해주셔서 감사합니다. 제가 이제 토론 발언권이 없을 것 같은데 김연수 선생님께 여쭤 보고 싶은 것이 있습니다. 신기선이나 지석영이 나중에 시간의 개념이 바뀜에 대해서 반대를 했단 말이죠. 이러한 시간의 변동이 있을 때 양력에서 음력, 음력에서 양력, 일반 사람들에게 얼마나 충격으로 와 닿았을까를 한번 더 고민해주셨으면 하고 말씀드렸습니다.

손승철 : 그러면 안중근 의거 사건이 있을 당시에 한반도를 둘러싼 국제환경은 이미 일본쪽으로 다 기울어져 버렸습니까?

김영수 : 다 기울진 않았습니다. 왜냐하면 일본의 강제점령이 남아있었기 때문에 그 부분에 대해서는 협상의 꺼리가 있었지만 까까브쪼프와 이토의 만남의 외교문서를 뒤져보면 만주와 몽고의 협상이 핵심이었습니다.

손승철 : 그러면 그 문제에 대해서 당시 서구 열강들의 반응은 어땠어요?

김영수 : 외교사료관에서 한 권의 자료집이 다 서구열강의 반응입니다. 그 만큼 센세이션한 사건이었는데 그것에 대한 사건의 추이들을 어떻게 흘러갈지 지켜봤던 것 같습니다.

손승철 : 그냥 지켜만 봤어요? 미국이나 프랑스, 독일이나?

김영수 : 그 부분은 제가 직접 연구하지 않았기 때문에 모르겠습니다.

손승철 : 그게 궁금해요.

한철호 : 안중근 묘지 발굴에 조금 관여를 해서 말씀을 드리면 결국은 못 찾았지요. 나오지 않을 가능성도 많고, 여러 가지 학설은 있지만요. 그 당시 상황에서 러일전쟁의 목적은 결국은 한국과 만주를 누가 차지하느냐에 핵심이 있던 것 아닙니까? 미국이나 영국이 직접 참여하지 못하고 일본을 내세워서 서로 싸우게 만드는데 양국이 지쳤을 때 딱 포츠머스 회담을 체결해서 영국과 미국이 원하는 목적을 달성했지요. 만주를 공백상태로 남겨두고 일본에는 그 대가로 한국을 주는 것으로 러시아를 견제하는 조치가 끝나버렸지요. 미국과 영국이 일본 전쟁 비용의 60%를 대 주잖아요. 그걸 딱 막히게 해서 결국 합치를 시켜놓은 건데, 이번에는 미국과 일본과의 관계가 무너지기 시작했지요. 일본도 불만이 많지요. 기껏 싸웠는데 만주 못 가졌지요. 러시아도 간단히 얘기해서 미국과 영국에 놀아난 거니까. 미국은 일본과 루트-다카히라 협상 같은 것을 맺어서 봉합을 시켰지요. 러시아와 일본이 서로 적이었지만 만주에 대한 기득권에 대한 생각으로 굉장히 가까워지는 형편이었지요. 발표문에도 나오지만 이토는 러시아가 한국에 대해서 완전히 손을 놓지 않았기 때문에 끝까지 러시아의 양보 없이는 한국을 완전히 얻지 못한다. 그래서 1907년에 이 일이 있었고 우리 병탄 맺기 직전에 러시아와 일본이 제2차 러일밀약을 맺지요. 그래서 이제 러시아는 손대지 않을거다 하고 먹게 되는 것이고. 그런 상태에서 발표문에서 밝혀주신 대로 이토는 러시아를 우선 설득을 해야 한다. 그게 일러협상 제휴론이고 고무라 같은 경우는

아니다. 러시아는 끝까지 우리의 적이 될 테니까 미국과의 관련을 통해서 러시아를 끝까지 견제하는 쪽으로 가야 한다. 이때 안중근 암살설에 대한 소위 안중근 사주설이 있어요. 안중근이 쏜 게 아니고 제3자가 쐈다. 그 주체가 바로 대러강령론을 펼쳤던 고무라 같은 사람들이 사주해서 이토를 죽이게끔 만들었다는 허황된 의견이긴 하지만 그 당시 정세가 그랬습니다. 이토가 만주를 가는데 다리를 놓은 사람이 고토잖아요. 그런 계열들이 다 일치가 돼서 이토를 죽임으로써 나름대로 러시아 때문에 겉으로는 오가와라 선생님 말씀하셨지만, 겉으로는 이토가 한국에 온건책을 쓰는 바람에 병탄이 늦어진다고 생각했기 때문에 이토를 빨리 제거하고 한국을 빨리 차지하려는, 국제정세도 민감했고 미국, 파랑스 같은 경우도 일본과 러시아를 기껏 대립시켜서 분리시켜놨더니 이 두 나라가 서로 가까워지니까 위기의식을 느끼게 되는 것이 이 시기가 아닌가 판단이 됩니다.

김영수 : 참고로 말씀드리면 당시에 1차 영일동맹이 있었고, 2차 영일동맹이 있었는데, 영일동맹이 깨지는 과정이었고 일본도 외교적인 방향을 한 나라에만 두는 것이 아니라 러시아와의 관계개선을 했던 시기인 것이죠.

손승철 : 한 선생님 질문있으신가요?

한승미 : 저기, 전쟁을 막기 위해서 최대한 노력을 했기 때문에 러시아 쪽이 표창을 받고 원본을 아예 주고, 그런데 발표문에서 언급을 하셨잖아요. 러시아내에 한인 커뮤니티에 대한 정보를 많이 넘겨줬을 가능성 이런 거 얘기하셨잖아요. 그 부분에 자료들을 보신 게 있으신지 궁금해서요.

김영수 : 기존에 러시아측에서 이 분야에 대한 연구는 한인들에 대한 자료는 넘겨주지 않았고 안중근 의사만 넘겨줬다. 이것이 러시아의 정당성을 주장한 것인데 실제 예심과정이 복원된 문서를 봤더니 한국인에 대한 정보를 고스란히 넘겨줬을 뿐만 아니라 러시아의 그 검사가 특별증언까지 이랬습니다 라고 하고 이 자료를 한 번에 넘긴 것이 아니라 2차가 또 한 번 있습니다. 그 정도로 협조를 습니다.

손승철 : 그럼 그 자료를 넘긴 검사가 개인이 넘긴 거예요? 누구의 지시를 받은 거예요?

김영수 : 그것은 명확하지 않습니다. 그런데 서류를 넘겼을 때는 검사가 지시를 받았다고 봐야지요.

한철호 : 하얼빈이라는 데가 러시아 관할 지역인데 이곳으로 이토를 초청했는데 여기서 싫던 좋던 이토가 사망을 했으니까 러시아는 자신들의 책임을 면하려고 하는 거고, 그러니까 재판문제도 치외법권(영사재판권)에 의하면 이게 려순으로 가야 될 성질의 것이 아니거든요. 러시아쪽에서는 자신들의 잘못, 최소한 치안을 잘못한 것에 대한 일본 내에서의 반발을 무마시키기 위해서 일본에서 요구하는 것을 모두 넘겨주고 제공하는 것이 아닌가 싶습니다.

손승철 : 네 잘 알았습니다. 시간이 한 시간이 오버가 되었네요. 첫 번째 세선은 이 정도로 하고요. 두 번째 세선이 대한제국과 일본의 상호인식인데 첫 번째 한철호 선생님의 발표에 대해서 스가와 선생님의 토론이 있겠습니다.

스가와 : 일본어로 말씀드리겠습니다. 한철호 교수님의 발표에 대해서 제가 기본적으로 같은 생각입니다. 공감합니다. 특히 처음부분에서 대한 제국의 정책입안 및 결정, 그리고 주일한국공사들의 대일협상 그리고 일본 정부의 대응, 이러한 말씀을 세 개의 사항, 예를 들어 정치 망명자의 소환, 일본과의 동맹, 한국의 중립화 문제, 이 세 가지 문제에 대해서 구체적으로 자세하게 실증을 해주셨다고 생각합니다. 계속 동의만하면 제가 토론자로서 책임을 포기하는 꼴이 되기 때문에 군이 여기까지만 말씀드리고자 합니다. 한철호 교수님께서 여기에서 명백하게 해 주셨는데요. 주일공사로 임명이 되어도 실제로 일본에 오지 않았거나, 예를 들어 그것이 다른 나라에 파견된 경우와 어떻게 차이가 있는지 어떻게 다른지, 이것도 함께 연구해 주셨으면 좋았을 것 같습니다. 거기에 대한 제 생각은 그 이전에 조선왕조시대에 외교방식 즉 중요한 외교 안건이 발생했을 때 고위급에 있는 사람을 외교관으로 파견하는 그리고 외교의 전문가는 두지 않는 만약에 약간 있었다고 해도 그들은 신분이 낮았기 때문에 그러한 조선시대 방식 이것이 여전히 남아 있어서 근대 외교적 방식에 과도기적 단계가 아니었을까하고 저는 생각합니다. 그래서 고종의 책임이다 아니다 라기 보다는 외교에 공사관을 설치해서 거기에 맞는 사람을 주재시키고 정보를 수집한다는 것 자체는 아무래도 돈이 듭니다. 많은 돈이 듭니다. 재정적으로 그것이 상당히 어렵지 않았을까 라는 것을 생각해 보았습니다. 실은 저도 대한제국 시기의 재정에 대해서 조금 연구한 적이 있습니다. 내정원의 재정은 점점 더 커지고 있는데요. 국가 재정은 물론 조금은 늘어났습니다. 하지만 1900년 경부터 군사예산이 점점 커지고 다른 예산이 거의 다 없어집니다. 그런 영향을 받아서 외교예산을 확보하지 못하게 된 것이 아닐까 하고 생각하고 있습니다. 또 일본의 방식인데요. 일본 같은 경우도 일본은 문명국가다 라고 자랑하고 있습니다. 청일전쟁, 러일전쟁에서도요. 그 이유는 뭐냐하면 일본은 입헌정치를

하고 있는 문명국가다 라는 것입니다. 산업적인 측면을 보더라도 유럽에
는 대응할 수 있는 수준도 아니었고, 러일전쟁에서 사용하고 있는 주요
군함등도 모두 외국으로부터 사 들인 것입니다. 그래서 산업쪽으로 보더
라도 아직 훨씬 낙후되었는데 입헌군주만 자랑거리였던 것 같습니다. 아
마 자랑거리가 이것밖에 없었던 것 같습니다. 일본 같은 경우도 입헌정
치는 일단 형태로서 완성되어 가는 것이 80년대에 점점 그 방향이 보이
기 시작하구요, 89년 헌법을 재정했습니다. 그리고 90년대 국회개설, 이
에 따라서 천황에는 아주 많은 권력이 집중되어 있는데요. 사실은 그 내
각 그리고 또 원로들이 대화를 하면서 결정을 하게 됩니다. 그리고 천황
은 형식적으로 도장만 찍습니다. 마찬가지 방식으로 사실은 갑오개혁 때
일본이 한국에 강제 강요를 하고 또 고종이 이를 통해서 권력을 잃어 버
립니다. 이에 대한 반발도 상당히 있었던 것이 예를 들어서 결과적으로
러시아에 접근을 하고 민비 시해사건으로 연결됩니다. 이런 것을 생각해
보면 일본 같은 경우는 한국에 대해서도 무엇을 할 것인가 라고 생각했
을 때 현실 적으로 예를 들어 청일전쟁때, 무츠 무네미츠가 외무대신이
었는데 그가 2차대전 이후 한국 정책으로 3가지를 표방했습니다. 첫 번
째는 지금까지와 마찬가지로 아무 것도 하지 않겠다. 방치하겠다. 두 번
째, 외교 등을 일본에 불리해지지 않도록 일본이 지배할 수 있도록 한다.
말하자면 보호국가노선입니다. 그리고 세 번째가 완전히 일본 영토 지배
하에 둔다. 그런데 이 세 번째는 무리다. 열강이 반대하기 때문에 무리다
해서요. 첫 번째 완전히 방치해 둔다 이것도 있을 수 없지요. 결국 청일
전쟁 때 일본의 기본적인 방침으로써는 한국이 러시아 등의 열강국에 접
근을 해서 그쪽에 가까이 가서 러시아 열강의 영향을 받는 것을 피하고
싶다. 러일전쟁 직전까지 계속해서 그런 생각이 밑바탕에 있었습니다.
그래서 만약에 빠른 시기라면 황제가 리더쉽을 발휘할 수 있었다면 일본
과의 관계도 1904년 2월에 최악의 형태로 한일의정서가 체결이 되었는

데, 그 이전에 상당히 유리한 형태로 대등한 동맹 같은 그런 가능성이 있었지 않았을까. 역사의 가정이긴 한데 그럴 수도 있었을 거라 생각합니다. 혹은 일본과 가까이 지내고 싶지 않았다면 중립화라는 것을 조금 더 구체적으로 추진했다면 예를 들어 스웨덴 같은 무장중립이요. 보장중립은 조금 어려울 겁니다. 장소적으로 봤을 때, 러시아, 중국, 일본 나라 사이에 있기 때문에. 모두다 한국에 대해서 영향력을 강화시키려고 하는 나라가 주변에 있기 때문에요. 유일하게 벨기에가 보장중립을 했는데 결국은 보장중립은 무리당하고 독일에 제2차 세계대전에서도 공격을 당했습니다. 대한제국 시기는 결과적으로 보면 결과는 결국 한일합병이 되었는데요. 일본에서 보자면 1870년대 이때의 정치같은 느낌이 듭니다. 그러니까 이것이 조금 더 일찍, 10년 전에 이루어졌다면 즉 갑신정변 때 이런 게 있었으면 한국의 역사가 상당히 바뀌지 않았을까라고 생각합니다. 약간 가정이기도 한데요. 또 하나 19, 20세기에는 어떤 국가가 좋은 지 그런 모델은 확립이 되지 않았습니다. 영국은 헌법을 만들지 않았습니다. 책임내각제를 취하고 있었습니다. 군주가 있구요. 독일은 헌법이 있고 의회도 있지만 실제로 비스마르크와 같은 재상이 있어서 국정을 움직이고 있습니다. 또 빌헬름 2세 황제가 승계를 해서 의회와 헌법 등은 상당히 무시하면서 스스로 리더쉽을 발휘하고자 했습니다. 또 하나 러시아가 있는데요. 러시아는 헌법도 없고, 의회도 없습니다. 그리고 황제의 전제권을 취합니다. 미국은 대통령이고요, 프랑스도 공화제입니다. 이것은 모델에서 제외하겠습니다. 그런 가운데 아마 러시아와 독일이 선택지가 될 것입니다. 일본에 대해서는 천황은 권한은 있지만 실권은 아무 것도 없습니다. 이것은 한국도 충분히 알았을 것입니다. 흥미있는 것은 지금까지 독일에 대한 얘기가 별로 없었는데요. 앞서 사진에서 소개해 주신 고종황제, 순종황제를 보시면 독일식 헬멧을 쓰고 계십니다. 러시아의 황제는 보통 일반 모자입니다. 일본 천황도 비슷한 모자를 썼습니다.

그렇지 않다면 나폴레옹처럼 이러한 모자, 유럽식 모자를 썼을 텐데 그런 헬멧을 쓰고 있다는 것은요. 뭔가 프로이센 형식의 모자를 썼다는 건, 독일에 친근감을 느끼고 있나 라는 생각이 들었습니다. 네. 잠깐 제 소감처럼 말씀을 드려서 실증은 할 수 없지만, 이상입니다.

손승철 : 네. 여러 가지 많은 말씀 해 주셨는데, 간단하게 답변해 주십시오.

한철호 : 손승철 선생님이 저한테 간단하게 말씀하라시며 웃으시는 이유가 있죠. 이게 간단한 문제가 아니죠. 제가 잘 모르면서 다른 데서도 나서가지고 시간을 많이 빼앗아서. 진짜 간단하게 해보도록 노력하겠습니다. 외교 문제 뿐만 아니라 근대화를 다룰 때 가장 중요한 것은 우선 제국주의 세력에 대한 강도입니다. 외압의 강도. 우리 근대화라고 하는 것이 내적인 여러 체제의 모순을 어떻게 극복하느냐도 있지만 그것 못지않게 우리 조선 내지 대한제국의 운명을 가는 것이 외압이었으니까 제국주의였으니까요. 너무나 잘 아시겠지만 영국, 미국 이런 외압 외에도 우리는 청국과, 중국과 일본이라고 하는 이중 외압 때문에 어떻게 우리가 발버둥을 쳤어도 식민지가 될 수밖에 없었다 라고 하는 비관론이 나올 정도니까요. 그리고 지금도 지적해 주셨지만, 조선 자체 내에서 하여튼 고종이 되었던 개화세력이 되었던 또 다른 세력이 개혁을 추진하려고 할 때 결정적인 좌절을 맛보게 한 것이 일본 또는 중국 외압이었고 또 일본도 그렇게 생각했기 때문에 한국을 차지하기 위해서는 첫 번째 단계에서는 청국, 두 번째 단계에서는 러시아를 배제시키지 않고서는 한국을 먹을 수 없다. 끊임없이 그 단계별로 어떻게 할 것이냐가 주제가 되어갔죠. 그런 측면에서 우리는 한 가지도 버거운데 우리보다 훨씬 강한 외압에 어떻게 대항할 것인가. 이게 진짜 뭐 서희가 또 나왔다 할지라도, 제갈량

도 풀기 쉽지 않을 문제인 것 같은데요. 그럼에도 저희가 이런 비판을 가하는 것은 여러 가지 중간중간에 나름대로 하여튼 만약이지만 이처럼 힘없이 이처럼 무력하게 식민지로 전락하는 아픔을 겪지 않았을 텐데. 열심히 하고서 식민지로 전락되었으면 이해되지만, 열심히 안 하고서 이렇게 됐기 때문에 더욱 지금 저희가 아쉬움이 남는 거거든요. 그런 측면에서 주일공사, 주미공사를 파견하잖아요. 이걸 보면 하여튼 똑같아요. 파견되어서 제대로 근무하는 사람 없어요. 대부분은 공사들이 부재한 채 관직이 낮은 대리공사들이 하고 있고. 커뮤니케이션 잘 안 되고. 비슷합니다. 전반적으로 외교 시스템이 주요 국가에 파견하면서도 작동을 하지 않은 것은 동일하다 라는 말씀을 드리고 싶고. 그 중에서도 줏대있는 사람이 있으면 저항을 하기는 하더라도 시스템 자체는 저는 작동하지 않은 걸로 보고. 이런 것이 외교 뿐만 아니라 대한제국, 조선 전체에 관철되고 있다는 것이 문제가 되는 것이죠. 외교만 그랬다면 문제가 없는데 다른 점도 마찬가지죠. 전근대 시대 때에 사절 보내는 것과 마찬가지로 주일 대사도 이렇게 하다가 해결 안되면 또 특파대사를 보냅니다. 공사가 있는데 공사가 기능을 못하니까 사건이 생길 때 마다 특파대사가 가서 상황도 모르고서 일본의 논리에 농락당하고 다시 돌아오고. 근대적 의미의 상주 외교사절단이지 스가와 선생이 지적하셨듯이 전근대의 특별사절 파견 외교 식인지. 그래도 제가 아쉬운 것은 서울에 수많은 외국 공사관들이 와서 대부분의 시스템을 우리가 다 알아요. 공사 체제, 영사관 체제 다 아는데, 그걸 못해낸다고 하는 것은 그 이전과는 접근이 다르죠. 그런 의미에서 제가 안타까운 거구요. 두 번째는 선생님이 지적하셨듯이 일본에 대한 반감이 끊임없이 있죠. 아까 이경민 선생님도 증명한 것도 결국 왕비사진 아니라는 것이죠? 무슨 사진관에 왕비가 와서 사진 찍습니까? 말도 안 되지. 특히 명성황후는 일본한테 안 죽어서 그렇지 임오군란때 죽을 뻔 했어요. 대원군과 관련이 되어 있었지만 들어가서 죽이려고 그랬는데 홍재희라고 하는 궁녀 오빠가 내 동생이라고 들쳐 업고 나와서 그게 나중에 홍계훈이 되어 가지고 뭐가 되냐면 동학 농민군을 치는데 정부군의 수장이 됩니다. 하지만 농민군에게 패배하니까 청국군의 파병을 요청하는 거거든요. 고종이 제일 먼저 청국군 요청하죠. 자기 국민을 죽이기 위해서 외국 군대를 끌어들이는 왕이 고종이에요. 정권 유지를 위해서는 뭐든지 할 수 있는 사람이 고종이에요. 그게 본질이에요. 제가 생각하기에는. 뭐 어떤 분들은 그게 아니다 라고 변명하는데 그렇지 않아요. 승정원일기에 명확하게 다 나오잖아요. 나옵니다. 고종이 생각하는 건 대한제국기에도 오로지 황권, 왕권입니다. 내장원은 부잔데 정부는 가난해요. 탁지부는 돈이 없어요. 관료들 월급을 못 줘가지고 탁지부에서 내장원에서 돈 꿔요. 고종은 국가도 필요 없어요. 정조가 말하는 민권하고 완전히 다릅니다. 역대 왕 치고, 그리고 어느 지도자치고 민이 중요하지 않다고 말한 사람이 없어요. 동서고금을 막론하고 명분은 민입니다. 독재자도 민이죠. 민을 위해서 했다 그러지 자길 위해서 했다고 그러는 그런, 저급한 정치 아닙니다. 명분은 다 민이죠. 하여튼 그런 식으로 표면적인걸 가지고 우리가 본질을 간과해선 안 된다는 거지요.

손승철 : 자, 시간 좀⋯

한철호 : 네. 죄송합니다. 마무리만 딱 지으면. 외압에 강도는 우리가 고려하더라도 고종이 그것에 대처하는 방법이 잘못 되었다는 거지요. 우선. 외교적 시스템도 그렇고 국가체제 전반이 국가와 민을 위한 것이 아니라 황제권을 위하는 데 있었기 때문에 군사력도 미비하고 경제력도 파탄이 나고 계획도 제대로 추진할 수 없지 않았나 이렇게 생각합니다. 이상입니다.

손승철 : 네. 고맙습니다. 여러 가지 많이 얘길 많이 하셨는데. 다음 주제는 일본의 대한제국 인식과 정책에 대해서 이규수 선생님 토론해 주시겠습니다.

이규수 : 네. 감사합니다. 수업이 있어서 중간에 갔다 와서 죄송합니다. 시간도 없으니까 짧게 하도록 하겠습니다. 오가와라 선생님께서 일본이 대한제국을 어떻게 인식했느냐에 관련된 글입니다. 제가 대한제국을 직접 다룬 글을 쓰진 않았습니다만, 근대 이후의 일본이 조선을 어떻게 바라봤는지 이런 맥락에서 저를 토론자로 지정하신 것 같습니다. 서양에 대한 인식이란 애매모호하면서도 중요하다고 생각이 듭니다. 선생님께서도 서문에 말씀하셨는데요. 자기 자아의 인식과 타자의 인식을 어떻게 종합적으로 볼 것이냐 이 부분은 일반적으로 중요성을 인지하고 있는 문제고요. 더불어서 제 개인적으로 생각했을 때는 선생님도 물론 논문의 전체적 흐름이 그렇게 되어 있습니다만 시기별로 그런 인식이 어떻게 변형해 나가느냐 이 부분이 중요한 것 같고요. 또 하나는 계층별이라고 할까요. 인식의 주체에 따라서 인식이 어떻게 다른가 이런 특징도 역시 동시에 규명해야 하지 않을까라는 생각을 해 보았습니다. 아무래도 통역을 정확하게 하기 위해서 저는 5분 안에 이것을 읽는 것이 좋을 것 같습니다. 읽도록 하겠습니다. 선생님의 글은 대한제국의 역사적 성격을 어떻게 바라볼 것인지를 염두에 두면서 일본의 대한제국 인식의 특징을 개괄적으로 서술했습니다. 선생님께서는 먼저 대한제국의 역사적 전개를 분석할 때 서구적 근대화를 가치기준으로 삼는 발상에 문제를 제기하고 있습니다. 요컨대 선생님 표현에 의하면 모더니즘의 도그마에 빠지지 않고 있는 그대로의 대한제국의 역사상을 제시함으로써 '근대주의로부터의 대한제국 평가를 어떻게 극복할 것인가'이게 중요하다는 지적을 하고 계십니다.

분석의 요점을 다시 한 번 간단히 정리하면 일본에서는 중화세계적인 문명관에 바탕을 둔 문(文)의 가치관의 양의성에 규정되면서 상반된 조선인식이 형성되었다. 하지만, 서양의 충격 이후 일본이 서양적 근대주의를 내면화하는 과정에서 조선관은 변화되지 않았느냐 라고 말씀하십니다. 그리고 동아시아에서 근대화에 성공한 일본이야말로 '아시아주의'로 상징되는 "아시아와의 연대 위에서 아시아를 지도한다는 자기인식"을 지니게 되었고, 그런 자기인식의 반대편에 아시아를 지도하고 개혁이라는 미명 아래 보호되어야 할 조선이라는 인식이 확대되었다 이런 식으로 정리하고 계십니다.

잘 정리된 글이라고 생각을 합니다. 두 가지 정도만 말씀드리고자 합니다. 질문이라기보다도 선생님의 견해를 듣고 싶은데 앞에 한철호 선생님께서 많이 말씀하셨습니다만, 대한제국을 근대국가로 바라볼 것인지 아니면 전제군주국가로 바라볼 것인지를 둘러싸고 한국 내에서도 논쟁이 있는데 이에 대해 선생님께서는 어떻게 생각하고 있는지. 제가 생각하기로는 당시 조선이 나라 안팎의 위기에 능동적으로 대응했고 자체적인 근대화운동의 중요성을 인식했다는 면에서는, 대한제국의 선포 그 자체를 무시할 수는 없다 라고 생각합니다. 그러나 제가 잘은 모릅니다만 제가 이해하기로는 대한제국은 식민지화 단계를 바로 앞둔, 결국 식민지화의 원인을 집중적으로 내포한 시기라고 바라볼 수 있기 때문에, 대한제국 시기의 가장 중요한 역사적 성격이라는 것은 식민지화의 근본적인 원인을 규명하는데 있지 않을까. 그런 점에 대해서는 어떻게 생각하시는지 견해를 듣고 싶습니다. 선생님께선 맺음말 부분에요 일본의 한국인식이 전환될 수 있는 계기가 있지 않았을까. 그 계기가 아까도 앞에서도 얘기되었습니다만, 이토 히로부미 암살사건이죠. 선생님께서는 보도된 언론의 논조에서 긍정적인 견해가 제시되게 되었다는 것을 강조하신 것 같습니다. 제가 볼 때는 몇 년 전에 안중근 관련 1909년 전후로 해서 신문기사를 조사해 본 적이 있는데요. 당시 신문기사를 보면 전체적인 여론은 이토 히로부미의 죽음을 애도하면서, 그가 근대 일본에 남긴 족적을 회상하는 글들이 대부분이었던 것 같습니다. 당시 표현을 보면 이토 히로부미는 '메이지의 원훈'이었다는 것 아니면, '문명적 정치가'였다 '평화적 정치가'다. 반대파에서는 다른 논조로 봅니다만 미사여구로 치장되는 측면이 있었고, 이에 반해서 안중근에 대해서는 '기른 개'에 물렸다 라던가 '미친 개'라는 표현이 굉장히 많이 신문기사에 등장을 했던 것 같습니다. 따라서 이를 바탕으로 일본 언론계는 이토 히로의 죽음에 대해 곧바로 당국을 향해 특단의 조치를 취할 것이다. 그런 의미에서선생님께서 그렇게 생각하지 않을 것이라 생각하는데 이토 히로부미의 암살사건이 긍정적인 인식 전환의 계기로 작동되었다고 할 수 있을 것인가에 대해서 보충설명을 해 주시면 감사하겠습니다. 짧게 이상으로 마치도록 하겠습니다.

손승철 : 네. 답변해 주시지요.

오가와라 : 네. 일본말로 하겠습니다. 감사드립니다. 일단 지금 두 번째 이토 히로부미의 암살사건 쪽에 대해서 먼저 답변을 드리겠습니다. 물론 저도 일종의 면죄론이라고 말씀드릴 생각은 전혀 없습니다. 일본의 조선 인식을 다면적으로 볼 수 있는 계기 이런 것을 역사 안에서 좀 찾아보아야 겠다는 것이 저희 역사 연구자들에게 필요한 것이 아닌가 생각하고 있습니다. 그런데 이제 근본을 너무 강조한 경향은 있긴 합니다. 이번에 한국이라기 보다는 일본에서 혹은 한국병합을 이토 히로부미를 암살한 귀결로써 이것이 이루어졌다라는 이해가 있는데 거기에 대한 하나의 비판으로써 제가 이렇게 이야기하고 있는 것입니다. 아까 이규수 선생님께서 말씀 주셨다시피 물론 이토 히로부미가 암살된 직후에는 아까 선생

님 말씀해 주신 것과 같은 보도가 나왔습니다. 그런데 그것이 사실은 두 달, 세달 지나가면서 점차적으로 안정이 된다고 해야 할까요. 조금 이게 가라앉습니다. 그런 측면이 있거든요. 그런 가운데서 아까 제가 발표에서 말씀드린 바와 같은 애국심이 있는 한국 사람도 있다 라는 이해도 나타나는 측면이 있습니다. 하지만 결국 그것이 큰 흐름은 되지 않습니다. 최대 큰 이유가 발표에서도 말씀드린 것 처럼 일본 내부에 있어서의 대조선 공포관이 있었다는 거지요. 이건 어떤 의미에서 범죄자의 심리라고 제가 표현이 좋지 않습니다만, 자기가 나쁜 짓을 한 사람은 똑같은 일을 나도 당할 수 있다 라는 공포감에 휩싸이거든요. 그런 측면이 상당히 강해지지 않는가 하는 생각이 드는 것입니다. 이것이 두 번째 질문에 대한 제 나름대로의 답변이었고요. 어쨌든 간에 이토 히로부미의 암살 사건에 대해서도 조금 긴 스펜을 가지고 볼 필요가 있다는 것이고요. 첫 번째 대한제국은 근대국가인가 어떻게 보아야 할 것인가 라는 질문을 해 주셨는데요. 참 어렵고, 이번 심포지엄은 이것을 이야기하기 위한 심포지엄이 아닌가 생각이 드는데요. 저는 여기서 '모더니즘의 도그마' 라는 표현을 썼습니다. 이것은 결국에 일본에서도 줄곧 이런 논의가 있었고 한국에서도 논쟁이 있습니다. 우선 근대국가라고 할 때 일본이나 한국이나 우리가 상정하는 것이 유럽적인 근대국가의 기준에 비추어서 거기에 맞는 국가가 되는지 어떤지 이런 것을 하나의 지표로 바라보고 있는 것입니다. 거기에서 탈피하지 않는 한 논의가 제대로 이루어지지 않을 것 같습니다. 그렇게 볼 때 하나의 우리의 길잡이가 되는 것이 성균관 대학의 미야지마 히로시 선생님 이런 선생님들께서 20년 전부터 논의를 하고 계신 '제3의 길'이란 논의인데요. 일단 근대국가였는지를 생각하기 전에 고종이 지향했던 국가상은 도대체 어떤 것이었는가 이것을 일단 논의해야 하지 않는가 생각합니다. 그것이 근대국가였는지 어땠는지는 다음으로 해야 할 논의이고요. 우리가 이런 것을 이야기하고 거슬러 올라갈 때 대한제국이 근대국가라고 말할 수 있었는가 라는 입장에서 이야기를 해버리기 때문에 아무래도 전제국가인지 근대국가인지 라는 논의에 빠져버리고 말거든요. 이렇게 봉착되어버리기 때문에 그런 우려가 있는 것입니다. 그렇게 할 것이 아니고요. 유교를 철저하게 국가원리로 삼고 국가를 만드는 게 어떤가 하는 것이 원래 고종의 발상이었고 그것은 아마도 19세기에서 20세기 초반의 국제관계에서 볼 때 매우 시대에 맞지 않는 아나크로리즘이라고 얘기할 수 있을 것입니다. 하지만 거기에서부터 현재 21세기를 살고 있는 우리가 배워야 할 것은 없는가 하는 논의를 세워보면 어떨까요. 그러니까 대한제국이 근대국가였는지 아니면 전제군주국가였는지 라는 논의를 해서 제국주의 시대 안에서 제국주의를 비판하는 논리라는 것을 거슬러 올라가는 것과는 연결이 되지 않을 겁니다. 연결되기는커녕 대한제국이 가능성은 물론 없었지만 또 하나의 제국주의 국가가 되는 것이 좋은 것인가 라는 것은 본말전도가 되는 것이죠. 그러니까 그렇게 할 것이 아니고 우리가 생각해야 할 것은 제국주의 안에서 하나의 비판의 방책으로써 대한제국을 평가하는 것이 가능한가 불가능한가 라는 논의를 하는 것이 어떨까 하는 것에 제 견해입니다.

김영수 : 제가 대한제국 시기를 한 15년 공부를 해서 공부가 짧습니다. 제가 질문드리고 싶은 것은요. 대한제국이 법체계를 만들었어요. 1896년 7월에 신의정부, 의정부 제도는 저도 논문에 썼지만, 책에 썼지만 러시아 국가 평의회를 굉장히 모방했고, 미국의 의회제도를 상당히 따온 부분이 있어요. 그런 부분들의 접점으로 법체계가 있었고, 대한제국 선포 이후에 대한제국 제도, 헌법, 체제와 관련된 법 규정이 있단 말이에요. 그렇다면 대한제국의 체제가 있었느냐 없었느냐 라고 하는 것은 제도가 있었고 법이 있었는데 그것을 의심하는 것은 내용들을 살펴보지 못했다는 측면을 지적하고 싶고, 또 한 가지는 갑신정변이나 아관파천,

안중근의사의 의거 이런 것들이 어떻게 일본에서 공격적인 내셔널리즘을 보여주는 양태냐. 조선은 개혁을 할려고 한 거였고, 조선이 생존하고자 한 것이었지 일본에 공격적으로 내셔널리즘을 보여준 것은 아니잖아요. 그런 부분은 다시 한 번 생각해 보셨으면 좋겠습니다. 이상입니다.

이규수 : 짧게 하겠습니다. 암튼 최근 관련 연구자들의 논점들을 잘 정리해 주셨는데요. 아까 김영수 선생님도 말씀하셨습니다만 역사학은 기본적으로 변혁의 학문이라고 생각을 갖고 있습니다. 그런 의미에서 조선 내부의 움직임이라는 부분이 제도적으로 설명되겠습니다만 조선의 내재적인 변혁의 움직임 속에서 접근 하는 게 기본적으로 옳지 않을까라는 생각을 개인적으로 하고 있고요. 안중근과 관련해서 역사학을 하면서 다면적으로 접근하는 것은 누구든지 동의할 수 있고 다양한 측면을 상정하면서 분석해 나가는 것은 당연한 거라고 생각하고 있습니다. 말씀 중에 안중근 의거 자체가 시간의 흐름에 따라 초기에는 상당히 난폭한 논조가 나오다가 시간의 흐름에 따라서 진정이 되고 심지어는 조선을 사랑한 애국자로써 기사가 나오는데 그것은 어디까지나 소수였다고 저는 바라보고 있고, 소수의 인식이라는 부분이 전체적인 인식의 전환으로 이어나가는 것은 한계가 있지 않을까 이런 생각을 개인적으로 갖고 있습니다. 이러한 부분에 대해서 앞으로 전후맥락 속에서 인식의 전환 과정을 계속 살피는 것은 중요하다고 생각합니다.

손승철 : 오가와라 선생님 하실 말씀이 있습니까? 시간이 별로 없어 가지고. 됐습니까? 네. 지금 시간이 6시까지는 끝내야 되겠습니다. 25분 남았습니다. 지금부터는 정말 5분 질문에 5분 답변으로 그렇게 하겠습니다.

김인덕 : 네. 5분 안에 하도록 노력하겠습니다. 순천에 있는 청암 대학교의 재일조선인 연구하는 연구소에 있는 김인덕입니다. 사실 저는 재일조선인 연구자인데 제가 목수현 선생님 글을 토론하게 된 것은 제가 국립중앙박물관에 있을 때 목수현 선생님이 석사논문으로 총독부박물관과 박물관 전사에 관해서 글을 쓴 게 있습니다. 그 글을 보면서 공부를 했고 그 이후로 제가 박물관과 상징에 대해서 박물관에서 일하면서 들은 풍월이 있어서 이 발표에 대해서 토론을 하게 된 걸로 이해합니다. 목수현 선생님은 일반 한국사학계에서는 잘 모르시는데 미술사하고 미학을 전공하셨고. 특히 석사 2개 하셨습니다. 다른 어떤 분보다도 탄탄한 학문적 특히 미술사와 미학을 넘나들고 역사 일반까지 포괄하는 그런 연구를 하시는 분으로 이해하고 있습니다. 이 발표문은 2008년에 선생님이 쓰셨던 박사논문입니다. 국가의 시각적 상징물에 대한 대한제국을 이해하는 또 다른 내용과 방법을 제시한 논문의 아주 극히 일부분을 가지고 말씀을 해 주신 겁니다. 선생님은 상징의 제정 특히 대한제국에 있어서는 근대 국가가 되기 위한 노력의 일환으로써 결론을 내리시고 여섯 개의 요소를 가지고 대한제국의 기념물 건립과 국가의 상징의 제정, 나아가서는 활용에 대해서 말씀을 하셨는데. 사실은 좀전까지 두 섹션에서 하셨던 연구들이 주로 정치사하고 외교관련 중심인데, 역사학계에서는 선생님 글을 보신 분은 그렇게 많지 않습니다. 일반 역사학계에서는. 그래서 선생님의 이 글은 제가 과문한 지 모르지만 상당히 기존의 연구틀을 일정하게 보완하고 극복하는데 도움이 되는 그런 연구 성과라고 생각을 다시 한 번 합니다. 제가 토론자로써의 역할을 하기 위한 질문일 수 있고요. 평상시 선생님한테 여쭙고 싶었던 것도 한 가지가 있어서 그것과 병행해 가지고 질의를 드리고 싶은데. 첫 번째는 기념물과 상징에 대한 국가 상징에 대한 대한제국을 바라볼 때, 선생님의 기존 연구에 대한 이해라고 할까요, 문제점. 특히 의미가 무엇인지, 기존 연구와. 그리고 그것을 어떻게

우리가 다루고 선생님의 글이 사실은 국가 상징의 제정 과정에 대해서는 학위논문에서는 안 하시고, 오늘 중간중간에 말씀을 하셨는데 포괄적 이해를 위한 제국의 상징물 만들기가 갖고 있는 의미가 무엇인지에 관한 것 하고요. 그 다음에 토론문에서는 세 번째 건데. 원구단 얘기입니다. 황궁우하고 원구단인데, 원구단만 남아 있는데 이것과 관련해서 제국이 붕괴되는 과정이 설명이 될 필요가 있는데 그 내용을 조금, 식민지배와 관련해서 얘기를 해 주시면 좋겠다. 10년 이후에 원구단이 어떤 식으로 재편되었는가. 재편되었다고 제가 얘기를 하고 싶어서 그렇게 말씀드리는 거구요. 세 번째는 평상시에 질문하고 싶었던 거. 선생님의 석사논문에서부터 일련의 선생님이 박물관 및 박물관사에 관한 상당히 많은 연구와 실질적인 도움을 주고 계시는데 제실(帝室)박물관을 통한 제국만들기가 진행이 되었는데, 특히 설립과정이나 전시유물이나 일반 관람객들한테 공간이 오픈되는 과정이 갖고 있는 의미가 무엇일까. 대한제국을 이야기하면서 사실은 제실박물관 얘기는 안 해왔거든요. 제실박물관이라고 하는 용어도 국립중앙박물관에서 박물관사를, 100년사를 최근에 내면서 개념으로 쓰기 시작했지 그 전에는 개념조차도 없었거든요. 그래서 그것에 대한 선생님의 생각이나 관점 좀 말씀을 해 주시면 대한제국을 이해하는데 풍부함을 줄 수 있는 부분이 아닐까 라는 생각을 갖고 있고요. 그 다음에 네 번째인데, 이것은 토론문의 두 번째와 네 번째를 합친 건데요. 이른바 대한제국의 국가상징이 갖는 근대 내지는 근대성의 의미. 특히 전통적 요소와 일본적 요소 내지는 러시아적 요소, 독일적 요소까지도 말씀하시는 과정에서 지적을 해 주셨는데, 도대체 무엇일까 라는 것. 이렇게 질문을 한 번 드려 봅니다.

목수현 : 질문 감사드립니다. 질문은 짧게 해 주셨으나 너무 커서 사실 제가 잘 답변할 수 있을지 모르겠단 생각이 드는데요. 일단 첫 번째

질문이 포괄적 이해를 위해 기존 연구에 대한 문제를 지적해 달라고 하셨는데, 사실 제가 역사학계에서 잘 모른다고 하셨지만 제가 하는 연구를 미술사학계에서도 미술사냐 라고 질문을 합니다. 미술사라고 하면 보통 작품을 가지고 하는 것을 미술사라고 하지 이런 식의 국가와 관련된 상징이라거나 인쇄된 것이라거나 이런 것을 가지고 전통적으로 미술사에서 다뤄오지 않았기 때문에 저는 경계에 있는데 어떤 학문적인 방법에 꼭 매어야 된다고 생각하지 않고 제가 흥미가 가는 것을 하는데 아무래도 제가 역사적인 그것들을 다른 선생님들 연구하시는 것을 열심히 공부하지만 다 포괄할 수 없어서 부족한 점이 있는데 다만 제 입장에서 말씀을 드리면, 제가 굳이 시각문화 쪽을 연구하는 것은 미술 가지고, 작품을 가지고 그 시대를 보는 것이 참 한계가 있어서 답답하다 이런 생각을 해서 시각문화를 가지고 공부를 하면 사람들이 가지는 어떤 미적 혹은 시각적 이런 것들이 그 시기를 이해하는데 도움이 될 수 있지 않을까 라고 생각을 해서 이런 쪽으로 관심을 돌린 것이고요. 마찬가지로 역사도 정치사나 경제사나 이런 제도나 틀이나 군주나 이런 것들을 가지고 이야기할 때 역시 그 시기가 다 보이는 게 아니지 않는가. 그렇다면 사람들의 일상에서 구체적으로 만나는 어떤 사물들을 가지고 이야기할 때 보이는 다른 지점이 있지 않을까. 그래서 저의 관심을 이런 식으로 모아서 한 번 어떤 식의 조그만 틈을 열어보고자 하는 그런 연구입니다. 그래서 기존의 연구에 대한 한계나 지적이라기보다는 제가 조금 더 다른 시각을 보탤 수 있지 않을까 그렇게 생각을 하고 있습니다. 그리고 세 번째 질문이요. 원구단은 발표 중에서도 조금 말씀드렸는데, 원구단이 있던 자리는 1911년에 조선총독부에서 땅을 수용하고 1913년쯤에 원구단의 시설물이 훼철된 것으로 조사가 되었습니다. 그리고 1년 뒤에 조선철도호텔이 그 자리에 세워졌고 황궁우라는 황천상제와 태조고황제의 신위를 모시는 건물만 남겨져 있죠. 아시다시피 철도라는 것이 일본이 시베리아를 연결해서 제국으로 진출하려고 하는 그런 통로로 삼은 것이고. 철도호텔을 원구단 즉 고종이 황제위를 올린 대한제국의 굉장히 중요한 기념물이 있던 자리에 세웠다는 것은 그만큼 대한제국의 흔적을 제국의 어떤 통로를 통해서 지우겠다는 게 굉장히 명확한, 철도호텔 자체가 또 다른 일본제국의 기념물이 되었다고 할 수가 있겠습니다. 이런 것은 철도호텔 뿐만 아니라 아시다시피 경복궁에서 공진회를 한다거나 기존의 조선 혹은 대한제국의 기념물들이 있던 자리를 다른 행사나 다른 건물, 다른 시설물을 세움으로써 변환해 가는 것들이 꽤 있고, 그런 것들은 여러 선생님들이 연구를 하고 계십니다.

손승철 : 자, 답변 다 안하셔도 되고요. 필요한 것만 하시죠.

목수현 : 제실박물관은 저는 제국만들기 하고는 상관없다고 생각합니다. 그것은 제가 석사논문에서 나중에 「이왕가박물관 식민지적 성격」이라는 논문으로 발표를 한 적이 있는데. 1907년에 순종이 황제위에 오르면서 창덕궁으로 이어를 하게 되고 창덕궁이 사실상 정치적인 영향력을 발휘하지 못할 때 순종의 위락공간으로서 동물원, 식물원을 설치했다라고 1912년에 나온 『이왕가박물관 소장품 사진첩』의 서문에 그것을 주도한 고미야 미호마쓰가 쓰고 있습니다. 그리고 창경궁을 창경원으로 만들면서 거기에 박물관, 동물원, 식물원을 설치한 것이 일본의 우에노 공원에 그런 시설을 설치한 것과 같이 근대적인 문명을 만들어서 근대화시킨다고 하는 명목이지만 사실은 그것 역시 궁궐이었기 때문에 궁궐의 의미를 전이시키는 것이죠. 그래서 저는 제실박물관은 이름이 황실을 달고 있었더라도 그것은 제국과는 상관이 없는 상당히 식민지적인 성격이었다라고 생각을 하고 제가 이것을 미술사학회에서 발표를 했을 때 굉장히 많은 분들의 질책을 받았습니다. 그래도 왕실이 한 건데 민족주의적으로

봐야지 그렇게 식민지적으로 보면 되냐 그랬는데 제가 끝까지 우겼습니다. 컬렉션이 형성된 과정이라든지 주체라든지 이런 걸 볼 때 절대로 그렇게 볼 수 없다고 그렇게 얘기를 했는데. 조금 전에 김인덕 선생님께서 말씀하신『한국박물관 100년사』에서는 그래도 제실박물관을 조금 더 우리 입장에서 보려고 하는 다른 선생님이 그쪽을 쓰셨습니다. 그 시각은 좀 절충해서 많은 자료들을 통해서 연구가 되어야 된다고 생각을 하고요. 대한제국의 상징물들이 전통과 일본과 러시아와 독일 여러 가지 것들을 차용했는데 그것의 의미를 어떻게 보느냐고 질문을 주셨는데. 제가 '제국이 되기 위하여'라는 제목을 쓴 것은 이런 상징들을 써서 제국이 됐냐 안 됐냐 결론을 내릴 수 없고, 제국이 되고 싶었다 혹은 제국이 된 것처럼 보이고 싶었다 라고 생각이 됩니다. 그래서 사실 이런 상징들을 만들 때는 일본의 영향을 당연히 많이 받고요. 제가 본문에는 그런 것들을 조금 구체적으로 썼습니다만 영향을 받는 과정은 주화를 만든다던지, 우표를 제작한다던지 이런 것들은 일본 고문 내지는 촉탁들의 도움을 많이 받거든요. 특히 주화 같은 경우에는 일본하고 도안이 똑같은데 국화 문양이 오얏꽃이 되고, 오동꽃이 무궁화가 되고 이런 식으로 도안만 바뀐 상태라서 굉장히 흡사한데 그 시스템은 일본이 먼저 서구식으로 만들었는데 우리가 그것을 배우지만 어쨌든 우리 식의 상징을 넣자라는 사고인거죠. 어떻게 보면 좀 답답해 보일 수도 있습니다만 그런데 일본 쪽만 했냐면 러시아 쪽도 봤다는 거죠. 독수리 문양 같은 걸 보면 이래서 황제권을 어떻게 상징해 볼까. 이것은 천황 쪽만 아니라 러시아 상징도 보고 여러 곳을 보면서 나름대로 우리가 제국처럼 어떻게 보일 수 있을 것인가 라고 했는데. 오늘 발표에서는 하지 않았고, 다른 논문에서 쓴 바로는 1905년 이후에는 결국은 이게 위로부터의 상징 문양의 제정인데, 이것의 1905년 이후의 의미 변화는 태극하고 무궁화는 민족 내지는 국민들이 수용을 하거든요. 태극기는 국가가 아니라 민족의 상징으로 수용을 하고,

무궁화는 그렇게 많이 쓰이지 않았는데 어쨌든 나중에 국토의 상징으로 받아들여집니다. 그래서 대한민국이 그걸 수용하죠. 그런데 오얏꽃은 왕실상징이었는데 이왕가의 문장이 됩니다. 1910년 이후. 그래서 일반인들은 별로 그것을 쓰지 않고 오히려 상업적으로만 이용이 되는 식으로 의미가 줄어들고요. 매의 상징은 안쓰입니다. 1903년 이후에 별로 쓰이는 바가 없습니다. 제정은 이렇게 했지만 나중에 그게 역사적으로 남는 것은 아래가 그것을 어떻게 받아들이냐가 결국은 작용을 하기 때문에 위로부터의 제정과 아래로부터의 수용의 역사적 변화도 같이 보아서 의미를 봐야되지 않을까 이렇게 생각합니다.

손승철 : 고맙습니다. 시간이 좀 없어 가지고 그 정도로 하고요. 다음에 두 개만 간단하게 해 주세요.

이와가타 : 아침부터 기다려서. 빨리 좀 해 달라고 하셔서 좀 서운합니다. 제가 이번에 토론을 맡았는데요. 사실은 이번에 논문을 준비하시는 과정에서 생각하셨던 것 하고 어쩌면 제가 질문하려고 하는 부분은 다를 수도 있습니다. 저는 대한제국기 전공자가 아니기 때문에 전근대라는 사회에서 대한제국을 바라봤을 때 어떻게 그 사람들이 생각했을까 라는 시각에서 한 번 생각해 보았습니다. 그래서 사실은 시헌력에 대한 평가라던지 그런 평가 문제를 조금 쓰셔야 되지 않을까 라는 생각을 했습니다. 먼저 평가가 있어야지 다음에 사람들이 어떻게 생각했구나 그런 부분이 나타날 텐데 그런 부분이 조금 없어서 가지고 조금 아쉬웠습니다. 두 번째는 왜 이 시기에 제가 정치사쪽을 하다보니까 항상 어떤 사건이 일어나면 이 사람들이 왜 이렇게 했을까 라는 시각으로 항상 봅니다. 그래서 그런지 고종이 왜 이때에 이 시기에 하필이면 왜 이렇게 했을까 라는 시각에서 한 번 생각을 해봤습니다. 선생님 논문은 종묘사직을 지키기 위

해서는 방법이 없다 이런 식으로 했는데 과연 그랬을까 이렇게 생각했고요. 그리고 또 일본쪽을 보다보니 일본이 태헌력으로 바꾼 이유 중에 하나가 윤달을 하면 또 한 번 월급을 줘야하기 때문에 태헌력으로 바꿨다고 했거든요. 재밌구나 라고 생각했는데 지석영의 ?을 보니까 똑같은 말이 여기 써 있습니다. 그래서 이게 과연 어떤 것인가. 물론 다양한 의도가 있었겠지만 이런 것이 있지 않나 그래서 질문 해 봤구요. 세 번째는 이것은 어디까지나 저의 개인적인 생각인데 왜 한국에서는 양력하고 음력을 지금도 쓰고 있을까 하는 질문입니다. 일본 같은 경우는 음력을 하는 것은 거의 없습니다. 시골에서 무슨 행사를 하거나 할 때는 가끔 있긴 한데 그런 건 없고. 중국에서도 무슨 명절이 한 번만 있는데 왜 하필 한국에서는 지금도 하고 있을까 하는 생각을 해봤습니다. 그래서 이건 질문이라기 보다 저의 의견이지만. 네.

손승철 : 네. 아주 간단하게 질문해 주서서 감사합니다. 답변하시죠.

김연수 : 네. 질문하신 부분에 대해서 시헌력에 대한 평가가 필요하다고 말씀하셨는데. 네. 그런 부분이 필요하다고 생각합니다. 실질적으로는 그런 부분은 쳐 내고 필요한 말만 하려다 보니까 좀 그런 부분이 있는데요. 대통력에서 시헌력으로 바뀔 때도 비슷한 마찰들이 있었습니다. 그래서 시헌력이 1653년에 효종이 시헌력으로 바꿔서 사용한다 그랬지만 실질적으로 그 이후에 계속 반대에 부딪치거든요. 그래서 다시 1667년도에 다시 대통력으로 바꾸는 걸 했다가 결국은 1670년에야 다시 시헌력으로 바꿨습니다. 그런 것 자체가 실질적으로 그 이전에 가져오던 전통성이란 부분이 큽니다. 원래 대통력보다 시헌력이 훨씬 과학적이고 일월식을 판단해 내는데 훨씬 더 잘 맞거든요. 그럼에도 불구하고 전통적인 이제까지 해 왔던 보수적인 상황들 때문에 지속적으로 반대에 부딪치고

요. 그런 것들이 양력사용에서도 동일하게 나타나는 것이 아닌가. 실질적으로 더 크죠. 시헌력으로 바뀐 상황에서도 결국은 해결책이 시헌력의 발간을 주로 하되 대통력도 동시에 발간합니다. 그래서 진상용으로 한 부를 보관하게 하거든요. 그게 굉장히 오랜 기간 동안. 고종 초기까지도 그런 기록들이 남아있습니다. 대통력을 발간했던. 이런 식의 역을 바꾼다는 것 자체가 굉장히 충격적인 부분일 거라고 생각됩니다. 이것은 동시에 김영수 선생님 말씀하신 부분하고 연결되는데 분명히 양력으로 바뀌었을 때도 그런 충격들이 있었을 거거든요. 어쩔 수 없는 서구나 일본과 관련된, 통상 관련된 사항에서 많은 부분 적용시켜 왔지만 바꾸는 것 자체가 쉽지 않았을 거고 그래서 양력과 음력을 동시 발행해서 배포했다 이렇게 생각이 됩니다. 그리고 실질적으로는 양력이라던지 서양식 시간체제가 통상이라던지 이런 주요부분에는 굉장히 주요하게 되었지만 백성들의 일반 민한테는 24절기가 중요하거든요. 생활 패턴 자체로는. 그래서 기차나 전철을 타는 도시민적인 부분 이외에는 음력체제를 지속적으로 따랐던 것이고 그게 그 전통성이 지금까지도 계속 되어서 굉장히 바꾸기 어려운 부분들이 아닐까. 도시 생활에서는 양력이라는 것과 시간체제가 굉장히 중요합니다만 일반 생활에서는 그런 부분이 충격이 적을 수밖에 없고요. 그래서 그런 부분들이 동시적으로 비슷한 양상으로 나타났던 것이 아닌가. 그래서 재밌는게 올해 전경련에서 비슷한 발표가 있었어요. 농수산림인지, 농진청 쪽 분인가 어떤 분이 추석을 양력으로 세자는 제안을 했습니다. 올해에도. 그것에 답변하신 분의 답을 보니까 그거는 전통과 역사적 의미에 맞지 않다. 답변이 그거였습니다. 올해에 이루어진 발표에서조차도요. 이게 굉장히 보수적이고 바뀌기가 어려운 부분인 것 같다 이런 생각을 했습니다.

손승철 : 네. 감사합니다. 드디어 마지막 토론이 되겠습니다. 사진에

관련해서 김영민 선생님께서 네.

김영민 : 네. 반갑습니다. 국립중앙박물관에서 사진을 담당하고 있는 김영민입니다. 저는 역사학 쪽에 전공이 아니어서 굉장히 긴장이 되고 그렇게 왔는데, 너무나 열띤 토론들을 하셔서 저의 임무는 빨리 끝내는 게 제일 책무다 라는 생각이 들었고요. 역사학 쪽에서 사진을 다룬다는 것은 큰 의미가 있다고 봅니다. 여지까지 많은 역사학 쪽에서 사진을 다루지 않았는데요. 영상 고고학도 있고 여러 가지 새로운 장르들이 나오는데 이렇게 사진을 취급하게 된 것 그 자체만으로도 굉장히 의미가 있다고 봅니다. 제가 이렇게 전공자가 아님에도 불구하고 이렇게 참석하게 된 것은요. 아마 2007년도에 제가 조선총독부 시절에 갖고 있는 유리건판이라고 해서 예전 사진을 3만 8천장을 국립중앙박물관에서 소장하고 있습니다. 그걸 정리사업의 일환으로써 궁궐이라는 전시를 한 번 하게 되었는데요. 거기에 대해서 저한테 토론을 맡기신 게 아닌가 생각합니다. 짧게 발표에 대한 의의를 말씀드리고요. 간단하게 쉬운 질문 두 가지로 끝내겠습니다. 우리는 사진이 실재의 외양과 닮았다는 이유로 객관적인 시각 자료로서 대한제국기의 사진들을 통해 무비판적으로 과거 대한제국의 모습을 확인하고 설명해 왔습니다. 사진은 일단 재현되면 그것이 재현된 제작 과정은 사라지고, 그렇게 재현되기까지의 의도 또한 가려지는 특성을 가지고 있습니다. 사진 안에는 재현 주체가 대상을 해석하고 바라보는 시선과 이데올로기가 반영되어 있기 때문에, 촬영자와 출처를 고증하는 일은 사진을 역사기록물로서 삼기 위해 기본 전제가 됩니다. 따라서 누가 사진 촬영했는지를 알 수 없으면 어떤 이유와 목적에서 촬영했는지 그 재현 주체의 의도를 밝히기는 더욱 불가능합니다. 사진과 표상의 문제에 집중해서 무라카미 텐신(村上天眞)이 촬영한 대한제국 시기의 황실관련 사진들을 표상의 정치학에 근거해 이경민 선생님은 살펴

보았습니다. 또한 대한제국기에 서양인들이 저술한 여행기에 수록된 사진 중에 무라카미가 촬영하거나 무라카미의 사진방매소에서 구입한 사진들이 많이 사용되었다는 것을 밝힘으로써 재현의 주체를 이해하는데 많은 도움을 줍니다. 또한 근대의 대표적인 시각이미지인 사진과 그 사진의 객관성 속에 숨어 있는 재현 주체의 이데올로기를 읽어내려는 것을 시도했다는 점에서 큰 의의를 지닙니다.

손승철 : 선생님 죄송하지만, 질문만.

김영민 : 네. 여기서 질문이 들어가는데요. 일본은 메이지 천황 초상의 사진을 배포와 봉안 절차 등 경배 방식을 신성한 의례로 만들어 정치적으로 활용하려는 목적으로 대내외적인 배포를 염두에 두고 전략적으로 만들어낸 이미지입니다. 그러나 발표자는 일본과는 다르게 대한제국 황제의 초상 사진은 1884년 일어난 갑신정변으로 인해 김용원과 황철, 지운영과 같은 사진 수용 선각자들의 사진관이 친일의 표적이 되어 파괴되었고, 이로 인해 궁내부 소속 어용사진사로 활동할 기회를 놓침으로 인해서 주체적으로 황제의 표상된 이미지를 만들어 내지 못하였고 국가 상징으로서 절대군주의 이미지와 강력한 황제상을 그려내지 못했다고 했습니다. 대한제국이 주체적으로 황제의 표상을 만들지 못한 이유에 대해서 우리나라 사진가의 존재여부의 문제와 함께 이것도 중요하지만 당시 그런 의식을 갖고 있었는지, 통치자가 그런 의식을 갖고 있는지 그것 또한 중요하다고 생각합니다. 이 점에 대해서 간략하게 설명해 주시고요. 마지막으로 무라카미 텐신의 사진, 사진 방매소를 통해서 조선을 방문한 서양인들과 많은 사진들이 실리게 되는데 무라카미 텐신의 사진과 일반 서양인들이 촬영한 사진들의 차이점 그런 것들이 보인다면 간략하게 설명해 주시면 감사하겠습니다. 이상입니다.

이경민 : 답변 바로 들어가겠습니다. 두 가지 질문을 해 주셨는데요. 하나로 묶어서 말씀을 드리면요. 일단 무라카미 텐신이 한국에서의 사진 활동이 개인적인 차원에서 이루어졌는지 일본 정부와의 긴밀한 관계 속에서 이루어졌는지에 대한 질문이 있었는데요. 여러 가지 정황상으로 보면 개인의 상업적인 행위를 위해서 촉탁이라던지, 사진관을 개설한다던지, 여러 신문 잡지에 사진 원고를 기고한다던지 이런 것들은 개인적인 활동으로 볼 수 있는데, 무라카미 텐신이 조선으로 건너 온 어떤 계기, 특히 육군 본부의 명을 받고 종군했다라는 점 그 다음에 1894년 청일전쟁을 계기로 해서 일본인의 조선인에 대한 표상이 본격적으로 시작되었다는 점과 맞물려서 무라카미 텐신의 개인적인 활동이 개인을 넘어서 일본 국민, 나아가서 일본 전체의 시각과 동일시되는 부분들이 있지 않을까. 특히 여러 일본인들의 문학 작품이라던지, 화보잡지에 조선인에 대한 다양한 표상, 이미지들이 그려지고 있는데 대부분 긴 담뱃대를 들고 게으름을 피거나 불결한 모습의 이미지로 표상이 되는데 초기의 조선인의 표상이 시각적으로 만든데 최일선에 있었던 인물이 무라카미 텐신이라는 점에서 상당히 일본의 조선표상에 있어서 중요한 역할을 했던 인물이고 특히 일본 내각 총리대신으로 있었고 국무대신도 겸했었던 이토히로부미 자체가 일본 황실의 이미지를 만들었던 장본인이었기 때문에 그 사람의 한국으로의 초대, 통감으로 와서 대한제국 후기에 황실 이미지를 만들어 가는 과정에 있어서 무라카미 텐신과 긴밀한 관계를 맺고 있었다는 점에 주목을 해 봐야 하지 않나 하는 생각을 해 보게 됩니다. 그리고 명성황후 시해와 관련되어서 당시 메사마시 신문의 특파 사진사로 조선에 건너오게 되는데, 메사마시라는 신문 자체가 자의당 계열을 신문이었고, 당시 일본 낭인들 중에 경쟁적으로 국건당 낭인들하고 자의당 낭인들이 경쟁하는 관계 속에서 자의당 낭인들이 행한 행위들이 있는데 거기에 당시 조선 정부의 법리 고문으로 왔었던 후시도루가 당시 조선에 있

었던 자의당 영수였었던 점에서 무라카미 텐신이 국내에 오기 전부터 자의당 정치인들과의 긴밀한 관계성을 맺고 있지 않았을까 하는 지점에 대해서도 향후의 연구가 필요하지 않나 하는 생각이 듭니다. 이상으로 마치도록 하겠습니다.

손승철 : 네. 감사합니다. 시간이 여섯 시입니다. 그래서 이제 끝내야 할 시간입니다. 저는 개인적으로 한국사를 전공하는데 한국사를 배우면서 우리 한국이라는 나라가 역사적으로 보면 늘 중국이라는 강대국에 치여 있었습니다. 그래서 제 어렸을 때의 기억을 더듬어 가면, 황제의 칭호를 썼다, 연호를 썼다 저는 그때 가슴이 뭉클했습니다. 물론 감정적인 차원이지만. 저는 대한제국을 내가 그렇게 좀 두근거리는 마음으로 내가 대한제국과 만나고 싶다 솔직히 저는 그런 심정입니다. 대한제국은 1897년에 시작해서 1910년에 망했습니다. 그러면서 식민지가 되었습니다. 그런데 그 시기 우리가 오늘 하루종일 토론을 했습니다만 정말 우리에겐 엄청난 변화의 시기였고, 그 변화는 어쩌면 우리 국가와 민족에게 더없는 하나의 찬스일 수도 있었겠다. 왜 이것이 좌절이 되었을까. 여러 가지 모습을 밝혀볼 수 있겠는데, 나름대로 그 동안 대한제국에 접근하는 방식이 정치사, 외교사 이런 것에 중심이 되었습니다. 그래서 이번에는 생활사, 문화사 이런 쪽으로 접근해 보자. 그러면 사진을 통해서라도 대한제국의 모습이 변화해 가는 것을 우리가 느낄 수 있지 않을까. 이러면서 전체적으로 대한제국의 전체적인 그림을 그려보자 그런 의도로 시작을 했습니다. 물론 각자 느끼는 것은 다르겠습니다만, 우리가 예를 들어서 대한제국이 근대국가인가 아닌가, 오 아니면 엑스 식으로 생각하지 말자. 전 그렇게 생각합니다. 대한제국은 우리가 하루종일 접근해 봤지만 너무 다양한 모습을 갖고 있잖아요. 긍정적인 측면도 있고 부정적인 측면도 있고, 우리에게 여러 가지 메시지를 주지 않을까. 그래서 차분하게 100

년 전의 일이니까, 차분하게 대한제국 시대로 돌아가서 그 당시의 한일 관계를 돌아보면서 아까 말씀드렸듯이 처음 이것을 기획한 이사장님의 마무리 말씀을 들으면서 오늘 회의를 끝내도록 하겠습니다.

이상우 : 감사합니다. 고맙습니다. 오늘 정말 많이 배웠습니다. 손선생하고 거의 같은 기분으로 대한제국이라는 단어를 들으면 저희들은 특별한 감각이 있었습니다. 대한제국에 대해서 정말 많은 것을 배웠습니다. 저희 기금에서 이 심포지움을 기획했을 때는 대한제국과 한일 관계입니다. 저희가 주목을 하고 관심을 가진 부분은 한국과 일본의 관계입니다. 오늘의 관계, 내일의 한일 관계 거기에서 오늘을 보고 내일을 짐작하는데 혹시 도움이 되지 않을까 해서 과거의 역사를 보고 있습니다. 역사라고 하는 것은 아까 여러분이 말씀 하셨습니다만, 여러 가지 시각에서 볼수 있습니다. 모양이라고 하는 형에 중심을 두고 단면적으로 한 시점의 모양을 그려볼 수도 있습니다만, 흐름을 조금 전에 선생님도 말씀하셨습니다만, '세' 라고 하는데 하나의 흐름, 이 흐름을 거기다 보태면 형과 세를 섞으면 역사가 입체화됩니다. 입체화되어야 오늘을 보고 내일을 보는 역사가 되지 않을까. 그래서 오늘을 저희가 준비해 왔던 겁니다. 한일 관계가 지금 어렵습니다. 수교 이후 제일 어려운 시기라고들 합니다. 이러한 어려움 중에 걸려있는 것 중에 하나가 역사인식 문제입니다. 역사인식 문제는 저희가 많이 다뤄봤습니다만 틀리지 않습니다. 이유는 간단합니다. 역사적 실체에 대한 인식이 서로 다르기 때문입니다. 그 역사적 실체를 한국과 일본의 전문가들이 하나씩 하나씩 다뤄가면서 하나씩 밝혀간다면 이것이 쌓여서 결국은 한국과 일본 간의 역사 문제가 해결되는 실마리가 되지 않을까. 그것이 저희 바램입니다. 오늘 정말 여러 전문가 선생님들로부터 저는 많은 것을 배웠습니다. 저한테는 아주 교육적인 날이었다고 생각합니다. 좋은 발표를 해 주시고 토론을 해 주신 여러분들

께 감사드립니다. 그리고 이 어려운 회의를 처음부터 조직을 하고 여러 분들을 섭외를 하고 이 어려운 궂은 일을 전부 손승철 교수가 다 맡아 해 주셨습니다. 감사를 드립니다. 이 자리에서. 그리고 오전 회의 내내 발표를 전부 주관해 주신 우리 김용철 박사님께도 아주 감사를 드립니다. 오늘 장장 10시간에 걸친 이 긴 심포지움에 쉬지 않고 성공적으로 회의를 할 수 있도록 뒤에서 통역을 해 주신 두 분의 통역하신 분에게 각별한 감사의 뜻을 전합니다. 그 분들을 위해서 박수 한 번 쳐 주십시오. 감사합니다. 또 뵙겠습니다.

필자소개(집필순)

발표

이태진(국사편찬위원회 위원장)

김도형(연세대학교)

김영수(동북아역사재단)

한철호(동국대학교)

小川原宏幸(도시샤대학)

목수현(서울대학교 규장각한국학연구원)

김연수(문화재청)

이경민(사진아카이브연구소)

사회

손승철(강원대학교)

토론

현광호(고려대학교)

김현숙(서울시사편찬위원회)

須川英德(요코하마국립대학)

이규수(가천대학교)

김인덕(청암대학교 재일코리안연구소)

岩方久彦(부천대학교)

김영민(국립중앙박물관)

대한제국과 한일 관계

초판 인쇄 : 2014년 4월 16일

초판 발행 : 2014년 4월 30일

엮은이 : 한일문화교류기금 · 동북아역사재단

펴낸이 : 한정희

펴낸곳 : 경인문화사

주　소 : 서울특별시 마포구 마포동 324-3

전　화 : 02-718-4831~2

팩　스 : 02-703-9711

이메일 : kyunginp@chol.com

홈페이지 : http://kyungin.mkstudy.com

값 25,000원

ISBN 978-89-499-1020-8　93910

ⓒ 2014, Kyung-in Publishing Co, Printed in Korea

* 파본 및 훼손된 책은 교환해 드립니다